江苏省高等教育学会组织编写

大学生人文社科知识读本

历史·地理

2020 最新修订版

主编 王卫平 赵 媛

苏州大学出版社
Soochow University Press

图书在版编目(CIP)数据

大学生人文社科知识读本. 历史·地理 / 王卫平, 赵媛主编. —苏州：苏州大学出版社, 2018.1(2019.11 重印)
ISBN 978-7-5672-2308-0

Ⅰ.①大… Ⅱ.①王… ②赵… Ⅲ.①社会科学–青年读物②世界史–青年读物③地理–世界–青年读物 Ⅳ.①C49②K109③K91-49

中国版本图书馆 CIP 数据核字(2017)第 295191 号

大学生人文社科知识读本
历史·地理
王卫平　赵　媛　主编
责任编辑　杨　华

苏州大学出版社出版发行
(地址：苏州市十梓街 1 号　邮编：215006)
宜兴市盛世文化印刷有限公司印装
(地址：宜兴市万石镇南漕河滨路 58 号　邮编：214217)

开本 787 mm×1 092 mm　1/16　印张 14.5　字数 309 千
2018 年 1 月第 1 版　2019 年 11 月第 2 次印刷
ISBN 978-7-5672-2308-0　定价：35.00 元

若有印装错误，本社负责调换
苏州大学出版社营销部　电话：0512-65225020
苏州大学出版社网址　http://www.sudapress.com

序

丁晓昌

当今,我们正在为实现中华民族伟大复兴的奋斗目标而努力。大学生作为中国特色社会主义的建设者、接班人,是实现中国梦的骨干力量,社会对于他们的素质要求将更加全面。同时,在我国进入物质条件更加改善、全面建成小康社会的阶段,人的发展、人的精神需要会更加凸显。大学生人文素质教育体现了对人的关注,致力于培养最基本的"人",人的自信、品格、意志力,人的团队精神、敬业精神、职业精神,人的沟通能力、亲和能力、协作能力、协调能力等,这些都要靠人文素质教育去雕塑、去激活、去培育。因此,无论是就社会的要求而言,还是就自身的发展而言,大学生都需要不断提高自己的人文素养。

人类的精神家园靠人文来充实,更需要科学与人文的融合。而我国的基础教育由于受高考指挥棒的影响,文理分科过早,文科大学生自然科学知识贫乏,理工科大学生人文知识缺失。高等学校要培养实现中国梦的高素质创新人才,必须对理工科大学生加强人文社科知识教育,对文科大学生加强自然科学知识教育,这不仅是培养高素质创新人才的需要,也是人与社会全面、健康发展的需要。为此,各高等学校都把素质教育纳入教学计划之中,规定学生修学一定的学分;开设公共选修课让学生选修,使人文素质教育、科学精神教育与专业教育有机结合;通过加强校园文化建设,开展丰富多彩的校园科技文化活动和社会实践,改变过弱的文化陶冶、过窄的专业教育、过重的功利导向,学生真正向着自由而全面的方向发展。

自2004年起,江苏省高等教育学会在全省范围内成功组织了五届理工科大学生人文社科知识竞赛和四届文科大学生自然科学知识竞赛,以激发理工科大学生学习人文社科知识和文科大学生学习自然科学知识的兴趣与积极性。我们也希望通过竞赛活动推动高校的读书活动和文化素质教育的开展,以此来提高大学生的人文社会科学素养,培养全面发展的大学生和高素质的创新人才。竞赛活动受到了教育部、中国高等教育学会和江苏省教育厅、江苏省社科联等部门的充分肯定,也得到了各高校的欢迎与支持,产生了广泛的社会影响。

  2009年年初,我们针对大学生人文素质教育的需要,也针对竞赛活动的需要,组织了部分高校有丰富教学经验和较高学识水平的教师,编写了《大学生人文社科知识读本》,分为历史·地理、哲学·法学·经济学、文学·语言文字、艺术等四卷。《读本》的编写,不求学科的系统性,强调从大学生的实际出发,重点突出文学、历史、哲学、艺术等人文社会科学的主要知识点,力求深入浅出并注意增强趣味性,使阅读者在不知不觉中得到人文精神的熏陶。该《读本》出版以来,除了作为一般读物满足读者对人文知识的了解和学习外,也是理工科大学生人文社科知识竞赛活动的辅助读物,在帮助理工科大学生更好地参加竞赛方面发挥了较好的作用,受到参赛师生的广泛好评。鉴于图书出版已近十年,一些知识已显陈旧或过时,今年对这四本《读本》进行了修订。考虑到图书内容主要是学科中的基础性知识,故修订基本保持了原书的体例和框架,对陈旧过时的内容做了删改,增加了一些新内容,并对部分内容做了调整,以进一步提高《读本》的质量。

2017年11月

  (丁晓昌,江苏省高等教育学会会长,江苏省政协教育文化委员会副主任,南京师范大学教授、博士生导师,全国高等院校设置评议委员会委员,全国高等学校本科教学工作评估专家委员会委员,中国高等教育学会学术委员会副主任,全国职业院校教学工作诊断与改进专家委员会副主任)

目录 CONTENTS

历 史

中国历史 ·········· 003
  一、中国文明的起源 ·········· 003
  二、奴隶制王朝的兴衰 ·········· 004
  三、秦汉大一统帝国的建立 ·········· 009
  四、朝代更替与大唐盛世的出现 ·········· 013
  五、宋、辽、西夏、金、元的争战 ·········· 019
  六、明清王朝的专制统治 ·········· 025
  七、近代的开端:鸦片战争的前因后果 ·········· 030
  八、洪秀全与太平天国运动 ·········· 031
  九、洋务运动的推行与失败 ·········· 032
  十、甲午中日战争与《马关条约》 ·········· 034
  十一、维新运动的开展 ·········· 035
  十二、轰轰烈烈的义和团运动 ·········· 036
  十三、辛亥革命与中华民国的成立 ·········· 037
  十四、新文化运动与马克思主义的广泛传播 ·········· 038
  十五、国民革命的兴起与北洋军阀统治的覆没 ·········· 040
  十六、国共合作的破灭与国民党独裁统治的建立 ·········· 042
  十七、土地革命的兴起和革命根据地的发展壮大 ·········· 043
  十八、艰苦卓绝的抗日战争 ·········· 044
  十九、解放战争的胜利 ·········· 046

二十、社会主义道路的初步探索与曲折发展 …………………… 048
　　二十一、改革开放与社会主义建设的新阶段 …………………… 053

世界历史 …………………………………………………………… 058
　　一、两河流域的文明 ……………………………………………… 059
　　二、尼罗河流域的文明 …………………………………………… 060
　　三、印度河流域的文明 …………………………………………… 061
　　四、古代的希腊文明 ……………………………………………… 063
　　五、古代的罗马文明 ……………………………………………… 067
　　六、亚洲的封建时代 ……………………………………………… 072
　　七、欧洲的封建时代 ……………………………………………… 075
　　八、资本主义的开端 ……………………………………………… 080
　　九、欧美的政治革命 ……………………………………………… 084
　　十、工业革命及其后果 …………………………………………… 091
　　十一、近代民族运动的兴起 ……………………………………… 095
　　十二、资本主义世界体系的形成 ………………………………… 098
　　十三、第一次世界大战 …………………………………………… 100
　　十四、第二次世界大战 …………………………………………… 102
　　十五、两极世界与冷战 …………………………………………… 106
　　十六、科技革命与全球化 ………………………………………… 111

地　理

中国地理 …………………………………………………………… 119
　　一、国土辽阔　山河壮丽 ………………………………………… 119
　　二、人口大国　民族团结 ………………………………………… 126
　　三、梯级过渡　统筹发展 ………………………………………… 133
　　四、多彩景观　人文山水 ………………………………………… 145
　　五、发展热点　开拓创新 ………………………………………… 152

世界地理 ··· 164
 一、神秘星球　生命家园 ································· 164
 二、全球经济　休戚与共 ································· 173
 三、发展差异　合作共赢 ································· 188

人与环境 ··· 195
 一、环境问题　触目惊心 ································· 195
 二、自然灾害　损失惨重 ································· 205
 三、人地和谐　持续发展 ································· 217

课外阅读参考资料 ·· 220
后　记 ··· 221

历史

中国历史

一、中国文明的起源

1. 中国是人类文明发源地之一

中华大地是人类文明发源地之一。距今200多万年前,远古居民就开始在华夏故土上栖息繁衍。直到公元前21世纪,先民们一直生活在漫长的原始社会中。原始社会分为原始人群和氏族公社两个阶段,即考古学所称的旧石器时代和新石器时代。

原始人群是人类社会的起步阶段,劳动工具以打制石器为主,生产力水平极低,生存环境和条件非常恶劣,大多过着群居生活,其代表有元谋人、蓝田人和北京人。1965年,在云南元谋县发现距今约170万年的元谋人,是目前已知的中国境内最早的人类。1963年,在陕西蓝田县发现了距今约80万至65万年的蓝田人,蓝田人遗址除发现化石外,还遗存有打制石器。1927年,在北京周口店龙骨山发现的北京人,距今约69万年。北京猿人的遗存最为丰富,对了解中国原始社会的发展具有重要价值。遗址中除化石外,还出土了大量石器、骨器及分层堆压的灰烬,这说明北京猿人已能制造和使用简单的劳动工具,并能使用和保存天然火种。

随着生产力的发展,原始社会迈入氏族公社阶段。氏族公社分母系氏族公社和父系氏族公社。母系氏族公社中妇女居于支配地位,血缘关系和财产继承按母系计算,实行对偶婚制。山顶洞人遗址、仰韶文化遗址、陕西西安的半坡遗址和浙江余姚河姆渡文化遗址是这一时期的代表。父系氏族公社是由氏族社会向阶级社会过渡的阶段。父系氏族制的产生与农业发展密不可分,男子取代女子居于支配地位,血缘关系和财产继承按父系计算,婚姻形态由对偶婚制向一夫一妻制转化。大汶口文化、龙山文化和良渚文化是这一时期的代表。

2. 古史传说中的部落和部落联盟

父系氏族制度确立后,私有制不断发展,贫富悬殊日益扩大,阶级分化日趋明显,原始社会逐渐解体,文明社会露出曙光。

当时,在以黄河流域为中心的广大地区,聚居着众多的氏族部落。黄河中上游有黄帝部落和炎帝部落,他们世世通婚,结成部落联盟,称为华夏。在江淮地区生活着夷人部落群,他们的首领叫蚩尤。此外,在陇西有"诸戎"部落群,西北地区居住着"群翟"部落群,南方有"三苗"或称"苗蛮"部落群。这些部落之间保持着密切的联系,也时常发生战争。黄帝与炎帝部落不断向东发展,而东方夷人部落则向西拓进,双方发生了一系列冲突。传说在"涿鹿之野"发生了黄帝与蚩尤的大战,最终蚩尤战败被杀,东方夷人归顺黄帝。后来炎帝与黄帝争夺中原盟主,在阪泉历经三次大战,黄帝最终取得胜利,被奉为华夏族的始祖。

黄帝时代为中国历史上的"禅让时代"。"禅让"是传说中的部落联盟民主推选首领的制度。从尧到舜,从舜到禹,都是部落联盟会议通过民主方式推举选出的。传说中的尧、舜、禹时期,正是中国原始社会向奴隶社会过渡时期。氏族中的贵族开始强迫战俘做奴隶,一些贫苦氏族成员也沦为奴隶。氏族贵族最终转化为奴隶主。奴隶主和奴隶两个阶级形成后,奴隶社会最终取代了原始社会。

远古的文化遗存和历史传说,不仅为后世探寻远古历史的足迹提供了重要依据,也记录了远古时代的人类文化萌芽,集中反映了中华先民的宗教意识、宗教信仰和文化艺术成就。旧石器时代晚期的山顶洞人埋葬死者时,在尸体上撒赤铁矿粉,并随葬装饰品和生产工具,表明人们已有原始的宗教意识。随着原始宗教的发展,又出现了图腾崇拜。良渚文化等遗址中,发现了大量的礼神玉器。这表明,随着原始宗教的发展,占卜术和巫术业已产生。文字的萌芽始于仰韶文化时期,在半坡遗址出土的陶器刻有符号,这些符号与商周文字可能有一定的渊源关系。远古时代的艺术还有雕刻、岩画、陶塑和音乐舞蹈等。

二、奴隶制王朝的兴衰

1. 第一个奴隶制王朝:夏朝

1959年以来,考古工作者在河南偃师二里头村发掘出一批原始青铜器及粗制陶器。据推断,这是夏王朝遗存的器具,由此揭开了一个神秘王朝的面纱。

夏是生活在中原地区的古老部落。部落首领禹因治水功绩,代舜而继。禹带领族众平治水土,发展生产,具有很高的声望,后被拥戴为"夏后氏",成为诸夏族中最高的君长。禹又通过"征伐三苗",加强王权,在有崇部落所在地的嵩山,建立阳城作为都城,后又迁至阳翟。为进一步巩固王权,禹在涂山会盟邦国及部落首领,史称"涂山之会"。

禹死后,子启继位,民主选举的禅让制遭到破坏。从此,王位世袭制替代禅让制,标志着由"天下为公"转变为"天下为家",中国历史上第一个奴隶制王朝——夏朝建立。启不是由民主推举产生的,故引起其他部落的不满。东方偃姓之族的伯益起兵与启争夺王权,西边同姓诸侯有扈氏助之,启亲率大军与有扈氏大战于甘,有扈氏被剿灭。夏启铲除异己后,举行"钧台之享",巩固王位世袭制。启死后,子太康继位。

他只顾游猎而不恤民事,政局昏暗。东夷氏族部落见有机可乘,随即举兵夺取政权,史称"太康失国"。直到夏的后继者少康,才恢复夏朝的统治,史称"少康中兴"。到孔甲统治时,夏王朝内部矛盾又开始激化,并逐渐走向崩溃。公元前16世纪,夏桀即位。他以残暴著称,引起奴隶阶级的不断反抗,削弱了夏朝统治。与此同时,黄河下游的商部落日益强大,在首领汤的率领下举兵讨伐夏桀,桀败北并被放逐而死。夏朝灭亡。

从传说中的禹开始,到桀灭亡,夏王朝共传14代、17王,400余年。夏朝是中国历史上第一个奴隶制王朝。奴隶主阶级由氏族贵族转化而来,平民和奴隶阶级则处于被统治地位。奴隶主阶级为了维护自己的统治,镇压奴隶和平民的反抗,组建军队,制定《禹刑》,修建监狱,构筑城墙,建立了比较完备的奴隶制国家机器。夏王为一国之君,拥有较高的权力,其下为"六卿",分别执掌民事、军队等事务,是地位较高的官员。奴隶主依靠国家政权对奴隶和平民实施统治。

夏王朝的核心统治区在黄河流域,农业在经济生活中占有重要地位。夏人对农业非常重视,不仅懂得开沟洫以灌溉,而且按照农事节令,编制名为《夏小正》的历法。夏代施行土地国有制,奴隶在奴隶主的役使下从事劳动,受奴隶主剥削。当时农具以木器和石器为主。夏朝手工业已有长足发展,掌握了成熟的青铜冶炼技艺。

2. 奴隶社会的鼎盛时期:商朝

商部落兴起于黄河中下游,传说始祖为契。契助禹治水有功,封于商。契传十四代至汤,建立早期国家,以伊尹为相,定都亳,是夏的臣属。至夏桀时,商汤举兵灭夏,建立商朝。

商朝前期,多次迁都。公元前14世纪,盘庚迁都到殷,并稳定下来,史称殷商或殷朝。商迁都殷后,政治改善,社会安定,经济与文化日益发展。至武丁时,国力强盛,曾北伐鬼方,南征荆楚,都取得胜利。

商朝后期,奴隶主贵族生活奢靡,对奴隶进行残酷剥削,加之连年征伐,王朝内部矛盾加剧。此时,渭水的周族日渐强大。公元前1046年,周武王大举伐商,商纣王将奴隶编成军队抵御,双方在牧野决战。商朝奴隶临阵倒戈,纣王大败,自焚而死。商朝灭亡。

商朝奴隶制比较成熟,国家机构完善,尤其表现在官制、军队和刑罚方面。商王是国家最高统治者,独揽大权。王之下设相,为百官之长,辅佐商王。相以下有管理农业、手工业的官员,还有管理宗教事务的巫、祝,以及统领军马征战的将领。商代前期的王位继承制度多为"兄终弟及",后期多为"父死子继",从武丁开始,多行嫡长子继承制。地方政区以原有部落或方国为单位,称邑或方,以其头人为方伯,统治地方,后世称诸侯。商朝军队庞大,编左、中、右三军,士兵多由平民组成,杂有奴隶。商朝刑法比较完备,有成文法《汤刑》,刑罚残酷。

农业是商朝的主要生产部门,农具有耒耜、石犁、骨锄、蚌镰等。商朝的粮食作物有稷、黍、麦、稻等,粮食除食用外还用于酿酒。畜牧业在商朝占有重要地位,饲养猪、牛、羊、马等。手工业由官府管理,分工细,规模大,种类多,工艺水平高,以青铜器铸造为代表。青铜器是商代文明的象征,出土的司母戊大方鼎,为世界同时代所仅见。武丁之妻妇好墓出土几百件玉石制品,造型逼真,刻工精细,表现了商代玉工的高超技艺。商朝丝织物品类繁多,已掌握提花技术。商业发达,出现专业商人,开始使用货币,称为"贝"。

商朝灭亡后,殷都成废墟,后世称"殷墟"。19世纪末,人们发现在殷墟出土的龟甲和兽骨上刻有文字,称"甲骨文"。商代甲骨文已是成熟的文字。商统治者凡遇祭祀、征伐、田猎、疾病、气候变化等事都要举行占卜,询问鬼神。占卜时将所问事项刻于龟甲或兽骨,这是中国较早的历史文献资料。商代沿用夏历,并已基本掌握日月运行的规律,为我国传统历法奠定了基础。

3. 西周王朝的兴衰

周族是居于陕西渭水中游的古老部落。弃是周族始祖,因善于经营农业,被舜封于邰(今陕西武功县西南),以姬为姓。弃的四世孙公刘,迁居于豳(亦作邠,今陕西栒邑县西)。公刘之后又经九世,传到古公亶父,迁居到岐山下的周原。此时周族臣服于商,受商的封号。古公亶父死后,子季历继位,后季历被商王文丁所杀。商封季历之子姬昌为西伯,即周文王。姬昌治岐时,周的经济、文化迅速发展,国力日益强大,先后灭掉邻近许多小国和部落,后迁国都至丰。此时周名义上臣服于商,但已构成对商的严重威胁。

姬昌死后,子姬发继位,是为周武王,后迁都于镐。当时,商忙于对东夷用兵,损耗巨大。姬发乘机联合其他方国,在牧野大败商纣王。纣王自焚,商朝灭亡。周是中国历史上最后一个奴隶制王朝。

周建都镐京,史称西周。西周初期,天下安宁,国势强盛。昭王、穆王以后,周边民族日益强大,安定局面遭到破坏。西周后期,周厉王贪财好利,霸占山林川泽,禁止平民采樵渔猎。他还派人监视平民的言行,百姓怨气日积。公元前841年,爆发了"国人暴动"。镐京的平民和奴隶攻进王宫,赶跑周厉王,政权暂由周公和召公共同执掌,史称"周召共和"。共和元年(公元前841年)是中国历史有确切纪年的开始。西周末年,社会动荡不安,王室衰微,诸侯常常不来朝贡。公元前771年,犬戎攻破镐京。公元前770年,周平王被迫迁都洛邑。西周结束,东周开始。

据《周礼》记载,周设六官,加上其他官吏,统称为卿大夫或士。他们以采邑为俸禄,父死子继。周王室设有三支军队,拱卫京师。西周初年颁布刑法,但贵族、官吏犯法可以交纳金货免罪。

西周实行分封制和王位世袭制。土地实行井田制,奴隶主收取租税,对奴隶进行剥削。西周农业有了长足进步,人们积累了较丰富的农业知识。农田有排灌系统,农具多用耒耜。农作物的种类不断增多,桑、麻及染料作物得以推广种植。西周手工业分官营和民营,官府工匠称"百工"。青铜铸造业发达,不仅工艺精良,而且器形和数量较前代增多。西周的青铜器刻有铭文,称为"金文",反映了当时社会的发展情况。

4. 奴隶社会的解体与封建制度的确立

公元前770年,周平王迁都洛邑,史称东周。历史上将东周分为两个时期,即春秋和战国。从周平王东迁洛邑到周敬王四十四年(公元前476年),这一阶段的历史大体与孔子编著的鲁国编年史《春秋》年代相当,所以称为春秋时期。

周平王东迁后,周王室日益衰微,诸侯国不再定期向周天子朝贡。周王室不仅无法向各诸侯发号施令,而且在政治、经济上还需要诸侯支持。为达到利用天子名义支配其他诸侯的目的,同时也为争夺土地和人口,各诸侯国之间战争不断,争做霸主。

齐桓公称霸。齐桓公为争夺霸权,进行了一系列努力。他任用管仲为相,改革内政,发展生产。管仲还改革军制,在全国设常备军。齐国强大后,齐桓公多次召集诸侯会盟,迫使许多诸侯国追随齐国四处征战,还以"尊王攘夷"号令诸侯,借以发展齐国势力。齐桓公先后灭掉30多个诸侯国,成为诸侯中的霸主。公元前651年,齐桓公在葵丘(今河南兰考)大会诸侯,周天子也派人参加,齐桓公的霸业达到顶峰。

晋文公争霸中原。晋文公执掌大权后,发展生产,整顿政治,训练军队,使晋国成为北方的强国。这时南方的楚国势力达到黄河流域,与晋国发生冲突。双方在城濮大战,晋军以诱敌深入的战术战胜楚国,晋文公成为中原霸主。

楚庄王问鼎。楚国是江、汉流域的一个国家。春秋时期,楚庄王任命孙叔敖为相,整顿内政,兴修水利,国力强盛。公元前606年,楚庄王率军攻打戎人,途经洛邑,周定王被迫举行慰劳欢迎之礼。楚庄王向周王"问鼎大小轻重",表明他有代周的野心。公元前597年,晋楚战于邲(今河南荥阳东北),晋军大败。后来楚围宋,宋向晋告急。晋惧楚,不敢出兵。从此,中原诸侯国开始背晋向楚,楚庄王成为诸侯霸主。

晋、楚的争霸战争持续百余年,不仅给中原各国人民带来莫大的灾难,而且激化了本国阶级矛盾和新旧势力之间的斗争。一些小国在两大霸主之间进行"弭兵"活动。宋国曾从中斡旋,先后举行两次"弭兵之会"。

秦霸西戎。秦穆公时,秦国逐渐富强,开始向东扩展疆土。公元前645年,秦攻打晋,生俘晋惠公。公元前627年,秦攻打郑,在殽(今河南渑池西)遭到晋的伏击,秦全军覆没。此后,双方互有胜负,秦一时无法完全战胜晋国,只好向西发展。

吴越争霸。春秋末年,长江下游的吴国和越国也参与争霸战争。先是吴王夫差打败了越国,强迫越国臣服。越王勾践"卧薪尝胆",积蓄力量,经过长期努力,终于在公元前473年,灭掉吴国,成为江淮下游最强大的国家。勾践率师北上,与各诸侯会盟,成为霸主。

历史上把齐桓公、晋文公、楚庄王、吴王阖闾、越王勾践称为"春秋五霸";有的史书则将齐桓公、宋襄公、晋文公、秦穆公和楚庄王合称为"春秋五霸"。诸侯争霸,使人民饱受战争之苦。但诸侯国数量逐渐减少,民族接触频繁,客观上有利于民族融合和中原统一。

春秋时期,铁制农具的使用大大提高了生产力。私田增多,奴隶主逐渐采取新的剥削方式,让劳动者交出部分产品作为地租。这样,奴隶主就转化为地主,奴隶转变为农民。这意味着井田制走向瓦解,土地私有制产生,奴隶社会逐步解体。各国为适应时代变化,先后进行变法,确立封建土地私有制,建立起封建制度。最早进行改革的有齐国和晋国。最著名的赋税改革是鲁宣公在公元前594年施行的"初税亩"制度,它规定无论公田和私田均按照田亩实有数目向国家交税,承认了私有土地的合法性。

春秋时期,社会生产力发展的主要标志是铁器的使用和牛耕的出现。铁器和牛耕的出现,不仅有利于深耕除草,也为开垦荒地和兴修水利提供了有利条件。这一时期还兴修了邗沟等人工运河。春秋时的民间商贸发展较快,出现了大商人和金属铸币。金属货币的使用和发展,是商业发展的重要标志。春秋时还诞生了老子、孔子等一批影响深远的思想家。公元前613年,鲁国天文学家观测到哈雷彗星扫过北斗,留下了世界上关于哈雷彗星的最早记录。名医扁鹊还发明了"四诊法"。

从公元前475年至公元前221年,历史上称为战国时期。"战国"一词来源于西汉史学家刘向编辑的《战国策》。战国初期有20多个诸侯国,其中以齐、楚、燕、韩、赵、魏、秦七国最为强大,史称"战国七雄"。随着封建土地私有制的逐步确立,新兴地主阶级为发展经济,要求废除奴隶主贵族的特权。同时,各诸侯国为争夺霸权,先后开展变法运动。

魏国李悝改革。魏国是最早进行变法的诸侯国。魏文侯任用李悝为相,进行变法。李悝废除奴隶主官爵世袭制,选拔有才能的人担任重要官职。他倡导"平籴法",强调"尽地力之教"的重农政策,创制《法经》。经过李悝变法,魏国成为战国初期最强盛的国家。

楚国吴起改革。楚悼王重用吴起进行变法。吴起削弱旧贵族的势力,选贤任能,赏罚分明,建立武卒制,增强楚国的军事力量。吴起改革遭到楚国保守派的反对,公元前381年楚悼王病死,吴起被杀,变法失败。

秦国商鞅变法。在各国变法中,秦国的商鞅变法属于较彻底的地主阶级政治改革。公元前356年,秦孝公任用商鞅实行变法。主要内容有:废井田,开阡陌;废特权,奖耕战,实行重农抑商的政策;推行县制;统一度量衡。经过商鞅变法,秦国成为七国中实力最强的国家,为统一六国打下了基础。由于秦的力量强大,东方六国难以独抗秦国,出现"合纵"之举,但秦国通过"连横"与之抗衡。公元前260年,秦在长平之战中大破赵军,奠定了灭亡六国的基础。公元前230年,秦灭韩,揭开了秦灭六国、统一中国的序幕。秦先后灭掉韩、赵、魏、楚、燕、齐,在公元前221年统一中国,建立起统一的多民族的封建专制主义中央集权国家。

战国时期,由于土地所有制发生变化,铁制农具迅速推广,生产力大为提高。各国还大兴水利,都江堰、郑国渠都是举世闻名的工程。战国时期,冶铁业和煮盐业是重要的手工业部门。随着农业和手工业的发展,商业也繁盛起来,出现了许多新兴的商业城市。

春秋战国时期是社会大动荡、大变革的时期。在剧烈的社会变革中,产生了新的阶层——士。他们为了解决现实问题,从不同的立场和角度出发,对社会变革发表不同的主张,形成墨家、儒家、道家和法家等派别,史称"诸子百家"。诸子百家纷纷著书立说,宣传自己的主张,出现了"百家争鸣"的局面。孔子是儒家学派的创始人。孔子死后,"儒分为八",其中影响较大的是孟子和荀子。道家的创始人是春秋时的老子,战国时期的代表人物是庄子,分别著有《道德经》和《庄子》。战国初期,墨子开创墨家学派,强调兼爱、非攻。韩非子是法家的代表人物,著有《韩非子》。《孙子兵法》是春秋末期军事家孙武所著的兵书。战国时,孙膑继承孙武的军事思想,撰有《孙膑兵法》。

这一时期涌现出许多伟大的文学作品。《诗经》是我国第一部诗歌总集,在文学史上有着重要的地位。战国后期的楚国人屈原著有《离骚》。历史著作有《春秋》《左传》《国语》等。战国时期的青铜艺术和音乐都达到了很高水平。甘德与石申各写了一部天文著作,后人合称《甘石星经》,当中所测定的恒星记录,是世界上最早的恒星表。当时还出现医学专著《黄帝内经》。建筑技术也有进步,代表人物是巧匠鲁班。

三、秦汉大一统帝国的建立

1. 第一个封建大一统王朝:秦

商鞅变法后,秦国成为七国中实力最强的国家。秦王嬴政在位期间,陆续灭亡东方六国,在公元前221年建立起中国历史上第一个统一的中央集权的封建国家。秦朝的统一结束了诸侯长期割据混战的局面,符合广大人民的愿望。

嬴政统一六国后,采取一系列措施加强中央专制集权。他规定最高统治者称皇帝,国家大事由皇帝一人裁决,主要官吏由皇帝任免。地方实行郡县制,把全国划分为36郡,郡下设县。郡县制度遏制了地方割据势力的产生,加强了中央对地方的控制,有效地维护了国家统一。秦统一后,还对各国的文字、货币和度量衡进行统一。为了巩固地主阶级政权,镇压农民反抗,秦王朝制定了比较完整的封建法典《秦律》。这些措施有利于巩固秦朝的统一,有利于各地经济文化的交流,对后世影响深远。为加强思想控制,秦始皇发布焚书令,规定除政府外,民间只可收藏医药、占卜和种植等类书籍,其余一律集中焚毁;他又把暗中诽谤他的儒生400多人全部活埋,史称"焚书坑儒"。

匈奴是我国北方一个古老的游牧民族,原分布于蒙古草原上。战国末年,匈奴逐渐强大,不断南下入侵中原。秦统一后,将军蒙恬率领军队,从匈奴手中夺取河套地区,迁徙内地人民去耕田戍守。秦始皇征发农民,修筑西起临洮、东到辽东的万里长城,用来抵御匈奴侵扰。秦军还南下征服越族地区,并设置桂林、南海等数郡,迁移中原人民戍边,和越族人杂居。为解决运输困难,秦始皇派人在今广西兴安县北开凿了灵渠,沟通长江和珠江两大水系。

秦始皇在位期间,穷奢极侈,耗费民力与物力修建阿房宫和骊山陵墓。秦朝的赋税徭役繁重,使社会经济遭到严重破坏。秦国的刑法残酷,光死刑就有腰斩、车裂等十余种,还有"族诛"和"连坐"等。公元前210年,秦始皇病死,他的儿子胡亥即位,是为秦二世。宦官赵高掌握大权,与秦二世狼狈为奸,对人民的剥削压迫更加残酷,政治十分黑暗。

公元前209年,被征发到渔阳(今北京密云县)戍边的农民,至蕲县(今安徽宿县)大泽乡境内时遇雨阻停,不能按期到达,按秦律当死。陈胜、吴广杀死押送军官,高呼:"王侯将相,宁有种乎!"发动秦末农民起义。战争爆发后,各地起义军风起云涌。项羽以少胜多,在钜鹿大败秦军主力,秦朝从此一蹶不振。刘邦则率兵直逼咸阳。公元前207年,秦朝统治者向刘邦投降,秦朝灭亡。之后项羽和刘邦为争夺帝位,又进行了近4年的"楚汉之争"。刘邦起初力量弱小,但他与关中父老"约法三章",赢得民心,并得到萧何、张良、韩信等人辅佐。相反,项羽刚愎自用,纵兵烧杀劫掠,大失民心。公元前202年,刘邦把项羽包围在垓下(今安徽固镇县),项羽最终在乌江(今安徽和县东北)自刎。刘邦建立汉朝,定都长安,史称西汉。刘邦即汉高祖。

秦朝的农业、手工业和商业都得到一定程度的发展。秦朝重视水利,开通了秦渠、灵渠。秦朝广泛推广牛耕和改进后的铁农具,西北地区通过移民戍边得以开发。秦代的冶铁和冶铜较为发达,蜀卓氏、宛孔氏等都是靠冶铁成为巨富。秦朝造船业十分发达,船舶不仅能航行于内河,还可出海远航,秦始皇曾派徐福率领船队入海求仙。当时的咸阳是全国商业中心,商贸活动十分活跃,民间出现不少大商人。秦代的雕塑成就辉煌,秦始皇陵兵马俑就是杰出代表。

2. 西汉统一多民族国家的发展

西汉初年,经济萧条,国贫民弱。统治者汲取秦亡教训,对农民采取轻徭薄赋的休养生息政策。汉高祖刘邦颁布号令,让士兵复员,从事生产,免除若干年徭役;让战时逃亡在外者回乡,发还原有田宅;释放奴婢为平民,把田租定为什五税一。这些措施使得经济迅速恢复。汉文帝在位期间,进一步减轻赋税和徭役,曾连续12年全免田租,又把每年服徭役改为三年一次。他还减轻刑罚,废除肉刑。继位的景帝把田租定为三十税一。文、景两朝重视农业生产,减轻人民负担,注重法纪,社会比较安定,史称"文景之治"。

汉高祖为巩固统治,曾陆续分封刘家子弟为王。诸王封地广大,且可自行任免官吏,收取租税,铸造钱币,拥兵自重,其中以吴王和楚王的势力最大。景帝时,大臣晁错建议削藩,吴王刘濞遂以"请诛晁错,以清君侧"为号,发动叛乱,史称"七国之乱"。景帝立即出兵,仅三个月就平定叛乱,使诸侯王势力受到致命的打击。此后,王国实际上变成了中央直接统辖的地方政权。

经过几代人的努力,汉武帝在位时,经济繁荣,国力雄厚,西汉进入鼎盛时期。汉武帝是一位有作为的皇帝。他颁布"推恩令",进一步削弱王国势力。他还施行严密的刺史监察制度,加强中央对地方的控制。他把地方的铸币和盐铁经营权收归中央,统一铸五铢钱。为了打击富商,汉武帝颁布算缗、告缗令,向大商人、高利贷者征收财产税,增加政府的财政收入。汉武帝鼓励推荐人才,并制定察举制等一系列选拔与考评人才的方法。为巩固中央集权,汉武帝接受董仲舒"罢黜百家,独尊儒术"的建议,将儒家学说树立为封建统治的正统思想,并提出"天人感应""君权神授"等理论。汉武帝大力推行儒学教育,在长安兴办太学。

汉初,匈奴南下并夺取河套地区。汉高祖率军抵御匈奴,被围困于平城白登(今山西大同西南)。其后,西汉政府对匈奴采取"和亲"政策,将汉朝皇室女子嫁给匈奴单于为妻,每年向匈奴赠送大量财礼,以暂时避免匈奴骚扰。汉武帝时,国力强盛,改对匈奴采取攻势,派遣卫青、霍去病等大破匈奴。匈奴大败后,部分匈奴人西迁,余部也不能再与西汉抗衡。公元前1世纪中期,匈奴首领呼韩邪单于向汉称臣,南迁至长城附近,同汉朝订立和好盟约。汉元帝时,匈奴提出和亲请求,元帝把宫女昭君嫁给呼韩邪单于,史称"昭君出塞"。

汉武帝时,为加强与西域的交流,共同抵御匈奴,疏通丝绸之路,西汉政府派张骞出使西域。公元前138年,张骞从长安出发西进,途中被匈奴扣留10余年。他坚贞不屈,终于逃离匈奴,后辗转到达大月氏。那时大月氏因西迁已久,生活安定,不愿再同匈奴交战,张骞未能完成使命。但他了解到西域各国的经济、政治、文化情况,加强了汉王朝与西域的联系。此后,西汉政府设置西域都护府,总管西域事务,保护往来商旅。汉朝和西域沟通后,中国同西方的贸易得到发展。中国的丝织品从长安往西,经过河西走廊,运到西亚,再由西亚转运至欧洲,这就是历史上著名的丝绸之路。

汉武帝后,西汉开始由盛转衰,统治阶级渐趋腐朽,土地兼并日益严重。在社会动乱中,外戚王莽乘机夺取政权,于公元8年改国号为"新"。王莽即位后,进行经济改革,力图解决社会矛盾,史称"王莽改制",但最终失败。此时政局更加动荡不安,终于导致绿林、赤眉农民大起义,王莽政权被推翻。公元25年,曾在农民起义中起兵反对王莽的西汉皇族刘秀,即位称帝,定都洛阳,史称东汉,是为光武帝。

西汉采取重农抑商政策,十分重视农业生产。西汉农具有很大改进,耕犁安装了犁壁,提高了农业耕作效率。小麦在北方普遍种植,成为主要粮食作物,南方则以种植水稻为主。赵过和氾胜之在干旱地区推广代田法和区田法,我国现存最早的农书《氾胜之书》详细记载了西汉的农业生产状况。西汉手工业成就突出,长安、临淄等拥有全国最重要的官营手工业。湖南长沙马王堆汉墓出土的素纱禅衣等大量的丝织品代表了西汉纺织业的发展水平。西汉时,煤成为冶铁燃料,当时的人们已懂得用淬火技术铸造铁器。西汉商业也十分发达,不仅有长安、洛阳等大都市,而且城市中专设贸易的"市",并与匈奴等少数民族开展互市贸易。科技方面,西汉成书的《周髀算经》,记载了用竿标测日影以求日高的方法。公元前28年关于太阳黑子的记录,被世界公认为最早有关太阳黑子的记载。汉代史学成就卓著,著名史学家司马迁撰写中国第一部纪传体通史《史记》,具有很高的史料和文学价值。汉代的文学体裁以赋和乐府诗为主,司马相如的《子虚赋》《上林赋》及乐府诗歌等作品都是文学宝库的明珠。

3. 东汉王朝的兴衰

公元25年,刘秀建立东汉。为稳定社会秩序,他采取一系列缓和社会矛盾、恢复社会生产的措施。他崇尚以柔道治国,倡导儒学;颁布释放和保护奴婢诏令;实行"三十税一"的田税制度;遣散军队,组织军人屯田;清丈土地,核实户口,加强国家对土地和劳动力的控制。在政治上禁止功臣干政,削弱三公权力,强化中央集权。东汉初年出现社会安定、经济恢复、人口增长的局面,史称"光武中兴"。

东汉前期,以地主庄园经济为基础的豪族势力强大,他们往往拥有私人武装,肆意干涉中央和地方行政。东汉后期,皇帝大多年幼,外戚和宦官乘机轮流专权。当时的部分官员和太学生共同形成一支反宦官的政治力量,他们议论时政,品评人物,在舆论上抨击宦官,时称"清议"。他们与宦官的斗争愈演愈烈,最终爆发"党锢"之祸。在宦官怂恿下,汉桓帝逮捕"清议"代表李膺等200余人,将其禁锢。汉灵帝即位后,外戚窦武与太傅陈藩等辅佐皇帝,起用李膺等人,密谋铲除宦官集团。宦官曹节发动兵变,以"部党"罪名,再次逮捕李膺及其门生故吏。这次"党锢"波及五服以内的亲属,凡是做官的,一律免官禁锢。直到黄巾大起义时才被解除,史称"党锢之祸"。

东汉末年统治日益腐朽,民不聊生。张角创立宗教组织"太平道",十多年间教众发展至数十万,遍及黄河和长江中下游广大地区。张角把这些人按地区组织起来,号召推翻东汉统治。张角散布预言"苍天已死,黄天当立。岁在甲子,天下大吉",并于公元184年发动起义,起义军头裹黄巾,称"黄巾军"。经过数月的战斗,起义失败,但东汉政权受到沉重打击,渐趋瓦解。

东汉的农业生产有长足的进步,铁农具和牛耕得到进一步推广。明帝命水利专家王景和王吴修治黄河和汴渠,使黄河此后800年间无须大规模整治。劳动人民还广泛利用水力进行生产,发明"水碓"用于粮食加工,使用"水排"进行冶铁。东汉时冶铁技术有了较大进步,工匠掌握低温炼钢法,使钢的使用更加普遍。东汉的桑、麻种植范围比西汉扩大,当时的麻葛织品中以越布最为著名。

东汉初年,刘秀废除旧币,下令重铸五铢钱,消弭王莽制造的币制混乱,促进了商业发展。东汉政府定期组织"互市",与匈奴、羌、乌桓等少数民族进行经济文化交流。此时匈奴分裂为南北二部,南匈奴迁居长城一线,与汉族人民交错杂居。北匈奴仍游牧于蒙古高原。公元73年,东汉派大将窦固出击北匈奴,恢复对西域的统治。同年,遣班超出使西域,加强与西域诸国的交往。明帝还派使臣到西域求佛法,请西域高僧来洛阳传教,并建造白马寺。公元97年,甘英出使大秦(罗马帝国),虽途中受阻,却熟悉了沿途各国风情与地理情况。公元166年,大秦安敦王朝遣使从海道来中国通商,并觐见汉桓帝,中国同欧洲有了直接往来。

中国是世界上最早发明纸的国家。东汉和帝时,宦官蔡伦在总结前人造纸技术的基础上,用树皮、破布、渔网等廉价的材质制成植物纤维纸,称为"蔡侯纸",使纸张广泛应用,促进了文化传播。东汉杰出的科学家张衡,精通天文历算,创制世界上最早利用水力转动的浑天仪及测定地震方位的地动仪。张仲景和华佗是东汉末年最著名的医学家。张仲景结合医学实践,著有《伤寒杂病论》。晋代医学家王叔和将其编辑整理成《伤寒论》和《金匮要略》,张仲景被后世尊为"医圣"。华佗是久负盛名的民间外科医生,他发明麻醉药物"麻沸散",在世界上最早采用全身麻醉方法。华佗还模仿动物的姿态创制五禽戏,在保健医学上具有很高价值。王充是杰出的唯物论思想家,《论衡》一书对谶纬和鬼神论提出怀疑和批评。史学家班固编撰中国第一部体例完整、内容丰富的断代史《汉书》。

四、朝代更替与大唐盛世的出现

1. 三国归晋

东汉末年镇压黄巾军起义过程中,各军事集团割据混战,国家处于分崩离析的边缘。公元189年汉少帝继位,何皇后的兄长何进掌握大权,一举铲除宦官集团,并密召并州(今太原)牧董卓进京。董卓废少帝,另立刘协为帝,是为汉献帝。董卓专横跋扈、独揽朝政,各路军阀对其不满,在第二年推举袁绍为盟主,联军讨伐董卓,由此拉开军阀混战的序幕。董卓挟持汉献帝由洛阳西逃长安,并强迫百姓西行,还纵容士卒烧杀劫掠,使洛阳周边尸横遍野、满目疮痍。

董卓西逃后,反董联盟瓦解,各势力相互攻杀并吞,其中以袁绍和曹操势力最盛。公元196年,曹操挟持汉献帝,"挟天子以令诸侯",在政治上占据优势。曹操注重农业生产,招徕和提拔人才,势力日益壮大。公元200年,曹操以1万多兵力与袁绍10万大军在官渡决战。曹操指挥得当,亲率精兵插入敌后焚毁袁绍军粮,使袁军大乱,溃不成军。官渡之战是以弱胜强的著名战例。战后,曹操迅速统一北方,并准备举兵南下,统一全国。

南方较强的军事集团有孙策、孙权兄弟及刘备。孙策、孙权经营江东,即长江中下游的南部地区。刘备靠镇压黄巾军起家,后依附于荆州刘表。面临曹操的压力,刘备三顾茅庐,向诸葛亮问策,诸葛亮建议刘备联孙抗曹。公元208年,曹操亲率大军20余万南下,与不足5万人的孙刘联军在赤壁(今湖北江夏区西赤矶山)夹江对峙。曹军虽数量占优势,但不谙水战,且受疫病困扰。孙刘联军借东风火烧曹军,曹军大败,残部逃回北方。"赤壁之战"是历史上又一次以少胜多的经典战例,战后形成了曹、孙、刘"三分天下"之势。220年,曹操病亡,其子曹丕自立为帝,国号魏,定都洛阳,史称曹魏。刘备于221年在成都称帝,史称蜀汉。222年,孙权在建业(今南京)称帝,国号吴,史称孙吴。至此,三国鼎立局面正式形成。

魏、蜀、吴三国都采取了一系列恢复和发展经济的措施。曹魏为解决军需,实行屯田制,把农民按军事编制组织起来,开垦荒地,还大力推广马钧发明的翻车,用于农田灌溉。蜀汉减轻税赋,奖励农耕。诸葛亮在都江堰设置堰官护堰,为川西平原的农业发展提供保障。蜀国丝织业发展迅速,蜀锦驰名天下,成为政府主要的财税来源。诸葛亮注意改善同西南少数民族的关系,加速西南地区的开发。孙吴的农业和手工业也有稳健发展。为躲避战乱,大批北方农民迁居江南,带来了先进的耕作技术,他们与山越土著一起,共同开发江南。孙吴造船业十分发达,促进了海上交通贸易的发展。230年,孙权派遣卫温率领万人船队抵达台湾,加强了台湾与祖国大陆的联系。

三国鼎立的局面持续了四五十年。随着北方经济的恢复和发展,魏国实力增强,蜀、吴日渐衰落。蜀国丞相诸葛亮采取以攻为守的策略,屡次讨伐曹魏,但屡战屡败。诸葛亮死后,刘备之子刘禅无能,朝政昏暗。263年,魏国伐蜀,直逼成都,刘禅投降,蜀国灭亡。曹魏后期,司马懿独掌大权。司马懿之子司马昭杀死魏帝曹髦,另立曹奂。265年,司马昭病死,其子司马炎废掉魏主,建立晋朝,定都洛阳,史称西晋。晋代魏后,开始大造战舰,训练水师,准备兴师灭吴。公元279年,晋军20余万,兵分六路伐吴。翌年三月,吴主孙皓投降,吴国灭亡。自董卓之乱后,中国陷入割据混战的局面长达90年,至此三国归晋,天下重新统一。

2. 两晋统一与南朝更迭

西晋灭吴后,全国实现了短暂统一。司马炎为恢复农业生产,实行占田制,解除了屯田制下军事管制的强迫劳动,有助于提高农民的生产积极性。西晋政府对赋役制度进行改革,实行定额租税的户调制,改变了过去赋税征收混乱的现象。司马炎为巩固西晋政权,大搞分封,封王所领户数几占全国人口之半。宗室贵族官高权大,严重削弱中央集权制,为西晋政局埋下隐患。西晋的人才选拔制度极其腐朽,出身高贵与否成为任官的唯一标准,出身卑微者即便满腹经纶也不得重用,所谓"上品无寒门,下品无势族",士族制度的形成加速了西晋政权的崩溃。290年,晋武帝司马炎病死,惠帝即位。惠帝昏庸,皇后贾氏妄图独揽大权,与辅政外戚杨骏发生矛盾。次年,贾后召楚王司马玮入京,杀死杨骏,统治阶级内部发生了一连串政治斗争。为争夺皇权,八个封王进行大规模的混战,历时16年,史称"八王之乱"。最终东海王司马越毒死惠帝,另立司马炽为帝,是为晋怀帝。此时,诸王力量消耗殆尽,"八王之乱"宣告结束。

正当西晋统治集团内讧时,北方匈奴贵族刘渊起兵,定国号汉。晋怀帝永嘉四年(310年),刘渊之子刘聪继位。次年,刘聪派遣石勒在苦县宁平城(今河南鹿邑)全歼晋军十万余人,后又遣刘曜兵破洛阳,俘虏晋怀帝,史称"永嘉之乱"。关中官僚拥立秦王司马邺为帝,即愍帝,定都长安。316年,刘曜攻入长安,俘获愍帝,西晋灭亡。此后,匈奴、鲜卑、羯、氐、羌五个少数民族在北方先后建立了多个政权,史称"五胡乱华"。

"五胡乱华"后,大量北方人民从中原迁居长江中下游。318年,逃遁至南方的地主与江南士族共同拥戴晋朝皇族司马睿,建都建康(今南京),史称东晋。东晋偏安一隅,为安置庞大的移民集团,政府设置侨郡侨县,仍用北方故地郡县之名,侨民另立白籍,减免租赋。侨置是临时措施,不仅使户籍制度混乱,也影响了财政收入。晋成帝推行土断,取消白籍,按居住地编制统一的户籍,同时免除了侨人调役的优待。

北方从304年至439年的130多年间,先后建立许多国家,历史上将北方主要的十五国,连同西南的成汉总称为十六国。公元383年,短暂统一北方的前秦王苻坚率80多万大军南下,企图一举灭掉东晋。东晋宰相谢安派谢石、谢玄领兵8万在淝水阻击,史称"淝水之战"。东晋以少胜多,苻坚败退北方,不久前秦瓦解,北方重新陷入混乱。至此,南北对峙局面形成。

以宗族为纽带所形成的门阀士族,始于魏晋之际,鼎盛于东晋。司马睿政权倚仗王导、王敦等士族地主的支持才得以建立,故有"王与马,共天下"之说。此后,门阀士族轮流执政,掌控东晋政权。在政治上,采用"九品中正制"的选官制度,士族享有特权,可世代为官,构成强大的社会政治势力。经济上,士族占有大量土地和劳动力。士族以外的地主称为庶族,士族与庶族之间界限分明,不通婚、不同坐、不同衣,甚至互不往来。士族生活腐化,是一群极端腐朽的社会寄生虫。南朝末年,南方士族衰落,庶族地主政治地位提升。

南渡人民思念故土,要求东晋政府与留在北方的人民共同反抗北方各族的统治。祖逖是当时主张北伐、恢复中原的代表人物。他渡江到中原组织军队,收复黄河以南的大片地区。东晋政府畏惧祖逖力量的壮大,千方百计予以牵制,北伐最终没有成功。祖逖忧愤成疾,病死军前。东晋统治者偏安一隅,沉湎享乐,为满足统治者荒淫无度的需求,东晋政府不断加重赋税与徭役,百姓纷纷起来抗争,农民起义接踵而至,以孙恩、卢循领导的起义规模最大。在镇压起义的过程中,东晋大将刘裕渐渐控制东晋大权,在420年废掉东晋皇帝自立,国号宋,是为宋武帝。

东晋之后的160多年间,南方经历宋、齐、梁、陈四个朝代,史称南朝。

宋(420—479)是南朝疆域最大的朝代。宋文帝继位后推行刘裕的治国方略,施行土断、劝学、兴农、减税等一系列措施,使百姓得以休养生息,南方出现了少有的安定局面,史称"元嘉之治"。

齐(479—502)是南朝统治时间最短的朝代。479年,大将萧道成废宋顺帝,自立为帝,国号齐。为了稳定社会秩序,萧道成采取一些比较积极的措施。但其死后,萧齐内部为争夺皇位爆发内战,父子相残,祖孙相杀,政局日益动荡。

梁(502—557)。在南齐后期混乱的政局中,501年雍州刺史萧衍率兵进入建康,翌年封相国,晋爵梁王。不久,自立为帝,国号梁,是为梁武帝。梁武帝崇尚儒学和佛教,借以粉饰太平。建康城内外修建了许多寺院,他自己三次舍身同泰寺为寺奴,由群臣聚钱将他赎出。547年,东魏大将侯景降梁,不久又叛变,并渡江围攻建康台城。次年台城陷落,梁武帝被软禁后饿死。"侯景之乱"后,陈霸先立萧方智为帝,自掌大权。

陈(557—589)。陈是南朝中最弱小的朝代。557年,陈霸先废敬帝自立,国号陈。陈霸先在位两年即病死。陈朝末年,陈叔宝为帝,奢侈荒淫,政治腐朽。公元589年,隋军南下,攻破建康,陈灭亡。隋朝统一中国。

魏晋南北朝时期,南方相对安定,北方人口大量南迁,带去了先进的生产技术和大量劳动力,加之优越的生产条件和自然环境,南方社会经济有显著发展,中国经济重心逐渐南移。隋唐五代时,南方经济迅速发展,尤其是唐安史之乱后,经济重心南移的趋势愈加明显。两宋时期经济重心南移完成,南方生产力水平超过北方,成为全国经济重心。

魏晋时正统儒学没落,士人为求得精神解脱,崇尚清谈与玄学。玄学以老庄思想为主,糅杂儒道经义,强调本末、有无及自然与名教等哲理。自然科学方面,数学家祖冲之的成就最大,他潜心研究,精确推算出圆周率在 3.1415926 至 3.1415927 之间,并撰有《缀术》。文学艺术方面,陶潜是东晋著名诗人,他因不满官场黑暗,不愿为五斗米折腰,毅然辞官归隐,表现出高尚的气节。东晋杰出书法家王羲之,被尊为"书圣",他汲取前人书法精华,独创一家,楷书、行书、草书无不擅长,尤以《兰亭集序》最为有名。顾恺之是东晋画坛最著名的画家,他一生创作很多,尤其擅长人物画,线条优美,人物生动传神。顾恺之作品流传至今的只有摹本《女史箴图》和《洛神赋图》。范缜是南朝杰出思想家和无神论者,他针对佛经宣扬的神不灭论进行批判,发表《神灭论》,无情地揭露了统治者利用佛教进行欺骗的真实目的。

3. 北朝更替与隋统一中国

西晋灭亡后,北方少数民族统治者先后建立了许多国家。历史上把北方主要的十五个国家,连同西南的成汉,统称为十六国。十六国时期,各国彼此攻伐,北方破坏严重。但是,各民族人民通过长期交往,互相影响,加速了民族融合。

386年,鲜卑族拓跋部建立北魏,先后消灭北方割据政权。471年,北魏孝文帝即位后,为适应社会发展趋势,消除少数民族与汉民族的隔阂,决定接受汉族地主的建议,实行改革。为保证封建政府的财政收入,孝文帝颁布均田令,实行新的租调制度。

为接受汉族先进文化,孝文帝将首都迁往洛阳,下令鲜卑族采用汉姓,改穿汉服,学说汉话。孝文帝改革加速了北方民族融合的历史进程,推动了北方社会经济的恢复与发展。

北魏末年,政局动荡,统治阶级内部争权夺利,先后发生了"六镇起义""河阴之变"等内讧。公元534年,北魏灭亡,分裂为东魏和西魏。东魏由高欢执掌,其子高洋废掉东魏孝静帝而自立,国号齐,史称北齐。西魏由宇文泰执掌,其子宇文觉废掉西魏恭帝而自立,国号周,史称北周。公元577年,北周出兵灭北齐。至此,北方归于统一。

北朝贾思勰是一位杰出的农学家,他撰写的《齐民要术》是中国现存较完整的农书。北朝佛教空前盛行,上至统治者,下至百姓,大多尊崇佛教,现存的龙门石窟、云冈石窟等就是北朝时开凿的。少数民族质朴、爽朗的性格,使北朝涌现出《敕勒歌》和《木兰辞》等脍炙人口的文学作品。著名地理学家郦道元撰有《水经注》,书中保存了大量历史和地理的资料,具有极高的科学价值。

公元581年,北周外戚杨坚废掉周静帝,建立隋朝,定都长安,是为隋文帝。589年,隋军南下,攻破建康,灭陈。至此,中国结束了长达300多年的分裂局面,重新统一。隋文帝加强中央集权,恢复社会经济,实施一系列改革措施。他建立严格的三省六部制,裁并州县及冗员,改革府兵制,创立科举,制定《开皇律》等。他还下令州县官吏"大索貌阅",即根据户籍簿上登记的年龄,来核对本人体貌,以防诈老讹小逃避租役。文帝还推行"输籍定样"法,规定每年正月五日县令出查,根据标准定户等上下,从轻制定税额,并将各户应纳税额写成定簿。这样既能防止人民逃避赋税,也使地方官不致任情舞弊,佃客遂脱离世家大族的荫庇,成为国家编户。为加强南北交通,605年隋炀帝下令开凿大运河,沟通黄河与长江水系,成为南北交通的大动脉。隋朝工匠李春营造的赵州桥,是现存世界上最古老的石拱桥。宇文恺营造的首都大兴城是当时世界上第一流的大城市。

隋文帝死后,其子杨广继立,是为隋炀帝。隋炀帝是历史上有名的暴君,他奢靡腐化,滥用民力,对高丽等周边国家大举用兵。繁重的兵役与徭役,使各地农民纷纷起义,其中以翟让、李密领导的瓦岗军最为有名。太原留守李渊也起兵反隋,攻陷长安,隋炀帝在江都被杀。李渊自立为帝,国号唐,是为唐高祖。

4. 大唐盛世

唐代是继汉代以后又一强盛时代,有"大唐盛世"之称,至今海外华人仍称为"唐人"。618年,李渊称帝,建立唐朝,定都长安。玄武门之变后,唐太宗李世民继立。李世民励精图治,在房玄龄、魏徵等名臣辅佐下,实行一系列改革。政治上推行三省六部制,把全国按山川地势划分为十个监察区,称为道;经济上推行均田制和租庸调制;文化上进一步完善科举制度;他还命人编撰《唐律疏议》,这是我国现存最早的一部完备的法典;军事上实行府兵制,寓兵于农。唐太宗戒奢从简,用贤纳谏,营造了社会安定、政治清明的盛世,史称"贞观之治"。

唐太宗之子唐高宗羸弱多病,皇后武则天协理朝政,逐渐掌握大权。690年,武则天代唐建周,史称武周,她是中国历史上唯一的女皇帝。她修订《姓氏录》,削弱士族势力,提高庶族地位;改革科举制度,创立殿试和武举;提拔狄仁杰、姚崇等能臣武将。唐玄宗李隆基即位后,励精图治,严格控制官员的铨选,提拔宋璟、张九龄为相,改革弊政,并抑制佛教的泛滥,史称"开元盛世"。

唐玄宗后期,荒于朝政,委用李林甫、杨国忠等佞臣,政治腐败。他为了加强边疆的防御能力,在边境重要地区设置藩镇。藩镇节度使握有重兵,独揽大权,不听中央节制。755年,身兼三镇节度使的安禄山,乘唐朝政治紊乱、内地兵力空虚,起兵谋反,很快攻占洛阳、长安。两年后,在回纥兵的帮助下,唐将郭子仪、李光弼收复两京。随后安禄山部将史思明又起兵反唐,后被唐军所败。这两次反叛共达8年,史称"安史之乱"。

安史之乱是唐王朝由盛转衰的转折点。唐朝对叛军旧部采取安抚妥协政策,使节度使兵权依旧庞大,形成藩镇割据的态势。"安史之乱"后,土地兼并严重,均田制遭到破坏。780年,唐政府为解决财政困难,接受宰相杨炎建议,实行两税法,即按土地和财产多寡一年分夏秋两次收税,改变以往以人丁为主的征税标准,成为中国赋税制度上的一大变革。唐中后期,宦官权力逐步扩大。他们操纵政权,掌管禁军,朝臣任免、皇帝废立等皆由他们把持。唐文宗时,朝臣密谋"甘露之变",希望将宦官集团消灭,但事情败露后,朝政彻底落入宦官之手。唐宪宗时,官僚互相倾轧,争权夺利。一派以牛僧孺为首,称为"牛党",另一派以李德裕为首,称为"李党"。"朋党之争"前后长达40多年,进一步加速了唐王朝的崩溃。

藩镇割据、宦官专权和朋党之争使唐朝中后期政局空前混乱。沉重的赋税与徭役,以及日益加剧的土地兼并,使失去土地的农民四处逃亡。875年,王仙芝领导山东、河南农民起义,黄巢也起义响应。黄巢领导起义军,展开流动作战,转战大半个中国,但起义军攻陷长安后,并没有乘胜追击,最终被唐军和地主武装联合绞杀。各地节度使趁乱壮大自己的力量。907年,节度使朱温杀进长安,废掉唐哀帝,改国号梁,史称后梁。中国就此进入短暂分裂的五代十国时期。

以兼收并蓄为特征的唐代文化空前繁荣,不仅影响了亚洲文明,也促进了世界文明的进步,"中华文化圈"就此形成。

唐代佛教繁荣,高僧玄奘西行,撰有《大唐西域记》,介绍沿途国家的风土人情。他还仿照印度风格营建大雁塔,所译佛经丰富了佛教经义。唐代佛教派别众多,尤以禅宗影响最大。868年现存世界上最早的雕版印刷精品《金刚经》问世。佛教文化的不断渗透,也促使了反佛思潮的发展。韩愈就是反佛的主将,他在《论佛骨表》中,对佛教进行了尖锐的批判。

唐代制瓷业发达,唐三彩代表了最高水平。唐代涌现出一批商业城市,前期多在黄河流域,以长安和洛阳闻名;后期集中在长江流域,以扬州和益州(今成都)为代表,有"扬一益二"之称。城市中出现了"柜坊"和"飞钱"之类的信贷服务。

唐代医学有很大的发展,以孙思邈的成就最大,他撰有《千金方》,被后世尊为"药王"。唐代史学十分繁荣,出现了刘知几的《史通》和杜佑的《通典》等一批史学名著。唐诗是唐代文学的杰出代表,被誉为"盛唐气象",涌现出李白、杜甫、白居易等杰出诗人。韩愈、柳宗元的散文有很高的成就,居"唐宋八大家"之首,并倡导古文运动。他们在哲学方面也有深入的研究,如柳宗元的《天说》和刘禹锡的《天论》。唐代有许多杰出的画家,成就最大的是阎立本和吴道子。阎立本善画人物,绘有《历代帝王图》和《太宗步辇图》。吴道子素有"画圣"美称,绘有《天王送子图》,史誉"吴带当风"。唐代的书法艺术也取得很大成就,涌现出欧阳询、褚遂良、柳公权、颜真卿等一批大书法家。隋唐时期开凿的四川乐山大佛及敦煌莫高窟,堪称唐代雕塑艺术之最。唐玄宗汲取西域音律,选宫女数百人,教于梨园,称"梨园弟子"。唐朝深厚的文化底蕴,影响朝鲜、日本等国,他们多次遣使来唐,学习中国文化及佛教经典。

五、宋、辽、西夏、金、元的争战

1. 五代十国

唐朝灭亡后,中国陷入分裂割据状态。907年,唐节度使朱温废帝自立,建立后梁。在此后的53年里,黄河流域先后经历了梁、唐、晋、汉、周五个朝代,合称五代。与五代并存的南方及北方的山西先后出现了十个割据政权,总称为十国,即北汉、前蜀、吴、闽、吴越、楚、南汉、南平、后蜀、南唐。这些政权和朝代,史称"五代十国"。五代十国的分裂局面,实际上是唐代后期藩镇割据的继续和扩大。当时,各割据政权之间混战不休,人民蒙受了深重的苦难。

相较于北方的混战,南方相对稳定,许多中原人民为躲避战祸流落至江南,促进了南方的进一步开发。南方统治者为保存和增强实力,很重视发展生产。吴越在钱塘江边修筑海塘,使成千上万亩农田免于水患。江南的丝织品品种多样,工艺精美。制茶业也是南方一项重要的产业,仅楚国每年向中原王朝交纳的贡茶就达25万斤,南平首都江陵已成为全中国最大的茶市。此外,冶铁、制盐、造船、造纸、制瓷业等也比较发达。以发达的农业和手工业为基础,南方的商业贸易异常活跃,出现了扬州、金陵、江陵、成都等商业繁荣的城市。

北方政权一面要应对内部困境,还经常遭受契丹统治者的袭扰,人民渴望国家统一。为顺应历史,后周统治者开始整顿政治,为统一全国做准备。954年,后周缔造者郭威病故,其养子柴荣继位,是为周世宗。他努力革除弊政。经济上,均定赋税,下令招垦荒田,兴修水利,禁灭佛教。军事上,整编禁军,严明军纪。政治上,注意改善吏治,赏罚分明。经过多年准备,后周实力增强,取得军事上一系列胜利。959年,柴荣在征伐幽州的途中病亡。他年仅七岁的儿子宗训即位,大权遂旁落至中央禁军统帅赵匡胤手中。960年,赵匡胤在陈桥驿(今河南封丘县境内)发动兵变,黄袍加身,自立为帝,改国号为宋,定都汴京(今河南开封),史称北宋。

2. 北宋、辽、西夏及其相互关系

宋朝建立后,宋太祖和他的胞弟赵匡义花了十几年时间,陆续消灭其他割据政权,结束了五代十国割据混乱的局面。但北宋只是局部统一,在当时的中国境内还存在辽、西夏、吐蕃、大理等几个少数民族政权。

北宋建立后,宋太祖总结唐末五代以来的历史教训,认为皇权羸弱、权臣跋扈及地方拥兵自重是导致政权不断更替的原因。他决心在政治、经济、军事各方面采取措施,加强中央集权。

政治上,北宋将集政权、财权、军权于一身的相权一分为三,削弱了相权,加强了皇帝的直接控制。地方上,解除节度使的权力,设置州、县两级政权,派文臣到各地任知州,管理地方政事,派转运使到地方管理财政,加强中央对地方的控制。军事上,赵匡胤采取"杯酒释兵权"的策略,暗示石守信等统军大将交出兵权。他还从地方军队中挑选强壮士兵编入禁军,达到"强干弱枝"的目的。对禁军则实行"更戍法",即不断更换士兵戍守的地方,使"兵无常将,将无长师"。宋朝十分重视从科举考试中选拔人才,通过对考官实行锁宿,对试卷推行糊名法等措施严防作弊,并把殿试作为最高一级的考试,使皇帝直接掌握人才的录用权。

这些措施使地方行政权、财权收归中央,基本消除了唐末五代以来藩镇割据的弊端,有利于社会经济的恢复与发展。但过分的集权,逐渐导致官僚机构的膨胀和军队数量的激增,政府的官俸和军费开支越来越大。将领不断调换,导致了"兵不识将,将不识兵"的局面,使军队的指挥不灵,战斗力下降。随着时间的推移,北宋陷入了"积贫""积弱"的困境。

辽是契丹族建立的政权。契丹原居今辽宁省辽河一带,以游牧和渔猎为生,并与汉族保持着经济文化交流。唐朝末年,契丹势力不断扩大。契丹族首领耶律阿保机最终统一契丹各部,在916年称帝,建立契丹国,都城在上京临潢府(今内蒙古巴林左旗境内)。辽太祖阿保机是契丹族杰出的政治家。他在位期间,提倡和奖励农耕,注意发展纺织、矿冶、制瓷等手工业,任用汉族文人制定各种典章制度,还创制文字,制定法律,极大地加速了封建化的进程。阿保机死后,其子辽太宗耶律德光继位,契丹贵族经常南下,对中原进行掠夺。后唐节度使石敬瑭早有称帝野心,但实力不足,他便以割地称臣为条件,乞求契丹出兵相助。契丹军队灭了后唐,立石敬瑭为帝。石敬瑭建立后晋,他把位于今北京及河北、山西北部一带的"幽云十六州"割给契丹,并称比自己小10多岁的耶律德光为"父皇帝",成为历史上有名的儿皇帝。947年,契丹改国号为辽。

北宋建立后,试图用军事手段夺回"幽云十六州",但两次用兵均遭失败,转而采取消极防御的方针。辽见北宋虚弱,于1004年秋遣军进攻北宋,前锋直抵黄河岸边的澶州(今河南濮阳),威胁宋都汴京。北宋朝廷一片恐慌,有大臣提议迁都避敌。宰相寇准则主张坚决抵抗辽军,并要求皇帝亲征。宋真宗勉强来到澶州,宋军受到鼓舞,挫败辽军,于是双方议和。"澶州之盟"议定:宋、辽结为兄弟之国,每年宋向辽纳银10万两、绢20万匹,宋、辽边境维持旧界。"澶州之盟"后,辽、宋两国维持了长久的和平关系,双方互遣使者来往。北宋在边境的雄州、霸州等地设置榷场,方便商贸往来。

西夏是党项族建立的政权。党项原本是羌族的一支,唐中期以来居住在宁夏、甘肃一带,过着游牧生活。唐末,党项首领拓跋思恭因参与镇压黄巢起义有功,被赐李姓,封夏国公。北宋初年,首领称夏国王。1038年,夏王元昊称大夏国皇帝,都城在兴庆(今宁夏银川),史称西夏。元昊是党项族杰出的政治家与军事家,他通晓佛学和吐蕃、汉文字,十分注意吸收先进的汉文化。他任用汉人担任重要官职,并仿照宋朝制度建立官制和兵制,仿汉字形体创造西夏文字。

元昊称帝后,要求北宋予以承认,遭到北宋拒绝,宋夏关系急剧恶化。从1040年开始,元昊连年发动对宋战争,双方损失很大。由于夏、辽关系破裂,西夏为避免两面受敌,与宋议和。庆历四年(1044),双方签订和约:元昊取消帝号,对宋称臣,由宋册封为夏国主;宋每年给西夏银七万二千两,绢十五万三千匹,茶三万斤;在边境进行贸易,恢复民间商贸往来。

北宋中期,土地集中,赋役不均,加之每年要缴纳大量岁币,各种矛盾不断尖锐。冗官、冗兵、冗费使北宋国力更加"积贫、积弱"。庆历三年(1043),宋仁宗任命范仲淹为参知政事,改革时弊。范仲淹提出10条建议,以整顿吏治为中心,大部分得到采纳。但庆历新政触犯了贵族及大官僚、大地主利益,招致保守派的反对,仅一年左右,范仲淹被迫离职,"新政"被一一废除,改革失败。为克服统治危机,1069年,宋神宗任用王安石再次变法,冀望达到富国强兵的目的。变法内容主要分"理财"和"整军"两大类。在理财方面,推行均输法、青苗法、农田水利法、募役法、市易法、方田均税法;在整顿军备方面,实施置将法、保甲法、保马法、军器监法。王安石的新法实行了16年,在"富国强兵"方面取得一定效果。但由于用人不当,变法过程中出现了一些危害百姓利益的现象。更重要的是,新法触犯了大地主、大官僚的既得利益,遭到他们的强烈反对。1085年,宋神宗死后,旧党司马光出任宰相。不久,王安石也含恨而死,新法几乎全部废除,史称"元祐更化"。1093年,宋哲宗重新起用变法派,恢复新法,史称"哲宗绍述"。此后,变法派与保守派之间的斗争,渐渐演变成派系之间的倾轧和争权夺利,毫无积极意义可言。

北宋末年的统治极其腐朽,宋徽宗赵佶在政治上重用蔡京等佞臣,生活上骄奢淫逸,挥霍无度。他喜欢花石,就下令在全国搜求奇花异石运往汴京,史称"花石纲"。所经之处,当地百姓要供应钱谷和民役,有的地方甚至拆桥、毁房,导致阶级矛盾迅速激化,各地人民纷纷起义。规模较大的有南方的方腊起义,以及山东的宋江起义,起义虽均告失败,却沉重打击了宋王朝的统治。

在北宋走下坡路的同时,东北的女真族迅速兴起于白山黑水之间。1115年,女真首领完颜阿骨打称帝,建立金朝。他扩充和整顿军队,推行了兵民合一的猛安谋克制度,使金朝的实力大增。1125年,金灭辽,然后兵分两路南下攻宋。北宋君臣惊慌失措,宋徽宗急忙命令各地军队入京保卫,并在惶恐中将皇位让给自己的儿子赵桓,即宋钦宗。靖康元年(1126),宋钦宗任命主战派大臣李纲负责京城防务,在各地援军和义民的帮助下,打退了金军的进攻。宋钦宗及投降派畏惧金军,极力主张议和。金军提出苛刻的要求,宋钦宗一一答应,并罢免了李纲。经太学生陈东等人向朝廷上书,宋钦宗只得重新起用李纲。金军撤退以后,宋钦宗很快解除警戒,遣散援军,又把李纲赶出朝廷。不久,金军再度南下,攻陷东京。1127年,金军掳走徽宗、钦宗二帝及宗室、大臣3 000人,以及大量金银财宝和典章器物,北宋灭亡,史称"靖康之难"。

北宋时期,虽然在政治方面存在诸多矛盾和问题,但社会经济取得了令人瞩目的成就。北宋初年,政府劝谕江南及闽粤等地种植北方粮食作物,水稻的优良品种也在各地推广,其中以越南的"占城稻"最为有名。丝织业以四川地区最为发达,宋太祖曾把四川的织锦工200多人迁至东京汴梁(即汴京)。北宋的制瓷业相对发达,定窑的白瓷、汝窑的青瓷等都享有盛名,景德镇出产的瓷器质地细腻,色泽莹润,后来发展为著名的瓷都。北宋的造船业在当时世界上居于领先地位,虔州(今江西赣州)、吉州(今江西吉安)、温州、明州(今浙江宁波)是著名的造船基地。李诫编写的《营造法式》,对建筑材料、结构等有详细的说明和精致的图样,是我国建筑史上的一部杰作。科学家沈括所著的《梦溪笔谈》,总结了我国古代的许多科技成就,是一部百科全书式的著作。发达的工商业,造就了汴京、洛阳、苏州、杭州、广州、成都、泉州等著名的繁华都市。汴京的城市布局打破了"市""坊"的界限,出现了夜市。城中有娱乐场所"瓦肆",那里的戏曲、杂技和武术等表演,令人流连忘返。张择端的《清明上河图》,描绘了当时东京的繁华景象。随着商品交换的发展,货币流通迅速增加。当时主要以金属货币流通为主,但因携带不便,在四川地区出现"交子",这是世界上最早的纸币。此外,北宋政府还在各商业口岸建立市舶司,负责外贸事务,促进了商业贸易的繁荣。

3. 南宋的建立与宋金和战

1127年5月,宋徽宗第九子赵构在应天府(今河南商丘)称帝,即宋高宗。1128年,定都于临安(今浙江杭州),史称南宋。南宋初年,金军仍不断南侵,激起江南人民的反抗。高宗即位之初,暂时起用李纲为宰相,李纲推举主战派人物宗泽为留守,积极备战。但宋高宗害怕抗金一旦成功,父兄归来,自己就很难继续做皇帝,所以对军民抗金义举进行阻挠,李纲很快被宋高宗罢免。建炎元年(1127)10月,金军南下,高宗立即南逃扬州,留守开封的宗泽积极支持义民的抗金斗争。他先后20多次上书,要求高宗还都,收复失地,但均被宋高宗拒绝。不久,宗泽忧愤而死。

宗泽死后,开封原有防务被破坏,各地义军纷纷离去。1128年,金军再次大举南侵。徐州、扬州、建康等重镇相继失陷。宋高宗狼狈逃亡临安,并派人向金军将领金兀术求和,但金兀术置之不理。1129年,金军渡过长江。宋高宗逃往浙江沿海,一度躲到海上避敌。金军的野蛮和残暴,激起人民的反抗,各地抗金斗争风起云涌。高宗迫于形势,任用主战派将领韩世忠、岳飞等抗击金兵。

岳飞是南宋最杰出的抗金将领,在与金军作战中多次立下战功,他带领的军队作战勇敢,纪律严明,在抗金战争中多次获胜,人称"岳家军"。1130年,岳飞率军收复被金军占领的建康。1140年,金军又大举进攻,南宋派兵分路抵抗。岳飞所领中路军在郾城大败金兀术的主力骑兵,乘胜收复许多失地。正当前方将士浴血奋战、收复开封时,南宋朝廷内部的主和派又一次掀起波澜。宋高宗和权臣秦桧害怕抗金力量壮大,于是向金求和。宋高宗连下多道旨意,命令岳飞停止进攻,班师回朝。

1141年,宋高宗解除主战派将领岳飞、韩世忠的兵权。秦桧指使人诬陷岳飞有谋逆之心,将岳飞投入监狱。然后与金达成和议,内容包括:南宋向金称臣,双方以东起淮水、西至大散关(今陕西宝鸡西南)一线划定疆界,此线以北为金统治区;南宋每年向金纳"岁币"银20万两,绢25万匹,史称"绍兴和议"。和议订立后,形成金与南宋对峙的局面。后来,金朝为加强对黄河流域的统治,把都城迁到燕京,改名中都。次年,岳飞被高宗和秦桧以"莫须有"的罪名杀害,年仅39岁。

正当金与南宋对峙时,北方另一古老民族——蒙古族逐渐强大起来。蒙古族杰出的军事家和政治家铁木真经过10多年战争,打败四周各部落,统一蒙古草原。1206年,蒙古贵族在斡难河畔召开大会,推举铁木真为大汗,尊称为"成吉思汗",建立蒙古政权。成吉思汗和他的子孙,为开拓疆土频繁发动战争,四处征战,兵锋曾抵达欧洲,在此期间,也先后征服和消灭了中国境内许多政权。1227年,成吉思汗病逝,其子窝阔台继任大汗,他遵照成吉思汗遗言,采取联宋灭金的策略,遣使约南宋共同攻金,商定灭金后由南宋收复洛阳等地。1234年金朝灭亡。宋依约准备收复洛阳等地,却遭到蒙古军的武力制止,并决黄河水淹阻宋军。从此,蒙古与南宋之间开始正面冲突。1260年,忽必烈继承蒙古汗位。1271年,他正式定国号为元,次年定都大都(今北京),忽必烈就是元世祖。1276年,元军攻占南宋都城临安,俘虏皇帝,南宋灭亡。

南宋虽偏安一隅,但社会经济得到继续发展。南宋的水田面积增加,产量进一步提高。太湖流域的苏州、湖州等地,稻米产量很大,民间流传"苏湖熟,天下足"的谚语。造船技术明显进步,所造船只配有指南针。临安是全国的政治中心,也是最大的商业城市。南宋的农村墟市大量涌现,与金及其他各族之间设有官府管理的榷场,进行贸易。由于商业日益发达,铜钱不能满足交易需要,政府大量印制纸币。当时流行的纸币有钱引和会子两种。此外,南宋的海外贸易也十分发达。金统治下的北方,社会经济也得到恢复。金世宗时利用黄河故道实行屯田,招募农民垦种,冶铁业、纺织业也有相当规模。

我国哲学思想在宋代进入一个新阶段,标志是理学的产生。理学是以儒学思想为主,汲取佛、道经义而形成的唯心主义新儒学。因以阐释义理、兼谈性命为主要内容,所以称为"理学"。北宋周敦颐是理学的奠基人,著有《太极图说》及《通书》两部哲学著作。此后的程颢、程颐进一步发展了理学。朱熹是南宋理学的集大成者,他在经学、史学、文学乃至自然科学方面均有卓越贡献。他一生著述颇丰,尤以《四书集注》影响最大。他主张理是万物之源,理是第一性的,气是第二性的。认为"天理"和"人欲"是对立的,主张"去人欲,存天理",实际上是要求人们服从现行的统治秩序。陆九渊是南宋理学中主观唯心主义流派的代表,他主张"宇宙便是吾心,吾心即是宇宙"与"心即理"的学说。叶适和陈亮是南宋唯物主义思想家,他们认为仁义和功利是统一的,反映了工商业者的利益。此外,宋词、话本小说等文学艺术也别具特色。

宋朝文学主要涵盖了宋代的词、诗、散文、话本小说、戏曲剧本等,其中词的创作成就最高,诗、散文次之,话本小说又次之。宋代是长短句歌词繁荣兴盛的时代。文学史上,词以宋称,体现了宋词作为一代文学的重要地位。唐圭璋所辑《全宋词》及孔凡礼《全宋词补辑》,录存作品(不包括残篇、附篇)20 000 余首,有名姓可考作者1 430 余人,著名词人有欧阳修、柳永、苏轼、周邦彦、李清照、陆游、辛弃疾、姜夔。宋代散文是中国散文史上一个重要的发展阶段。在 300 多年间出现了人数众多的散文作家。在"唐宋古文八大家"中,宋人就占了六位(欧阳修、苏洵、苏轼、苏辙、王安石、曾巩),创作了不少文学散文和带有文学性的散文,也有许多议论文的名作。宋代史学也有较大成就,北宋史学家司马光的《资治通鉴》,是我国第一部编年体通史;南宋袁枢《通鉴纪事本末》是我国第一部纪事本末体的历史著作;南宋郑樵的《通志》与唐代杜佑的《通典》、元马端临的《文献通考》,是专论典章制度的代表作,合称"三通"。北宋编撰了四部大型类书,分别是《太平御览》《册府元龟》《文苑英华》《太平广记》。南宋法医学家宋慈著有《洗冤集录》,它是世界上第一部法医学书籍。

4. 疆域空前辽阔的元帝国

蒙古族是我国北方一个历史悠久的民族,唐称"蒙兀室韦",以游牧为生。蒙古族诸部为掠夺人口、牲畜和地域,常年相互征伐。1162 年,铁木真降生于漠北草原,成年后凭借卓越的军事才能,借助札木合的力量,陆续降服蒙古诸部,完成漠北草原的统一。1206 年,铁木真在斡难河畔召开忽里台大会,建立蒙古国,被推举为蒙古大汗,尊称为"成吉思汗"。

成吉思汗建立千户分封制,将蒙古社会全盘军事化,还颁布法典《大札撒》,命人创制蒙古文字,并开始了征服世界的战争。成吉思汗及其子孙四处征战,并一直向西打到今天的中亚、俄罗斯及东欧,向南达到印度河流域。在此基础上,成吉思汗分封诸子,后来形成四大汗国。成吉思汗还不断向南进攻西夏和金。1227 年,蒙古大军攻灭西夏,成吉思汗在征战途中病逝。

在东方,蒙古军队继续南下,1234 年灭金。后来陆续降服吐蕃,征服大理。1271 年,成吉思汗的孙子忽必烈改国号为大元。翌年定都燕京,改称大都。1276 年,元军攻破临安,南宋灭亡。临安陷落后,南宋大臣文天祥和陆秀夫等继续在东南沿海一带坚持抗元。1279年,在元军追击下,陆秀夫背负南宋幼帝在广东投海而死。元朝统一全国。

　　元朝疆域空前辽阔。为对全国实行有效统治,元世祖忽必烈在中央设中书省,地方设行中书省,简称"行省"。我国省级行政区的设立,始于元朝。元政府还加强对西藏和台湾地区的管辖。元朝是统一的多民族国家,大量的波斯人和阿拉伯人迁入中国,与中华民族长期杂居、通婚,开始形成一个新的民族——回族。元世祖重视发展农业,为便利南粮北运,他令人开凿新运河,与原有运河连通,使粮船可从杭州直通大都,还开辟了规模空前的海运。元朝商业繁荣,大都既是政治中心,又是闻名世界的商业大都市。中外交往也很频繁,意大利旅行家马可·波罗,在元世祖时来华居住十几年,并写有《马可·波罗游记》,促进了东西方之间的交流。

　　为维护蒙古贵族特权,元朝实行民族歧视和民族分化政策,将各族划分为蒙古、色目、汉人、南人四等。在法律、赋役、任官等方面,各等人的待遇不同。元朝中后期,政治腐朽,阶级矛盾空前尖锐。1351年,刘福通领导农民军在颍州(安徽颍上)起义,起义军头包红巾,称为红巾军。起义军很快发展到数万人,各地农民纷纷举兵响应。佃农出身的红巾军将领朱元璋的势力逐渐强大,建立政权,并于1368年攻占大都,灭亡元朝。

　　元政府十分重视农业生产,中央设立大司农等负责农业和水利,还向全国颁布《农桑辑要》,指导农业生产。元代手工业首推纺织业。民间棉纺能手黄道婆,从海南将黎族人民先进的棉纺织技术带回江南的松江(今上海),使松江成为全国棉纺织业的中心。元代著名天文学家郭守敬创制了许多天文观测仪器,所编《授时历》与现行公历相同。元代是开放的时代,海外贸易十分繁盛。元代城市以大都、杭州和泉州最为著名,其中泉州是元朝对外贸易的重要港口。元代的元曲与唐诗、宋词并称。元代剧作家人才辈出,尤以关汉卿成就最大,其脍炙人口的《窦娥冤》影响最广。南方的地方戏经过文人不断的改良,已形成了昆山、海盐、余姚、弋阳四大声腔。语言学家周德清所著的《中原音韵》,是汉语音韵学方面的奠基之作。藏族史诗《格萨尔王传》是藏族文学中的瑰宝。

六、明清王朝的专制统治

1. 走向下坡路的封建王朝:明朝的兴衰

　　1368年初,明太祖朱元璋在应天(今江苏南京)称帝,建立明朝。为加强君主专制的封建统治,明朝政府采取了一系列措施,主要包括:废除丞相,分设吏、户、礼、兵、刑、工六部;设立厂卫特务机构;在各地设立布政使司、提刑按察使司和都指挥使司,合称"三司",直接隶属中央;在军队编制方面,创设卫所制度。采取八股取士的方式选拔官吏;大兴文字狱。朱元璋为巩固政权,防止权臣篡夺皇位,同时也为了防御北方蒙古的入侵,分封子孙为王,让他们到全国各地镇守。为防止诸王跋扈,朱元璋允许以后皇帝在必要时可以下令"削藩",削弱诸王权力。

1398年,朱元璋病死,因太子朱标早死,皇太孙朱允炆继位,是为建文帝。建文帝即位后,采取大臣建议,开始着手"削藩"。卫戍北部边境的燕王朱棣听闻风声,立刻起兵南下。战争历时三年,最终朱棣获胜,占领南京,史称"靖难之役"。朱棣即皇帝位,改年号为永乐,是为明成祖。1421年,明政府迁都北京。

明朝前期国力强盛,为宣扬国威,扩大在海外的影响,加强同海外各国联系,明成祖派遣郑和七次出使西洋。郑和比欧洲航海家的远航早半个多世纪。郑和下西洋开拓了中国人的眼界,为中外交流做出了贡献。郑和下西洋后,更多的中国人来到东南亚,他们带去了先进的生产技术和文化知识,积极投入东南亚的开发和建设。

明中期以后,宦官专权,奸臣当道。明武宗时,任用宦官刘瑾,朝政腐败。明世宗专心修道,不理朝政,奸相严嵩窃权谋私,政治黑暗,边防松弛。同时,土地兼并现象十分严重,军屯制度逐渐遭到破坏,土地问题日益成为严重的社会问题。在高额税粮的压榨下,农民不断破产、失地流亡。各地不断爆发农民起义。

风起云涌的农民起义虽然最终被明政府镇压,但各种社会矛盾依然存在。为缓和社会矛盾,挽救明朝统治,明神宗时,内阁首辅、大学士张居正开始实行改革。他整顿吏治,使大小官员不敢玩忽职守,行政效率大为提高。他还整饬边防,改善同蒙古的关系。张居正最主要的贡献是采用"一条鞭法"。一条鞭法是中国封建社会赋役史上的一大改革,它把原来的田赋、徭役和杂税合并起来,折成银两,分摊在田亩上,按田亩多寡来收税。由于大地主阻挠反对,一条鞭法实行不久就停止了。但是,改用银两征税的办法却保留了下来。

14世纪末,蒙古分裂为鞑靼、瓦剌等部。瓦剌日渐强大,打败鞑靼。1449年,瓦剌首领也先率大军南下,与明军在土木堡大战,明军溃败,明英宗被俘,史称"土木之变"。也先大军继续进逼,大臣于谦组织北京军民抵抗,迫使也先撤退,取得北京保卫战的胜利。后来,瓦剌衰弱,鞑靼强盛起来。鞑靼首领俺答汗主动与明朝修好,明政府在边境开设互市,双方交换物品,发展贸易。明政府积极加强对边疆地区的管理。在东北地区设置奴儿干都指挥使司,所辖地域涵盖库页岛和外兴安岭广大地区,并在永宁寺立下石碑作为历史见证。明代称西藏为乌斯藏,并设立行政机构管辖当地。在云南、贵州等少数民族聚居区,建立宣慰司、宣抚司等省一级政府机关,在地方设立土司管理。明政府还在台湾地区及澎湖列岛设置澎湖巡检司管理,并数次派遣使者到各地巡视。

明朝中期,海防松弛,日本武士、商人和海盗经常骚扰中国沿海地区,造成倭寇之患。中国东南沿海一带的奸商与倭寇相勾结,共同劫掠分赃。沿海人民的生命和财产受到很大威胁,他们纷纷组织武装,抗击倭寇。明政府委派戚继光和俞大猷等名将抗倭,戚继光和他率领的戚家军对驱逐倭寇做出了突出贡献。到1565年,东南沿海的倭寇基本肃清。

从16世纪起,一些欧洲殖民者相继来到中国沿海地区,进行侵略活动。1553年,葡萄牙殖民者攫取在广东澳门的居住权,在澳门地区私自扩展土地,构筑炮台,设立官署,开始了对澳门地区的长期占据。1622年,荷兰殖民者占据澎湖。1624年,明政府派兵收复澎湖,荷兰殖民者败走台湾地区南部。在此之前,西班牙已占据台湾地区北部。1642年,荷兰击败西班牙,独占台湾地区,1661年郑成功收复台湾地区。伴随着殖民者的东来,许多西方传教士也随之而来,最著名的是意大利人利玛窦。他抵达中国后,先后在肇庆、南昌、苏州、南京等地传教,最后病死于北京。除传教外,传教士还带来了西方的科学技术知识。利玛窦和明朝大臣徐光启合作翻译《几何原本》,并绘制《坤舆万国全图》,介绍世界五大洲情况。汤若望著有《远镜说》,传入西洋光学知识,介绍望远镜的相关原理。"西学东渐"蔚成风气。

明朝后期,政治愈益腐败。明熹宗时,宦官魏忠贤专揽朝政,监视官吏活动,镇压人民反抗。为抗击阉党,以顾宪成、高攀龙为首的部分士大夫在无锡东林书院聚会讲学,批评朝政,议论人物,被称为"东林党"。他们要求改良政治,加强君主集权,反对宦官专权,反对兼并土地,抨击对工商业者的掠夺。明熹宗曾一度重用东林党人,但他们忙于打击政敌,没有做出改良社会的实际行动,又因受到魏忠贤阉党的排挤,以致被斥逐殆尽。在东林党之后,部分江南士大夫组织文社,主张改良政治,挽救明王朝统治,其中以复社最为有名。

明朝末年,陕北地区连年灾荒,农民生活陷入窘境。官府非但不赈济百姓,还照旧催逼租税,农民忍无可忍,纷纷起义。农民起义发展迅猛,涌现出高迎祥等几十支农民军。高迎祥自称闯王,他牺牲以后,起义军拥戴李自成为闯王。起义军主力主要有两支,一支由李自成率领,另一支由张献忠率领。针对土地高度集中、赋税十分沉重的状况,农民军提出"均田免粮"口号,受到群众热烈欢迎。李自成乘胜攻占洛阳,随即占领西安,并建立大顺政权。为抵御北方满族的袭扰和镇压农民起义军,明政府不断在各地征发"三饷"(即辽饷、剿饷、练饷),用于军事作战。1644年,李自成攻入北京,明崇祯帝自缢而亡。

李自成攻占北京时,关外清军也大举南下。驻守山海关的明朝将领吴三桂投降清朝。李自成带兵东征,同吴三桂军队和清军在山海关展开激战。农民军失利,李自成退出北京。清军入关后,迁都北京,并乘胜追击。1645年,李自成战死于湖北九宫山。张献忠部在长江中游作战,占领成都后,建立大西政权。清军攻入四川,张献忠阵亡。此后,农民军余部继续同清军作战,坚持斗争将近20年。

明代后期,随着手工业和商业的发展,一些行业开始出现资本主义萌芽,尤以苏州、松江等地的纺织业最具代表。丝织机户拥有大量资金和织机,开设机房,雇用几名至几十名机工进行生产。机工计日向机户领取工钱,以维持生活。这种"机户出资,机工出力"的雇佣劳动关系,是一种带有资本主义性质的生产关系。

明代涌现出一大批科学巨著。李时珍《本草纲目》全面总结16世纪中国医药学成就,被誉为"东方医药巨典"。徐光启《农政全书》综合介绍我国传统农学成就,建立了比较完整的农学体系,还介绍了当时欧洲的水利技术。《徐霞客游记》是一部地理学巨著,书中对石灰岩溶蚀地貌的观察和记述,早于欧洲约两个世纪。宋应星《天工开物》总结明代农业、手工业的生产技术,被誉为"中国17世纪的工艺百科全书"。

明代大思想家王阳明,反对朱熹把心与理视为两种事物的观点,创立与朱熹相对的主观唯心主义理论,即"心学"。明代后期还涌现出李贽、黄宗羲、王夫之、顾炎武等一批早期民主启蒙思想家。他们指责儒家经典并非"万世之至论",揭露道学家的虚伪,对封建君主专制制度进行激烈的批判,在一定程度上反映了资本主义萌芽时期的时代要求。明代是古典小说蓬勃发展的阶段,产生了许多优秀作品,四大名著中的《三国演义》《水浒传》《西游记》就诞生在明代。明成祖时,由解缙主持编纂了一部庞大的类书《永乐大典》,全书两万余卷,辑入七八千种图书。汤显祖是明代后期最负盛名的戏剧家,被誉为"17世纪东方的莎士比亚"。他写的《牡丹亭》通过神奇的爱情故事,有力地批判了封建礼教。明代书法和绘画艺术也造诣颇高,涌现出了董其昌、唐寅、徐渭等杰出的艺术家。

2. 盛世难再的清王朝

女真族是居住在我国东北地区的古老民族。明代后期,女真族杰出首领努尔哈赤统一女真各部,并建立兵民合一的八旗制度。1616年,努尔哈赤自立为汗,国号金,史称后金,并与明朝发生战争。几年间,后金夺取明朝辽东70余城,努尔哈赤迁都沈阳,后改称盛京。努尔哈赤死后,皇太极继承汗位,他重视发展生产,改革内政,联合蒙古各部,势力不断扩大。皇太极改女真族名为满洲。1636年,他在盛京称帝,改国号为清,皇太极就是清太宗。随后,清太宗对明朝加强攻势。1644年,清军入关,迁都北京,逐步建立起对全国的统治。

清军入关后,统治者威逼汉人剃发,大肆圈占土地,使大量的汉族农民沦为满洲贵族和八旗官员的庄丁,还实行民族压迫政策,激起了强烈反抗。与此同时,一些明朝遗臣在南方先后拥立几位皇族建立小朝廷,如福王政权、唐王政权、鲁王政权等,史称南明。南明朝廷中福王政权实力较强,史可法、高弘图等人领导江南人民英勇抵抗清军,但不久就受到马士英、阮大铖等奸臣排挤,加上福王昏庸荒淫,福王政权很快就分崩离析了。此后,南方还建立过几个小朝廷,它们与农民军及义民联手,共同抵御清军的进攻。1662年,南明最后一个政权桂王政权灭亡。至此,清朝基本统一中国。

清初,中央政权机构大体采用明朝制度,但还保留着满洲贵族组成的议政王大臣会议,简称议政处。议政处的权力凌驾于内阁、六部之上,皇权受到限制。为加强皇权,雍正时设军机处,由皇帝挑选亲信满汉官员充任军机大臣。军国大事完全由皇帝裁决,军机大臣只负责记录和传达,议政处名存实亡,至乾隆时撤销。军机处的设置,标志着我国封建君主专制主义中央集权制度发展到顶峰。清代还在中央创设理藩院，专门管理边疆少数民族地区的事务。为加强君主专制，清朝统治者还从思想领域严密控制知识分子。统治者经常从知识分子的诗词文章中摘取只言片语，加以歪曲解释，再借题发挥，罗织罪状，制造了大批冤狱，史称"文字狱"。

在经历了清初的社会经济恢复与发展后，清政府开始对赋役制度进行改革。康熙时，宣布将原来明朝藩王的土地，归现耕种人所有，叫作"更名田"。1712年，清政府规定以康熙五十年（1711）的人丁数作为征收丁税的固定数，以后"滋生人丁，永不加赋"。雍正推行"摊丁入亩"的办法，把丁税全部摊入田赋银中，征收统一的地丁银。这样，汉唐以来长期实行的人头税废除了，封建国家对农民的人身控制进一步松弛，隐蔽人口的现象也逐渐减少。

清代是多民族融合的时期，基本奠定了现代中国的版图及民族构成。明末清初时，蒙古分为漠南、漠北、漠西三大部。清朝采取"联蒙制汉"方针，三大部先后臣服于清朝。17世纪中叶，漠西厄鲁特蒙古的准噶尔部，势力渐强，企图分裂中国。清军经过约70年的斗争，最终将割据势力粉碎，统一天山北路。清政府在乌里雅苏台设将军，在科布多设参赞大臣，直接掌管蒙古各部。乾隆时，天山南路的维吾尔族贵族大小和卓兄弟发生叛乱。清军迅速平定大小和卓的叛乱，设伊犁将军，统管包括巴尔喀什湖在内的整个新疆地区。1771年，西迁伏尔加河下游的漠西蒙古土尔扈特部，在杰出首领渥巴锡的率领下，万里跋涉，回归祖国。清政府为加强对西藏的管理，顺治帝时册封五世达赖为"达赖喇嘛"的封号。后来，康熙又将"班禅额尔德尼"的封号，赐予五世班禅。此后，历世达赖和班禅，都必须经过中央政府册封。雍正时期，清朝派驻藏大臣，标志清朝中央政府对西藏管辖的加强。

清初，吴三桂、尚可喜、耿精忠等汉族藩王发动叛乱，康熙亲自坐镇指挥，用长达8年的时间将"三藩之乱"平定下去。雍正时开始对云南、贵州、广西等少数民族聚居区的政府机构进行改革，大量委派流官代替原有的土司，加强中央政府对西南少数民族地区的统治，史称"改土归流"。1683年，清廷命福建水师提督施琅进军台湾地区，郑氏投降清军，台湾地区纳入清朝版图。次年，台湾府设立，隶属福建省，加强了台湾地区同祖国大陆的联系。

17世纪中期，沙皇俄国的势力侵入黑龙江流域，在雅克萨和尼布楚修筑城堡，作为扩大侵略的据点。他们侵占中国领土，屠杀各族人民。清政府在当地各族人民的支持下，围攻盘踞在雅克萨的侵略军，沙俄政府被迫同意谈判。1689年，中俄双方代表在尼布楚进行谈判，经过平等协商，签订《尼布楚条约》，从法律上肯定了黑龙江和乌苏里江流域包括库页岛在内的广大地区，都是中国的领土。

明末清初的长期战乱，使手工业遭到严重破坏。康熙中期以后，手工业才逐步得到恢复和发展。丝织业在清代手工业中占有重要地位，丝织业中资本主义萌芽得以发展，但清政府设立的织造衙门及行会组织一定程度上阻碍了民间丝织业的正常发展。清代的棉纺织业也日益发达，江南盛产的棉布远销各地。江西景德镇是清代全国制瓷业的中心。在云南、贵州等地,矿冶业的规模也有长足进步。清代国内贸易空前繁荣,形成了北京、苏州、南京、广州等全国性的商贸城市。江浙地区以工商业著称的市镇如雨后春笋,蓬勃兴起。商业的持续繁荣使商人阶层日趋稳定,形成全国闻名的晋商、徽商等商帮。

清代出现了颜元、戴震等理学进步思想家,他们对理学家将天理和人欲对立起来的虚伪观点,提出了尖锐的批判。清代的考据学得到发展,尤其以乾嘉考据学派最为有名,他们在整理和考订古代经书典籍方面的成就卓著。清代还涌现出一批流传后世的古典文学巨著,如曹雪芹的《红楼梦》、吴敬梓的《儒林外史》及蒲松龄的《聊斋志异》等。乾隆时,由纪昀主持编撰的《四库全书》,是我国最大的一部丛书,全书分经、史、子、集四大类,收录典籍3 500多种,装成36 000余册。清政府官修类书《古今图书集成》1万卷,是我国现存最大的类书。此外,史学家章学诚著有《文史通义》,提出了"六经皆史"的观点。他把儒家经典看作史著,在中国学术史上具有重要意义。清朝中后期,北京成为戏班荟萃之地,乾隆时,四大徽班进京标志着京剧的诞生。

鸦片战争以前的清朝,虽出现过短暂的"康乾盛世",但封建政权的统治却日趋腐朽,加上清政府实行闭关政策,使中国最终落后于世界。

七、近代的开端:鸦片战争的前因后果

18世纪中后期,英国开始工业革命,为了开拓海外市场和掠夺生产资料,英国把矛头指向中国,开始向中国输入呢绒、棉纺织品,企图打开中国的市场,但受到中国自然经济的抵制,英国商品销路不畅。为扭转贸易逆差,英国向中国走私毒品鸦片。林则徐等上书道光皇帝,请求禁烟,得到朝廷的支持。1839年6月,林则徐将缴获的英美走私犯的鸦片在虎门海滩当众销毁,史称"虎门销烟"。英国政府闻讯后,决定借端发动对中国的侵略战争。

1840年6月,英国舰队侵入广东海面挑衅,封锁珠江口,并沿海北犯,进攻厦门及浙江沿海,最后入侵天津白河口,威胁北京。清政府为平息事端,将林则徐等革职查办,派琦善为钦差大臣赴广东与英方议和。议和期间,英军为向清廷施加压力,又于1841年初侵占香港岛,清政府正式对英宣战。英军随即扩大侵华,攻占中国东南沿海的一些城市。英军的进犯遭到中国军民的奋勇抵抗。当英军入侵广州郊区时,遭到三元里人民的激烈反抗。1841年9月,英军进攻定海,总兵葛云飞、郑国鸿、王锡朋率军浴血奋战,全军将士壮烈殉国。1842年7月,英军进犯镇江,满族将领海龄率军与敌人浴血奋战,最后全部牺牲。然而,由于中英双方军事实力相差悬殊,特别是清政府的腐朽,中国在反侵略斗争中节节失利。1842年8月,英军舰队驶抵南京下关江面。清政府屈辱求和,与英国签订了中国近代史上第一个不平等条约——《南京条约》,主要内容包括:割香港岛给英国;赔款2 100万银元;开放广州、厦门、福州、宁波、上海五处为通商口岸;中国海关收取英商进出口货物的关税,由双方协定。1843年,英国又强迫清政府签订《五口通商章程及海关税则》和《五口通商附粘善后条款》(亦称《虎门条约》),攫取了领事裁判权、片面最惠国待遇和在通商口岸租赁土地、房屋居留等特权。美、法两国也趁火打劫,于1844年胁迫清政府分别签订了《望厦条约》和《黄埔条约》。

鸦片战争给中国带来了巨大屈辱和深重灾难。中国的主权和领土完整遭到破坏,由独立自主的封建国家开始沦为半殖民地半封建国家。西方列强不断向中国倾销商品,掠夺原料,逐渐破坏了中国自给自足的自然经济基础,中国逐渐被纳入世界殖民主义体系,日益成为世界资本主义的附庸。中国社会的主要矛盾也由农民阶级与地主阶级的矛盾,转变为帝国主义和中华民族的矛盾及封建主义和人民大众的矛盾。从此,中国人民肩负起反侵略反封建的双重任务。中国历史进入民族民主革命时期。鸦片战争以后,随着社会经济的变化,思想文化领域也发生相应转变。封建士大夫中的一些有识之士主张向西方学习,倡言改革,以达到强国御侮的目的,代表人物有林则徐、魏源、姚莹等。

八、洪秀全与太平天国运动

鸦片战争以后,鸦片走私更加猖獗,白银外流加速,银价激涨;洋货大量涌入东南各省,手工业者纷纷破产;巨额战争赔款进一步加重人民的负担;再加上连年发生自然灾害,中国面临的民族矛盾和阶级矛盾空前激化,导致了太平天国运动的爆发。

洪秀全是太平天国运动的领导人。1843年,他屡次参加科举考试失利后,阅读基督教士梁发所赠《劝世良言》一书,萌生反抗清朝统治的思想。他创立拜上帝教,与冯云山、洪仁玕等在广东、广西一带以传教为名,秘密发动群众,为起义做准备。1851年1月,洪秀全率众在广西省桂平县金田村宣布起义,建号太平天国,起义军称"太平军"。9月,他指挥太平军攻克永安,并整顿建制、颁布封王诏令:杨秀清为东王,萧朝贵为西王,冯云山为南王,韦昌辉为北王,石达开为翼王。1852年4月,太平军从永安突围北上,连战连捷,一路转战湖南、湖北、江西、安徽等地。1853年3月,太平军攻克南京,改南京为天京,定为国都,与清廷对峙。清军迅速建立江南、江北大营围困天京。洪秀全等制定固守天京,同时分兵北伐与西征的战略。1853年,北伐军两万余人由林凤翔、李开芳等率领,从扬州出发,经安徽、河南、渡黄河,转战山西,长驱直入直隶。由于孤军深入,北伐军血战两年,最终失败。西征军由赖汉英等率领,溯江而上,连续夺取安徽、湖北重镇。1854年,西征军挺进湖南,遭到曾国藩所率湘军的顽强抵抗,一度失利。1855年,石达开增援西征军,在湖口、九江一带连败湘军,最终控制安徽、江西及湖北东部大部分地区。1856年,秦日纲、陈玉成、李秀成等率军攻破江北、江南大营。太平天国在军事上达到全盛。

但军事上的胜利并不意味着政权的巩固。相反,定都天京后,起义队伍中的各种矛盾和弱点越来越明显地暴露出来。不少地主、士绅、胥吏、商人及游民混入起义队伍,给太平天国带来很大危害。太平天国领导人的进取心逐渐衰退,腐朽思想滋长,权力斗争也越来越尖锐,以致发生内讧。1856年秋,杨秀清逼洪秀全封其为万岁,洪秀全密令在外督师的韦昌辉、石达开返回天京,控制局面。韦昌辉回京后屠杀东王及其部属,在天京制造恐怖局面,激起公愤,后被处死。随后,洪秀全命石达开辅政,石达开因受洪秀全猜忌,率领精兵出走,最后在四川大渡河陷入清军重围,全军覆没。天京变乱后,清军乘机重建江南、江北大营,再次围困天京。

天京变乱后,太平天国人才凋敝。洪秀全提拔青年将领陈玉成和李秀成指挥军事,让洪仁玕总理朝政。1858年,陈、李二人合力打垮江北大营,解除天京北面的威胁。随后,他们在三河镇全歼湘军精锐部队。太平天国局势暂时稳定。1860年,陈、李二人又合力攻破江南大营。李秀成乘胜东征,一直打到上海近郊。进攻上海时,遭遇英法联军阻拦,损失惨重,退回苏州。湘军乘太平军东线用兵之机,攻陷安庆。随后,陈玉成被俘遇害。1864年,洪秀全病逝。不久,天京陷落,太平天国运动失败。

太平天国运动虽然最终失败,但它是中国几千年来农民反封建斗争的最高峰,是先进的中国人向西方学习资本主义的最早探索。太平天国时期先后颁布过两个重要文件。1853年颁布的《天朝田亩制度》是太平天国的纲领性文件,它主张废除封建土地制度,按人口和年龄平分土地,建立"有田同耕,有饭同吃,有衣同穿,有钱同使,无处不均匀,无人不饱暖"的理想社会,这是几千年来农民反封建斗争的思想结晶。1859年颁布、由洪仁玕提出的《资政新篇》的主要内容有:向西方学习,以法治国,由公众选举官吏;发展工商业,奖励技术发明;开设新式学堂;等等。这是中国近代史上第一个要求发展资本主义的方案,具有进步意义。但迫于当时的形势,未能实行。

九、洋务运动的推行与失败

第二次鸦片战争后,清政府面临内忧外患的窘境。一些较为开明的官员和士大夫主张在不改变封建制度的前提下,利用西方先进的科学技术,维护清朝统治。这些人被称为"洋务派",中央官员以恭亲王奕䜣为代表,地方官员以曾国藩、李鸿章、左宗棠、张之洞等为代表,知识分子以王韬、薛福成、马建忠、郑观应等为代表。在19世纪60—90年代，他们开展了洋务运动。

19世纪60年代，洋务派以"自强"为旗号，创办一批近代军事工业。其中较为重要的有曾国藩创办的安庆内军械所，李鸿章创办的江南制造总局，左宗棠创办的福州船政局，崇厚创办的天津机器制造局。1861年创办的安庆内军械所是清政府最早开办的近代兵工厂，主要制造子弹、火药、炮弹等武器。1865年创办的江南制造总局是当时国内最大的兵工厂，主要制造枪炮、弹药、水雷等军用品，1867年后开始制造船舰，至1885年先后制造大小轮船10余艘。福州船政局创办于1866年，是当时最大的船舶修造厂，1869年至1874年，共造轮船15艘。此后，由于经费困难生产萎缩，至甲午战争前20年间共造船约20艘。福州船政局还附设船政学堂，主要培养造船人才和驾驶人才。创办于1867年的天津机器制造局，是清政府在北洋设立的第一个兵工厂，分东、西两局，东局专造火药、枪炮、子弹，西局专造军用西洋器具、各种部件及开花子弹。洋务派创办的军事工业性质属于官办，经费来自政府拨款，产品由政府直接调拨和分配，企业管理上也带有浓厚的封建性。

19世纪70年代起，洋务派打出"求富"旗号，创办一批近代民用工业，以解决军事工业资金、燃料、运输等方面的困难，举办方式有官办、官督商办和官商合办等，以官督商办为主。其中最重要的有轮船招商局、开平矿务局、电报总局和上海机器织布局等。在李鸿章的推动下，轮船招商局于1872年在上海成立，它是我国第一家轮船运输企业。开平矿务局于1878年正式开办，3年后，开平煤矿开始投产。天津电报总局设立于1880年，同时设立的还有电报学堂，1884年电报总局由天津迁至上海。上海机器织布局于1890年开始投产，投产后营业兴旺，纺纱利润尤高，在宁波、镇江等处设有10个分厂。

从19世纪70年代中期起，洋务派开始筹划海防。至1894年，已建成北洋、南洋、福建三支近代海军。其中福建水师实力最弱，在1884年的中法战争中，几乎全军覆没，后虽略有增补，但难以成军。南洋水师的实力比福建水师略强，1888年正式建成的北洋海军是清政府的海军主力，除鱼雷艇和辅助船只外，有大小舰20余艘，其主力铁甲舰"定远""镇远"及巡洋舰中的"济远""经远""来远"各舰都是购自德、英等国。李鸿章还先后在旅顺口、大连湾、威海卫等地布置防务，修筑炮台，将旅顺口和威海卫建成北洋海军的两个主要基地。但从1888年之后，北洋海军未再增添任何新式军舰。1891年后，因海防经费被挪用修筑颐和园，连枪炮弹药也停止购买。此外，洋务派还创办新式学堂、选派留学生出国。其中，设立于1861年的京师同文馆是中国第一所近代学堂，培养外语人才和外交人才，下设英文馆、俄文馆、德文馆和东文（日文）馆。

1894—1895年，中国在中日甲午战争中的惨败宣告了洋务运动的失败。这说明在半殖民地半封建的中国，不彻底改变社会性质，仅仅学习西方的某些先进技术，不可能取得成功。但是，洋务运动引进西方资本主义国家的一些近代科学技术，创办近代企业，客观上加速了封建生产关系的瓦解，刺激了中国资本主义的产生，同时对外国经济势力的扩张,也起到了一定的抵制作用。洋务运动开办新式学堂,选派留学生,培养近代科技人才,推动了中国教育的近代化。

十、甲午中日战争与《马关条约》

　　1894年,朝鲜爆发东学党起义,朝鲜政府请求清政府派兵援助,日本乘机派军入侵朝鲜。起义平息后,日本拒绝清政府关于中日同时撤军的建议,反而继续增兵,蓄意挑起战争。

　　1894年7月25日,日本舰队在朝鲜半岛海面袭击清军军舰,战争爆发。8月1日,清政府对日宣战。不久,清军在平壤陆战中失利,守将叶志超率部脱逃,战火随后烧到中国境内。9月16日,在黄海海战中,中日海军主力交战。北洋舰队"致远"号、"经远"号被日舰击沉,管带邓世昌、林永升与全体官兵殉国,海军提督丁汝昌身负重伤,日方军舰也有不同程度损伤。黄海一役,中方损失略超过日方,但主力尚存。然而,李鸿章为避战自保,强令北洋舰队躲进威海卫军港,不许出海迎敌,造成坐以待毙局面。10月下旬,日军兵分两路进犯中国本土,11月攻占旅顺,在旅顺进行大屠杀,全城2万多人惨遭杀害,仅36人幸存。1895年初,日军以战舰21艘攻击威海卫,泊于刘公岛的北洋舰队腹背受敌,丁汝昌下令炸沉战舰,并自杀殉国。2月12日,北洋舰队的英国顾问盗用丁汝昌名义,缴出残余战舰,向日军投降。至此,北洋海军全部覆没,甲午中日战争以清军惨败告终。

　　1895年4月,李鸿章代表清政府与日本全权代表伊藤博文在日本马关签订《马关条约》,主要内容有:清政府承认朝鲜完全"独立自主",解除了中朝之间的宗藩关系;割让辽东半岛、台湾全岛及所有附属岛屿和澎湖列岛给日本;赔偿日本军费白银2亿两;开放沙市、重庆、苏州、杭州为商埠,日船可以沿内河驶入上述各口;允许日本在中国通商口岸投资设厂,产品运销中国内地免收内地税。中朝宗藩关系的解除,为日本吞并朝鲜并以此为跳板入侵中国创造了条件;清政府割辽东、台湾等地给日本,不仅严重破坏了中国的领土完整,而且激起了列强瓜分中国的野心;巨额赔款大大加重了中国人民的负担,清政府开始走上举借"洋债"的道路,在政治上、经济上更加依附于帝国主义国家;允许日本在华投资设厂,其余列强也纷纷依据"一体均沾"原则在中国设厂、开矿、修筑铁路,严重阻碍了中国民族资本主义的发展。总之,《马关条约》对中国近代社会造成极其严重的后果,使中国半殖民地化程度大大加深;同时也反映了帝国主义资本输出、分割世界的强烈侵略要求,标志着帝国主义侵华进入了一个新时期。中国面临着空前严重的民族危机。

十一、维新运动的开展

19世纪末,西方列强掀起瓜分中国的狂潮,中国面临空前严重的民族危机。一些资产阶级知识分子主张向西方学习、变法革新,以挽救民族危亡,掀起了一场维新变法运动。代表人物有康有为、梁启超、谭嗣同、严复等。

1895年4月,日本逼签《马关条约》的消息传到北京,康有为发动在北京应试的1 300多名举人联名上书光绪皇帝,反对签订《马关条约》,提出拒和、迁都、练兵、变法等主张,史称"公车上书",揭开了维新变法的序幕。同年8月,康有为、梁启超等人在北京出版《中外纪闻》,鼓吹变法,并组织强学会。1896年8月,《时务报》在上海创刊,成为维新派宣传变法的舆论中心。1897年冬,严复在天津主编《国闻报》,成为北方宣传维新变法的重要阵地。1898年2月,谭嗣同、唐才常等人在湖南成立南学会,创办《湘报》。在康、梁等维新派的宣传推动下,全国议论时政的风气逐渐形成,预示着维新变法高潮即将到来。

1897年11月,德国借口两名传教士被杀,出兵占领胶州湾。清政府邀请俄国出面干涉,俄军趁机强占大连、旅顺。接着,法国占据广州湾,英国强占威海卫。中华民族到了亡国灭种的边缘。在此背景下,1898年1月,康有为上《应诏统筹全局折》,痛陈列强瓜分中国,形势迫在眉睫,请求变法革新。同年6月11日,光绪帝颁布"明定国是"诏书,表明变更体制的决心,百日维新开始。

从1898年6月11日至9月21日的103天里,光绪帝根据康有为等人建议,颁布几十道新政诏令,其中经济方面的主要有:设立农工商总局,开垦荒地;提倡私人办实业,奖励发明创造;设立铁路、矿务总局,鼓励商办铁路、开矿;裁撤驿站,设立邮政局;改革财政,创办国家银行,编制国家预决算。军事方面主要有:严查保甲,实行团练;裁减绿营,淘汰冗兵,采用新法编练陆海军。文教方面主要有:改革科举制度,废除八股,改试策论;设立学校,鼓励地方和私人办学,创设京师大学堂,各级学堂一律兼习中学和西学;准许民间创立报馆、学会;设立译书局,翻译外国新书;派人出国留学、游历。政治方面主要有:广开言路,准许各级官员及民众上书言事,严禁官吏阻格;撤销重叠闲散机构,裁汰冗员;取消旗人的寄生特权,准其自谋生计。

这些措施有利于民族资本主义经济的发展和资产阶级文化思想的传播,受到维新派和地主阶级开明人士的热烈欢迎。但变法触动了封建顽固派的利益,遭到他们的抵制和反对。在各省,除湖南巡抚陈宝箴外,多数督抚都未推行新政;在中央,皇亲贵戚和中枢要员或公开反对新政,或暗中加以阻挠。1898年9月21日,慈禧太后发布诏书,宣布临朝训政,幽囚光绪帝于瀛台。同时恢复旧制,捕杀维新派,康有为、梁启超出逃,谭嗣同、杨锐、刘光第、林旭、杨深秀、康广仁被杀,史称"戊戌六君子",百日维新宣告失败。新政措施中除京师大学堂外,全部被废除。

　　百日维新要求发展资本主义经济和扩大资产阶级政治权利,符合近代中国发展的历史趋势,是一次进步的政治改良运动。它传播资产阶级新文化、新思想,批判封建主义旧文化、旧思想,还是一次思想启蒙运动。

十二、轰轰烈烈的义和团运动

　　从19世纪开始,随着列强侵略势力的扩张,宗教成为他们进行文化侵略的重要工具,外国传教士大批涌入中国。甲午战争后,传教士的活动日益猖狂,他们吸收土豪劣绅和流氓恶棍入教,霸占土地,欺压百姓,激起中国人民的强烈反抗。山东教会势力极为猖獗,反洋教斗争异常激烈。19世纪末,阎书勤、赵三多等领导的冠县一带的义和拳,以及朱红灯等领导的茌平、禹城、平原一带的义和拳,已相当活跃,声势甚大。1898年以后,义和拳改称义和团,提出"扶清灭洋"的斗争口号,把斗争的矛头指向了帝国主义,集中打击外国教会侵略势力。

　　1899年,清政府任命袁世凯为山东巡抚。在袁世凯镇压下,山东义和团实力遭到重大摧残,幸存势力或转为秘密活动,或进入直隶继续坚持斗争。但清朝官员在对待义和团问题上,一直存在主剿和主抚两种不同意见。在两派意见交互影响下,清政府举棋不定,对义和团的镇压忽松忽紧。1900年5月27日,义和团进驻涿州城,接着又破坏涿州到长辛店铁路沿线的车站、桥梁,逼近北京。1900年6月,英、俄、德、法、美、日、意、奥八国,借口镇压义和团,联合发动侵华战争。八国联军从天津向北京进犯,在廊坊附近遭到义和团和部分清军爱国官兵的顽强阻击,狼狈逃回租界。接着,英、俄、日、德等海军组织突击队向大沽炮台发起猛攻,7月占领天津。8月初,各国联军约2万人,再次进犯北京。清军在杨村迎战失利。清政府一面勉强应战,一面指示驻外各使馆向各国政府保证惩办义和团,乞求商议停战,但都没有结果。8月14日北京失陷。慈禧太后带着光绪皇帝仓皇出逃。流亡途中,慈禧太后颁布"剿匪"谕旨,通令各路官兵剿办义和团,要求斩尽杀绝。

　　在清政府和八国联军的联合绞杀下,义和团运动失败。义和团运动是19世纪末帝国主义侵略加剧、民族矛盾空前激化的产物,是中国人民反瓜分、反侵略斗争的总爆发。它沉重地打击了八国联军的侵华活动,粉碎了帝国主义瓜分中国的迷梦,同时也沉重地打击了清朝统治者,促进了人民的觉醒,推动了革命的发展,加速了腐朽的清王朝的崩溃。英、俄、德、日、美、法等国于1901年9月7日与清政府代表李鸿章签订《辛丑条约》,主要内容有:清政府赔偿各国白银共4.5亿两,分39年还清,本息合计9.8亿两,以关税和盐税作抵押;在北京东交民巷设立"使馆界",界内不许中国人居住,各国驻兵保护;拆毁北京至大沽的炮台,准许各国派兵驻守北京到山海关铁路沿线的战略要地;惩办义和团运动中参加反帝斗争的官员,永远禁止中国人成立或参加反帝性质的组织;改总理衙门为外务部,位居六部之上。《辛丑条约》的签订,使清政府完全沦为帝国主义统治中国的工具,使中国完全陷入半殖民地半封建社会的境地。

十三、辛亥革命与中华民国的成立

19世纪末20世纪初,随着近代学堂的勃兴和留学教育的发展,资产阶级革命知识分子的队伍不断壮大。章炳麟、邹容、陈天华等人广泛宣传西方资产阶级革命时期的天赋人权、自由平等学说,号召革命,建立民主共和的新国家,极大地推动了革命高潮的到来。1894年,孙中山在美国夏威夷檀香山建立中国第一个资产阶级民主革命团体兴中会,提出"驱除鞑虏,恢复中华,创立合众政府"的口号。随后,华兴会、光复会等民主革命团体纷纷出现。1905年8月,孙中山、黄兴等在日本东京成立近代中国第一个统一的资产阶级革命政党——同盟会,明确提出"驱除鞑虏,恢复中华,创立民国,平均地权"的政治纲领,后来孙中山将十六字纲领解释为民族、民权、民生三大主义,简称三民主义。同盟会成立后,发动一系列武装起义,直接推动全国革命高潮的到来。

1911年5月,清政府在列强施压下,强行收回民间集资自办的粤汉、川汉铁路,引起保路风潮,四川同盟会会员组织保路同志军起义。清政府急调湖北新军入川镇压,造成湖北防务空虚。湖北革命党人决定伺机起义,但消息不慎泄漏,湖广总督下令全城搜捕革命党人,一时形势异常严峻。1911年10月10日,武昌城内新军工程营的革命党人率先起义,攻占楚望台军械库。新军炮兵营、步兵营的革命党人闻风响应。经过一夜激战,革命军占领武昌。12日,武汉三镇光复。随后,成立湖北军政府,推选旧军官黎元洪为都督,宣布废除宣统年号,改为黄帝纪元,国号为"中华民国"。各省纷纷响应武昌起义,到11月下旬,全国有十几个省区脱离清廷宣布独立。1911年底,孙中山从海外回国。各省代表聚会南京,推举孙中山为中华民国临时大总统。1912年元旦,孙中山宣誓就职,宣告中华民国成立,定都南京,以五色旗为国旗。1912年春,南京临时政府颁布《中华民国临时约法》,主要内容有:中华民国主权属于国民全体;国内各民族一律平等;国民有人身、居住、财产、言论、出版、集会、宗教信仰等自由;国民有选举权和被选举权;确立行政、立法、司法三权分立的政治体制;实行责任内阁制,内阁总理由议会多数党产生;等等。这是中国近代史上第一部资产阶级民主性质的宪法。此外,南京临时政府还采取了一系列经济、文化、政治措施,发展资本主义经济,巩固资产阶级政权。

但新生的政权并不稳固。清廷起用北洋军阀头目袁世凯主持军政,企图挽回危局;列强以军事威胁、外交孤立和经济封锁为手段,向革命政权施加压力,并制造舆论,替袁世凯撑腰;革命营垒中的立宪派和旧官僚也乘机破坏革命。孙中山被迫妥协,表示如果清帝退位,袁世凯赞成共和,将保举袁世凯为临时大总统。1912年2月12日,宣统帝宣布退位,清朝覆灭。次日袁世凯通电赞成共和,孙中山即向南京参议院提出辞职。3月,袁世凯在北京就任中华民国临时大总统。革命的胜利果实被袁世凯窃取。

辛亥革命是中国近代史上一次伟大的资产阶级民主革命。它推翻清王朝,结束中国两千多年的封建君主专制制度,客观上打击了帝国主义的侵略势力。革命还使人民获得了一些民主、自由的权利,使民主共和的观念逐渐深入人心。

十四、新文化运动与马克思主义的广泛传播

1. 五四新文化运动

中华民国成立后,随着中国民族资本主义的进一步发展,新生的社会力量在经济上迫切要求摆脱帝国主义、封建主义所代表的旧生产关系的束缚,在政治上要求改变帝国主义和封建主义的反动统治。这种要求反映到思想文化上,便是代表中国人民新觉醒的反封建的新文化运动兴起。

1915年9月,陈独秀在上海创办《青年》(后改名《新青年》)杂志,标志着新文化运动的开始。1917年1月,蔡元培任北京大学校长,实行"思想自由"和"兼容并包"的治校方针,聘请一大批具有新思想的学者到北京大学任教。1917年,陈独秀受聘为北京大学文科学长后,《新青年》编辑部从上海迁到北京。在北京大学任教的李大钊、胡适、刘半农、钱玄同、鲁迅等先后成为《新青年》的编辑或撰稿人,逐渐形成了以《新青年》为核心的新文化阵营。

新文化运动的主要内容是提倡民主和科学。陈独秀在《青年》杂志创刊号上就发表《敬告青年》一文,旗帜鲜明地举起了民主与科学两面大旗。在民主的大旗下,新文化运动的倡导者们大力宣传民主思想,反对封建专制。在科学的大旗下,新文化运动倡导者们大力宣传科学思想,宣传理性,反对封建迷信和愚昧、盲从。他们还对以孔子为代表的旧礼教、旧道德发动猛烈攻击,抨击袁世凯发动的尊孔复古逆流。新文化运动的另一重要内容是文学革命。他们提倡白话文,反对文言文;提倡新文学,反对旧文学。胡适的《文学改良刍议》提出改良文学的八大主张,陈独秀的《文学革命

论》明确竖起文学革命的大旗。他们力图通过文学革命,把宣传封建主义的旧文学,改造为适合传播民主和科学的新文学。

随着新文化运动的深入发展,从1917年开始,全国各地陆续出现了一批宣传新文化、新思想的社团或刊物,如毛泽东、蔡和森等在长沙发起的新民学会,李大钊等在北京成立的少年中国学会,陈独秀、李大钊创办的《每周评论》,傅斯年等创办的《新潮》杂志,等等。这些社团、刊物的出现,有力地推动了新文化运动在全国的发展。

1919年1月,第一次世界大战的战胜国在法国巴黎召开和会。中国以战胜国身份参加会议,并提出取消列强在华的各项特权,取消日本与袁世凯订立的"二十一条"不平等条约,归还大战期间日本从德国手中夺去的山东各项权利等要求。但英、美等国操纵会议,不但拒绝中国的正义要求,而且在对德和约上,明文规定把德国在山东的特权全部转让给日本。这一消息传到国内,立刻激起中国人民的愤慨,成为五四运动的导火线。

1919年5月4日下午,北京大学等高校3 000多名学生在天安门前集会,高呼"还我青岛""收回山东权利""拒绝在巴黎和会上签字""取消二十一条""抵制日货""外争主权,内除国贼"等口号,一致要求惩办曹汝霖、陆宗舆、章宗祥三个卖国贼。学生队伍游行至曹汝霖住处,痛打章宗祥,火烧曹宅。随后,北洋军阀政府出动大批军警进行镇压,逮捕学生代表32人。5日,北京专科以上学校的学生举行总罢课,抗议北京政府对学生爱国行动的镇压。随后,天津、济南、南京、杭州、武汉、上海等地学生群起响应,相继举行罢课、示威游行和抵制日货等活动。各界知识分子也纷纷参加到运动中来。到5月底,五四运动已逐渐扩展到全国。6月5日,上海工人举行大罢工支援学生的爱国斗争,五四运动由此突破知识分子的范围,发展为以工人阶级为主力,包括小资产阶级、民族资产阶级在内的广泛的群众爱国运动。运动中心也由北京转移到上海。6月5日,上海商人举行罢市,从而实现了学生罢课、工人罢工、商人罢市的"三罢"斗争。"三罢"斗争在全国迅速展开。在此形势下,北京政府被迫释放被捕学生,罢免曹、陆、章三人的职务。6月28日,中国代表拒绝在巴黎和约上签字。至此,五四运动的直接斗争目标实现。

五四运动是一次彻底的不妥协的反帝反封建爱国运动,是一场空前的思想解放运动,它极大地促进了马克思主义及其他新思潮的传播。五四运动中,中国工人阶级登上政治舞台,由此揭开了中国新民主主义革命的序幕。

2. 马克思主义的传播与中国共产党的成立

20世纪初,俄国十月革命的胜利和中国新文化运动的发展,进一步促进了中国人民的觉醒,一些先进的知识分子从学习欧美转向学习俄国,开始在中国积极传播马克思主义。从1918年夏天起,李大钊先后发表了《法俄革命之比较观》《庶民的胜利》《布尔什维主义的胜利》等文章,指出:1917年的俄国革命,"是立于社会主义之上的革命""是20世纪中国革命之先声",他主张向俄国学习,号召知识分子到工农群众中去做宣传和组织工作,培植革命力量。这是马克思主义在中国传播的开始。

五四运动后,马克思主义在中国迅速传播。1919年至1920年,全国400余种报刊中,近一半刊物具有不同程度的社会主义倾向,其中宣传马克思主义影响较大的有《新青年》《每周评论》《晨报》《少年世界》等。与此同时,国内掀起了一股翻译马列著作的热潮,《共产党宣言》《社会主义从空想到科学的发展》《雇佣劳动与资本》等经典著作先后被翻译出版。在此期间,涌现出一批宣传马克思主义的先进分子,李大钊、陈独秀、毛泽东、蔡和森、周恩来、李达、李汉俊、邓中夏、张太雷等是其中的杰出代表。在他们的努力下,1920年前后,全国相继成立了一批宣传和研究马克思主义的团体,其中影响较大的有北京大学马克思主义学说研究会、长沙文化书社、长沙俄罗斯研究会、济南马克思主义研究会等。在马克思主义的传播过程中,马克思主义者还同实验主义、基尔特社会主义及无政府主义等非马克思主义者进行了三次论战。论战进一步促进了马克思主义在中国的传播,使更多的先进知识分子接受了马克思主义。1920年初,李大钊、邓中夏等开始尝试将马克思主义与工人运动相结合,他们组织北京大学平民教育讲演团,深入北京郊区的工厂、农村,宣传马克思主义,组织工人运动,并且出版面向工人的刊物《劳动界》《劳动者》和《劳动音》。马克思主义的广泛传播及其与工人运动的结合,为中国共产党的建立奠定了基础。

1920年8月,陈独秀在上海建立了第一个共产党组织,定名为共产党发起组。在上海发起组的推动下,1920年秋到1921年上半年,北京、武汉、长沙、广州、济南及日本、法国等地共产主义小组相继成立。1921年7月23日,各地共产主义小组在上海秘密召开中国共产党第一次全国代表大会。出席会议的有毛泽东、董必武等13人,代表全国50多名党员。30日晚,大会转移到浙江嘉兴南湖的游船上举行。大会通过了党的纲领,规定党的名称为"中国共产党";党的性质是无产阶级政党;党的奋斗目标是以无产阶级革命军队推翻资产阶级的政权,消灭资本家私有制,建立无产阶级专政;党的中心任务是组织工人阶级,领导工人运动等。大会选举产生了由陈独秀、张国焘、李达组成的中央局作为党的领导机构,陈独秀任书记。中国共产党第一次全国代表大会是中国现代史上一个重大事件,它正式宣告了中国共产党的诞生,中国革命的面貌从此焕然一新。

十五、国民革命的兴起与北洋军阀统治的覆没

辛亥革命失败后,以孙中山为首的资产阶级革命派为反对专制独裁、保卫民主制度继续进行不屈不挠的奋斗,1919年将中华革命党改组为中国国民党,进行两次护法运动,但均以失败告终。与此同时,中国共产党在开展工人运动过程中,深感要战

胜强大的敌人,必须建立革命统一战线。在共产国际的帮助下,国共两党加快了合作步伐。1923年,中国共产党第三次全国代表大会召开,确定了全体共产党员以个人名义加入国民党,与国民党建立革命统一战线的方针。1924年1月,孙中山在广州主持召开有共产党员参加的中国国民党第一次全国代表大会。大会通过《中国国民党第一次全国代表大会宣言》,将旧三民主义发展为新三民主义,确立了联俄、联共、扶助农工三大政策。大会选举出中国国民党中央执行委员会,共产党员李大钊、谭平山、毛泽东、瞿秋白等10人当选为国民党中央执行委员或候补执行委员,约占委员总数的四分之一。随后,全国大部分地区以共产党员和国民党左派为骨干改组或建立了各级国民党党部。这样,国民党就由资产阶级政党开始转变为工人、农民、城市小资产阶级和资产阶级的民主革命联盟,成为各革命阶级的统一战线组织。

  国共合作后,反帝反封建的工农运动蓬勃发展,国民革命运动高潮迅速到来。1925年国民政府在广州成立。国民政府整编国民革命军,经过两次东征,统一了广东革命根据地。此后,盘踞广西的桂系军阀首领李宗仁也表示愿意接受国民政府领导,两广统一。1925年5月,全国规模的五卅反帝爱国运动爆发,其中省港工人大罢工坚持16个月之久,直接将全国革命推向了高潮。1926年7月1日,蒋介石以军事委员会主席的名义颁布北伐动员令。7月9日,国民革命军在广州誓师,北伐战争正式开始。北伐战争的对象是北洋军阀,主要包括吴佩孚、张作霖和孙传芳三派势力。根据敌强我弱的形势和军阀内部的矛盾,北伐军采取集中兵力,利用矛盾,各个击破的战略方针。首先集中兵力进攻两湖,打垮对国民政府威胁最大而又是北洋军阀中最为薄弱的环节吴佩孚,然后移主力于东南,消灭孙传芳,最后向长江以北推进,消灭张作霖。7月,北伐军攻克长沙。8月,夺取平江、岳阳,又取得军事要隘汀泗桥、贺胜桥战役的胜利,打垮了吴佩孚的主力。至10月,北伐军在两湖战场取得决定性胜利。11月,北伐军攻克九江、南昌,随后沿江东下,于1927年3月占领南京。3月,上海工人举行第三次武装起义,北伐军顺利进驻上海。至此,孙传芳的军队彻底溃败,长江中下游地区大部分为北伐军占领。在北伐战争胜利进军之际,驻绥远的冯玉祥国民军,于1926年9月举行五原誓师,宣布脱离北洋军阀,参加国民革命。随后进军甘、陕,11月占领陕西后,挺进豫西,拟与北伐军会攻河南。

  北伐军出师不到10个月的时间,歼灭吴佩孚、孙传芳部主力,革命势力从珠江流域推进到长江、黄河流域,北洋军阀迅速崩溃。北伐战争之所以迅速取得胜利,主要原因在于广大工农群众热烈拥护和支持,采取了正确的战略方针,北伐军广大官兵尤其是共产党员与青年团员的英勇善战,并得到苏联的援助和顾问团的帮助等。

十六、国共合作的破灭与国民党独裁统治的建立

北伐胜利进军使北洋军阀统治面临崩溃,列强为维护其在华利益,加紧破坏和干涉中国革命。他们一方面制造"万县惨案"和"南京惨案",直接进行武装干涉;另一方面企图分化革命阵营。1926年底和1927年初,美、英、日等国先后宣布所谓对华新政策,策划分化瓦解革命阵营。在此背景下,蒋介石的反革命面目逐渐暴露。

1927年初,蒋介石开始公开镇压工农运动,在赣州、九江、南昌、安庆等地屠杀共产党员和革命者。在外国列强、帮会势力和江浙财阀的支持下,1927年4月12日,蒋介石在上海发动"四一二"反革命政变,大肆查封革命组织、捕杀共产党员和革命群众。18日,蒋介石在南京成立"国民政府",与汪精卫任主席的武汉国民政府对抗,并成立"中央清党委员会",统一主持全国清党事宜。随后,浙江、福建、广东、广西、安徽、四川、湖南、江西、江苏等省陆续开展"清党"运动,无数共产党人和革命群众惨遭杀害。"四一二"反革命政变表明,以国共合作为核心的革命统一战线已局部被破坏,国共两党共同推动的国民革命在局部地区出现夭折。

"四一二"反革命政变发生后,在共产党人和国民党左派人士的努力推动下,武汉地区掀起了声势浩大的讨蒋运动。同时,为了打破反革命势力对武汉政府的包围,武汉国民政府决定继续北伐,与冯玉祥会师河南,再联合阎锡山,驱逐张作霖奉军势力出京、津地区,然后解决东南问题。1927年4月21日,北伐军开始沿京汉线向河南进军。5月31日,奉军被迫放弃郑州、开封,退至河北。6月1日,武汉北伐军与冯玉祥的国民军会师郑州,进占开封。第二次北伐取得胜利。与此同时,武汉国民政府内部的危机却日益严重。以汪精卫为首的反革命势力逐渐抬头,开始压制工农运动,攻击中国共产党。两湖与江西先后出现了屠杀共产党人与工农群众的白色恐怖事件,革命再度陷入严重的危机之中。面对这种情况,以陈独秀为首的中共中央仍然将维持与国民党左派的关系作为一切工作的指导方针,甚至不惜压制工农运动、牺牲工农利益以拉拢汪精卫,犯下严重的右倾错误。7月15日,汪精卫控制下的武汉国民党中央和国民政府,不顾宋庆龄等为代表的国民党左派的反对,召开"分共"会议,公开叛变革命,武汉地区的大批共产党员和革命群众被逮捕和屠杀。至此,第一次国共合作彻底破裂,轰轰烈烈的国民革命失败,革命暂时转入低潮。不久,宁汉合流,以蒋介石为首的国民政府逐步建立起国民党独裁统治。

国民革命的失败有多方面原因。一是帝国主义和国内封建地主、军阀、买办资产阶级等反动力量的干涉和破坏;二是国民党右派叛变革命;三是共产国际在革命后期指导上的错误;四是陈独秀等人放弃对统一战线及武装力量的领导权,犯了右倾机会主义错误。

十七、土地革命的兴起和革命根据地的发展壮大

在蒋介石、汪精卫相继叛变革命的危急时刻,为挽救革命,中国共产党中央临时常委会决定在敌人兵力比较薄弱的江西南昌举行起义。1927年8月1日,周恩来、贺龙、朱德等率领革命军在南昌起义。两万多起义军经过几个小时的战斗,全歼守敌,占领南昌城。随后,起义部队按预定计划撤离南昌,返回广州。南下途中,起义军遭到敌人封堵,损失严重。保存下来的队伍一部分由朱德、陈毅率领,转战湘南,另一部分进入广东海陆丰,与当地农民军会合。南昌起义打响了武装反抗国民党反动派的第一枪,标志着中国共产党创建人民军队、独立领导中国革命的开始。

为制定新形势下的路线和政策,1927年8月7日,中共中央在汉口秘密召开了紧急会议,即八七会议。会议纠正了陈独秀右倾机会主义的错误,确立了土地革命和武装反抗国民党反动派的总方针,并把发动农民举行秋收起义作为当前的主要任务。这次会议给正处于思想紊乱、组织涣散中的中国共产党指明了前进方向。八七会议后,毛泽东根据中共中央的指示,于1927年9月领导工农革命军第一军第一师发动了湘赣边界秋收起义。由于敌军力量强大,起义军进攻长沙受挫,毛泽东决定放弃攻取长沙的计划,改向敌人防守力量薄弱的山区进军。10月,毛泽东率领秋收起义余部到达湘赣边界的罗霄山脉中段井冈山地区,开始创建农村革命根据地。他发动根据地群众打土豪、分田地,废除封建剥削,开展土地革命。还领导根据地军民进行经济建设,努力发展生产,粉碎国民政府的经济封锁。到1928年2月,初创了以宁冈为中心的井冈山根据地。1928年4月,朱德、陈毅率领的南昌起义余部和湘南工农武装与毛泽东率领的工农革命军在井冈山会师,合编为中国工农红军第四军,井冈山革命根据地进一步巩固。

在革命实践的基础上,毛泽东积极探求中国革命的正确道路,从1928年10月到1930年1月,先后撰写了《中国的红色政权为什么能够存在》《井冈山的斗争》《星星之火,可以燎原》等著作,从理论上阐明中国红色政权能够存在和发展的原因与条件,阐述武装斗争、土地革命和根据地建设相结合的"工农武装割据"思想,逐步形成了关于中国革命道路的理论。在正确革命思想的指导下,全国广泛建立根据地,开展土地革命和根据地建设,发展武装力量,革命力量不断发展壮大。到1930年,全国已有工农红军近10万人,建立了赣南闽西根据地、湘鄂赣根据地、闽浙赣根据地、鄂豫皖根据地、湘鄂西根据地、左右江根据地、琼崖根据地等十几块革命根据地。红色政权的星星之火发展成为燎原之势。1931年11月,中华苏维埃第一次全国代表大会在江西瑞金召开。大会宣布中华苏维埃共和国临时中央政府成立,定都瑞金;选举毛

泽东为临时中央政府主席,朱德为中央革命军事委员会主席。至此,赣南、闽西及其周围的根据地建成了以瑞金为中心的中央革命根据地。

工农红军和农村革命根据地的迅速发展,使国民党政府十分恐慌。从1930年10月起,蒋介石接连向根据地发动三次大规模"围剿",重点是进攻赣南、闽西根据地,都被毛泽东、朱德领导的红军所粉碎。1932年5月,蒋介石调集60余万兵力,重点对鄂豫皖、洪湖及中央革命根据地发动第四次"围剿"。在周恩来、朱德等指挥下,红军再次取得反"围剿"的胜利。1933年秋,蒋介石调兵百万对红军各根据地发动第五次"围剿",以50万兵力进攻中央根据地。此时的毛泽东已被撤销在红军中的领导职务,"左"倾领导人博古掌权。他采用苏联军事顾问李德的错误主张,同敌人死打硬拼。结果,红军苦战一年,未能粉碎"围剿",被迫实行战略转移。1934年10月,中央机关和红军8万多人离开根据地开始长征。

长征初期,"左"倾领导人的指导思想由进攻中的冒险主义转变为退却中的逃跑主义,并把战略转移变成搬家式的行动,红军动作缓慢,遭到围追堵截,在突围过程中损失惨重,引起广大干部战士对"左"倾路线的怀疑和不满。1935年1月,红军攻克贵州遵义后,中共中央召开政治局扩大会议,史称"遵义会议"。会议总结了第五次反"围剿"的经验教训,否定"左"倾路线,肯定毛泽东关于红军作战的基本原则,解决了军事路线问题;会议推选毛泽东为政治局常委,取消博古、李德的最高军事指挥权,决定由朱德、周恩来负责军事工作;会后不久,成立由毛泽东、周恩来、王稼祥组成的三人军事指挥小组,负责军事指挥。遵义会议结束了"左"倾机会主义路线在党中央的统治,确立了以毛泽东为代表的党中央的正确领导,把党的路线转到马克思列宁主义的轨道上来。遵义会议在中国革命的危急关头,挽救了党,挽救了红军,挽救了中国革命,是中国共产党历史上一个生死攸关的转折点。遵义会议也是中国共产党第一次独立自主地运用马列主义基本原理解决自己的路线、方针和政策的会议,是中国共产党走向成熟的标志。

遵义会议后,红军突破重围,继续长征。1935年10月,中央红军抵达陕北吴起镇,与当地红军会师。1936年10月,红一、二、四方面军在甘肃会宁会师,长征胜利结束。

十八、艰苦卓绝的抗日战争

1931年9月18日,日本发动"九一八事变",侵占中国东北,抗日战争就此开始。至1937年7月,经过多年备战,日本帝国主义又发动全面侵华战争。1937年7月7日夜,华北日军举行演习,借口一个士兵失踪,要求进入宛平城搜查,遭到中国守军拒绝后,日军进攻宛平城和卢沟桥,挑起全面侵华战争。史称"七七事变"或"卢沟桥事变"。随后日本派遣陆军10多万人入侵中国,北平、天津相继失守。1937年8月13日,日军大举进攻上海,威胁南京,史称"八一三事变"。

面对日本的侵略,国共两党停止内战,组成抗日民族统一战线,全国军民奋起抗战。抗战期间,全国形成了正面战场和敌后战场共同抗战的格局。正面战场和敌后战场相互配合,协同作战,都为抗战胜利做出了重要贡献。

正面战场是由国民党领导的,依靠的主要力量是国民党军队,主要作战方式是大兵团作战。国民党先后组织了太原会战、淞沪会战、徐州会战、武汉会战等一系列大规模的战役,付出了重大牺牲,取得局部战果,但整体形势非常不利。1938年10月,日军攻占广州、武汉。此后的抗战进入相持阶段。在相持阶段,日本加强对国民党政府的诱降,国民政府中的汪精卫集团公开叛国投敌。1940年3月,在日本扶持下,汪精卫在南京成立伪"国民政府",这是一个受日本控制的汉奸傀儡政权。

敌后战场是由共产党领导的。抗日战争爆发以后,中国共产党提出了全面抗战的路线,并制定共产党在抗战时期的具体行动方针,即将工作重心放在战区和敌后,发动群众,开展游击战争,建立敌后抗日根据地。根据这一方针,共产党领导的八路军、新四军挺进敌后,创建多处抗日根据地,展开轰轰烈烈的敌后抗日斗争。在进入相持阶段后,日本对抗日根据地实行残酷的"三光"政策,企图摧毁根据地。根据地军民展开了艰苦卓绝的斗争,发展了抗日根据地,使根据地成为抗日的重要战场。共产党面对日军扫荡的压力,全军实行战略转移,化整为零,开展各种形式的反"扫荡"斗争,如著名的地道战、地雷战、麻雀战、破袭战等。

1941年12月日本偷袭美国珍珠港后,美国向日本宣战。不久,英国等也对日本宣战。从此中国不再独立对日作战,抗日战争正式成为世界反法西斯战争的一部分。1945年8月,美军在日本广岛、长崎投下两枚原子弹。苏联红军也在8月对日宣战,出兵中国东北,横扫日本关东军。1945年8月15日,日本裕仁天皇宣布无条件投降。9月2日,日本与同盟国正式签署投降书。9月9日,侵华日军总司令冈村宁次在南京向中华民国政府陆军总司令何应钦呈交投降书。中国人民的抗日战争取得最后胜利。

抗战期间,日军在中国犯下累累罪行。如日军于1937年12月攻占南京后,在南京及附近地区进行长达数月的大规模抢劫、强奸和屠杀,制造了震惊中外的"南京大屠杀",中国民众死亡人数超过30万。日军在进攻根据地时实行残酷的"烧光、杀光、抢光"的"三光"政策;强迫中国妇女充当"慰安妇";设立细菌部队,用中国人做活体试验,进行细菌战等。

抗日战争是自鸦片战争以来中国人民第一次获得完全胜利的反侵略战争。中国人民付出了重大代价,伤亡数千万人,中国人民以巨大牺牲支撑起了世界反法西斯战争的东方主战场,对世界反法西斯战争的胜利做出了不可磨灭的历史贡献。

十九、解放战争的胜利

1. 抗战胜利后国内政治斗争的走向

抗日战争胜利后,国内形势发生深刻变化,阶级矛盾重新成为中国社会的主要矛盾,国内各阶级、各党派围绕着"建什么国和怎样建国"的问题,展开激烈斗争。

1945年9月,蒋介石在《庆祝抗战胜利对全国同胞广播词》中重弹"召开国大,还政于民"的老调,针对中共和其他民主党派的民主要求,提出种种"先决条件"。1946年元旦,蒋介石在《告军民同胞书》中又强调:"军令政令必须统一,军队必须一律归还国家统辖。"并说这是"解决目前纷争不安的唯一先决条件"。显然,召开国民党控制的"国大",通过1936年的"五五宪草",使国民党一党专政和蒋介石个人独裁合法化,是国民党蒋介石集团的既定方针。

1945年8月,中共中央发表《对目前时局的宣言》,指出抗战胜利后全民族的重大任务是"巩固国内团结,保证国内和平,实现民主,改善民生,以便在和平民主的基础上,实现全国的统一"。要求国民政府立即承认解放区的民选政府和抗日军队,严惩汉奸,解散伪军,承认各党派合法地位,召开各党派和无党派代表会议等六条紧急措施,以奠定今后和平建设的基础。

中共中央宣言提出的六项要求及和平民主团结的口号,得到了全国各阶层人民的拥护。以民盟为代表的各中间党派也主张和平民主。1945年8月,中国民主同盟发表《在抗战胜利声中的紧急呼吁》,提出"民主统一、和平建国"的口号。10月,民盟在重庆召开临时全国代表大会,通过《政治报告》,指出要实行民主必先解决政治会议、联合政府、国民大会三大问题,并提出完整的政治主张。1945年底至1946年春,中国先后成立了三民主义同志联合会、中国民主建国会、中国民主促进会、九三学社等党派。这些党派在反对国民党独裁专政、要求实现民主政治的基础上,同中国共产党结成同盟,在争取和平建国、避免内战的斗争中,发挥了重要作用。

国民党蒋介石集团迫于国内人民要求和平和民主的压力,特别是内战准备工作尚未完成,采取"假和平,真内战"的策略,于1945年8月连续三次电邀毛泽东赴重庆商议和平建国问题。8月24日,毛泽东、周恩来、王若飞在张治中、赫尔利的陪同下由延安飞抵重庆。9月2日,毛泽东约见国民党外交部部长王世杰,提出八项原则性意见。9月3日中共提出11条谈话要点。9月4日,国民党方面给出《对中共〈谈判要点〉的答复》11条。这时,国共双方就谈判的一些问题仍存在很大差距。但经过毛泽东与蒋介石的直接商谈,以及周恩来、王若飞同国民党代表张治中、王世杰、张群、邵力子的多次具体商谈，双方终于在 10 月 10 日达成《政府与中共代表会谈纪要》（即《双十协定》），主要内容包括：坚持和平建国的基本方针，迅速结束训政，实施宪政；召开政治协商会议，邀集各党派代表及社会贤达协商国是，讨论和平建国方案及召开国民大会的各项问题；政府保证人民享有信仰、言论、出版、集会结社等自由。但国共双方未能就军队国家化和解放区政权合法地位问题达成一致。国民党坚持"军令政令统一"，拒不承认人民军队和解放区政权的合法地位。

按照《双十协定》的决议，1946 年 1 月，政治协商会议在重庆召开。会议代表共 38 人，其中国民党 8 人，共产党 7 人，青年党 5 人，民主同盟 9 人，无党派人士 9 人。会议先后通过了军事问题、宪法草案问题、和平建国纲领、政府组织、国民大会问题五项决议，通过了一些有利于和平民主、有利于人民的决议，再次确认了和平建国方针。尽管五项决议很快被国民党撕毁，但会议表现出的协商精神和确定的政治协商路线，在人民群众中产生了很大影响，使国民党在发动内战之际处于非常被动的地位。

2. 解放战争与中华人民共和国的诞生

1946 年 6 月，国民党政府撕毁《双十协定》和政协会议决议，大举进攻中原解放区，全面内战爆发。

解放战争初期，人民解放军采取运动战方式，集中优势兵力，打歼灭战，8 个月歼敌 70 多万。国民党军队被迫缩短战线，从 1947 年开始对陕北和山东解放区实行重点进攻，几个月后，又被人民解放军粉碎。1947 年 6 月，刘伯承、邓小平率晋冀鲁豫解放军主力渡过黄河，挺进大别山，揭开战略反攻序幕。

1948 年秋，随着敌我力量的变化，中共中央决定发动战略决战。1948 年 9 月，辽沈战役打响。东北解放军首先攻占锦州，截断东北国民党军队向关内的退路。被围困的长春国民党守军一部分起义，一部分投降，长春解放。11 月初，解放军乘胜攻下沈阳，东北全境解放。随后，东北解放军迅速入关，同华北解放军一起发动平津战役。他们将敌军分割包围于北平、天津、张家口等地，切断敌军西逃南窜的道路。解放军攻克张家口、天津以后，北平国民党军队在总司令傅作义率领下接受和平改编，1949 年 1 月北平解放。与平津战役同时打响的还有以徐州为中心的淮海战役。人民解放军首先在徐州以东碾庄地区歼灭国民党黄百韬兵团 10 余万人，蒋介石调兵增援徐州，解放军在宿县西南围歼援敌黄维兵团 10 余万人。国民党"剿总"副司令杜聿明见大势已去，率 30 多万人弃徐州南逃，被解放军围歼。1949 年 1 月，淮海战役结束。三大战役共歼灭或改编国民党军队 150 多万人，国民党主力基本上被消灭。

军事上的溃败迫使蒋介石在 1949 年元旦发出"求和"声明。毛泽东在新年献辞中号召人民将革命进行到底。但为迅速结束战争，减少人民痛苦，中国共产党接受了国民党的"求和"请求。4 月，国共两党代表在北平举行谈判，双方达成《国内和平协定》最后修正案。但最终南京政府拒绝在协定上签字，和谈破裂。4 月 21 日，毛泽东、朱德发布向全国进军的命令，人民解放军发起渡江战役，国民党的长江防线顷刻间土崩瓦解。4月23日,解放军占领南京,统治中国22年的国民政府覆灭。

1949年9月,中国人民政治协商会议第一届全体会议在北平举行。会议通过了起临时宪法作用的《中国人民政治协商会议共同纲领》,并选举中央人民政府委员会,毛泽东当选为中央人民政府主席,朱德、刘少奇、宋庆龄等当选为副主席,会议决定了国旗、国歌和纪年,决议定都北平,并将北平改名为北京。10月1日,中央人民政府委员会举行第一次会议。同日,北京军民在天安门广场集会,隆重举行开国大典,毛泽东向全世界庄严宣告中华人民共和国成立。中华人民共和国的成立标志着新民主主义革命取得胜利,中国近代百年来的屈辱历史从此结束,中国人民迎来了独立自主的新国家。

二十、社会主义道路的初步探索与曲折发展

1. 中华人民共和国成立初期巩固新政权、恢复国民经济的主要措施

中华人民共和国成立前夕,由于帝国主义的长期掠夺和国民政府的肆意搜刮,加上多年战争的破坏,国民经济全面崩溃。中华人民共和国成立后,党和政府采取一系列巩固新政权、恢复发展国民经济的措施。

早在解放战争时期,党中央就明确将没收以蒋介石、宋子文、孔祥熙、陈立夫等为代表的垄断资本归国家所有列为新民主主义革命的三大经济纲领之一。1949年1月,中共中央发出《关于接收官僚资本企业的指示》,规定了接收工作的基本原则和要求。1951年,中央人民政府先后发布《企业中公股公产清理办法》和《关于没收战犯、汉奸、官僚资本家及反革命分子财产的指示》,对隐藏在民族资本企业中的官僚资本进行了彻底清理。人民政府通过没收官僚资本和发展原革命根据地的公有经济,建立了社会主义性质的国营经济,使国家掌握经济命脉,为政权的巩固奠定了经济基础,也为恢复国民经济创造了物质前提。

中华人民共和国成立之初,人民政府还采取加强金融及市场管理,调集、掌握主要物资,实行集中抛售等措施,打击投机资本,使物价从1950年3月开始渐趋稳定。随后,政务院颁布《关于统一国家财政经济工作的决定》,实行"统一全国财政收支""统一全国物资调度""统一全国现金管理",使全国财政经济初步统一,财政收支很快接近平衡,国家财政经济状况开始好转。1950年党的七届三中全会后,人民政府开始全面调整工商业。通过调整公私关系、劳资关系和产销关系,私营工商业渡过了难关,而且有很大发展。然而,资本家中的一些不法分子不满足于获得一般利润,采取向干部行贿等手段牟取暴利。中共中央因此决定在党政机关干部中开展一场反贪

污、反浪费、反官僚主义的"三反"运动,在私营工商业者中开展一场反行贿、反偷税漏税、反盗骗国家资财、反偷工减料、反盗窃国家经济情报的"五反"运动。1951年12月至1952年3月的"三反"运动清除了革命队伍中的贪污腐化分子,在全党、全社会开创了艰苦朴素、廉洁奉公的新风尚。1952年2月开始的"五反"运动经过半年严厉打击,使工商业者普遍接受一次守法经营的教育,为后来的社会主义改造创造了有利条件。

此外,1950年至1953年,中国人民志愿军进行了抗美援朝作战,打退了以美国为首的"联合国军"的军事进攻,极大地提高了新中国的国际威望,为我国开展大规模的经济建设和社会主义改造争取了一个相对稳定的国际环境。1950年底至1953年春,新解放区开展了大规模的土地改革运动,使全国3亿多无地少地的农民分到了土地,极大地调动了农民的积极性,不仅促进了农业经济的恢复和发展,也为国家工业化和农业的社会主义改造创造了有利条件。经过三年努力,到1952年底,全国工农业生产超过历史最高水平,国民经济恢复工作完成,为此后有计划的经济建设创造了条件。

2. 社会主义制度在中国的建立

巩固政权和恢复国民经济的任务完成后,中共中央于1953年提出过渡时期总路线,以便逐步实现由新民主主义社会向社会主义社会的转变。过渡时期总路线规定:"从中华人民共和国成立,到社会主义改造基本完成,这是一个过渡时期。党在过渡时期的总路线和任务,是要在一个相当长的时期内,逐步实现社会主义工业化,并逐步实现国家对农业、手工业和资本主义工商业的社会主义改造。"

1953年,国家开始实施第一个五年计划。"一五"计划的指导方针和基本任务是:集中主要力量发展重工业,建立国家工业化和国防现代化的初步基础;相应地发展交通运输业、轻工业、农业和商业;相应地培养建设人才;有步骤地促进农业、手工业的合作化;继续进行对资本主义工商业的改造;逐步提高人民物质生活和文化生活的水平。1953年底,鞍山钢铁公司三大工厂竣工投产。继而,包头钢铁公司、武汉钢铁公司也正式开工。1956年,长春第一汽车制造厂、沈阳第一机床厂等先后建成投产。到1957年,"一五"计划各项指标均超额完成,为社会主义工业化奠定了初步基础。

同时,按照过渡时期总路线的要求,国家对农业、手工业、资本主义工商业展开了全面的社会主义改造。1953年底,中共中央发布《关于发展农业生产合作社的决议》,要求根据生产发展的可能和需要,按照积极发展和稳步前进的方针,以及自愿互利的原则,采取典型示范和逐步推广的办法,大量地发展劳动互助组,有重点地发展农业生产合作社,试办少数社会主义性质的集体农庄。到1956年底,入社农户占全国农户的96.3%,其中参加高级社的占87.8%,基本实现农业合作化。与此同时,手工业的合作化也按照积极领导、稳步前进的方针,由手工业生产合作小组、手工业供销合作社到手工业生产合作社,逐步实行社会主义改造。到1956年底,入社的手工业者占全体手工业人员的91.7%,基本实现对手工业的社会主义改造。对资本主义工商业的改造是通过国家资本主义的途径来实现的。1953年底以前,主要采取加工订货、统购统销等初级形式的国家资本主义。从1954年到1955年夏,主要采取个别企业公私合营。从1955年秋到1956年,实行全行业的公私合营。1956年底,全国99%的私营工业户和82.2%的私营商业户实现公私合营,基本完成对资本主义工商业的社会主义改造。

1956年,我国生产资料私有制的社会主义改造取得了决定性的胜利。尽管在改造的后期由于要求过急、工作过粗产生了一些问题,但是,经过社会主义改造,社会主义公有制经济在我国经济中占绝对统治地位,社会主义经济制度在我国建立起来。

3. 社会主义建设道路的初步探索

1956年,随着我国生产资料私有制改造任务的基本完成和社会主义制度的确立,中华人民共和国进入全面建设社会主义的新时期,中国人民开始社会主义建设道路的初步探索。

1956年4月,毛泽东在中共中央政治局扩大会议上做了《论十大关系》的报告,初步总结我国社会主义建设的经验,提出了探索适合中国国情的社会主义建设道路的任务。1956年9月,中国共产党第八次全国代表大会在北京召开。大会正确分析我国国内的主要矛盾,是人民对于建立先进的工业国的要求同落后的农业国现实之间的矛盾,是人民对于经济文化迅速发展的需要同当前经济文化不能满足人民需要的状况之间的矛盾。大会明确党和人民当前的主要任务是集中力量把我国尽快地从落后的农业国变为先进的工业国。这次大会提出和初步解决了我国社会主义建设中的许多重大问题,是探索中国社会主义建设道路的一个重要里程碑,然而会议制定的路线未能在实践中得到贯彻和坚持。1957年2月,毛泽东做了《关于正确处理人民内部矛盾的问题》的讲话,指出社会主义社会存在着敌我矛盾和人民内部矛盾两种不同性质的矛盾,当前国家政治生活的主题是正确处理人民内部矛盾。不久,中共中央发出《关于整风运动的指示》,在全党范围内开展整风运动,以解决人民内部矛盾。党中央随后将运动主题由党内整风转向反击右派,结果全国错划出右派分子55万多人,出现严重扩大化的倾向,违背了党的八大关于社会主要矛盾的正确判断。

整风运动和反右派斗争之后,党中央认为政治战线和思想战线上的社会主义革命已取得决定性胜利,于是试图把工作中心重新转移到经济建设上来。1958年,中共八大二次会议提出"鼓足干劲,力争上游,多快好省地建设社会主义"的总路线。这条总路线强调正确处理人民内部矛盾和坚持工农业并举的工业化道路,值得肯定;但是它忽视客观经济规律,否定国民经济计划的综合平衡,夸大了人的主观意志的作用,在实践中给社会主义建设带来了灾难性后果。1958年的"大跃进"运动就是在总路线指引下企图快速发展社会生产力的一次尝试。在此期间,农业部门不顾生产实际,不断提高和修改粮食生产计划指标,工业部门也不顾实际,制定出在几年"超英赶美"的高指标。结果,高指标带来高估产,出现"人有多大胆,地有多大产"的主观臆断作风,并引发各级干部的浮夸风。在"大跃进"运动进入高潮时,党中央又通过了在农村建立人民公社的决议。人民公社化运动中出现的"共产风"、命令风、对生产的瞎指挥等不良作风,对农业生产造成严重破坏。1959年,中共中央召开庐山会议,希望纠正"大跃进"和人民公社化运动中的"左"倾错误。在会上,彭德怀实事求是地指出"大跃进"过程中的错误,引起毛泽东的尖锐批评,促使庐山会议由纠"左"急转为"反右倾",这使得早已存在的"左"倾错误不但没有得到纠正,反而进一步发展。由于"左"倾错误、自然灾害和苏联单方面撕毁建设合同的影响,1959—1961年的中国陷入严重的经济困难之中。

面对严重经济困难,中共中央开始纠正经济建设中的"左"倾错误。1961年1月,中共八届九中全会确定"调整、巩固、充实、提高"的国民经济八字方针,从此,中国经济由"大跃进"转向大调整。为进一步全面贯彻调整国民经济的方针,1962年1月11日至2月7日,中共中央在北京召开了扩大的中央工作会议,又称"七千人大会",将抓好国民经济的调整工作确立为首要任务。从1962年起,国家采取一系列措施对国民经济进行全面调整,主要措施包括:减少城镇人口,精简职工;降低工业指标;加强对农业的支援;稳定市场,抑制通货膨胀;等等。同时,在政治上和组织上也采取了一系列措施调整各方面关系,包括为"反右倾"运动中被错误处理的干部平反;贯彻落实知识分子政策;加强统一战线工作,调整民族关系;等等。国民经济经过两年的调整,到1963年出现全面好转的形势。1965年,工农业生产均得到恢复和发展,国民经济调整任务基本完成。

在1956年至1966年这十年中,虽然社会主义建设曾遭到严重挫折,但仍取得很大成就,工业、农业、教育、科技、国防建设等方面都有很大发展。随着大庆、胜利和大港油田的开发,1965年实现石油全部自给。1964年6月中远程导弹的试验成功和1964年10月自行研制的第一颗原子弹爆炸成功,大大加强了我国国防力量。这些成绩的取得,与全国人民的艰苦奋斗是分不开的,这一时期全国涌现出一大批英雄模范人物和优秀集体,模范人物有解放军班长雷锋、大庆油田工人"铁人"王进喜、河南省兰考县委书记"党的好干部"焦裕禄等,优秀集体有人民解放军、工业战线上的大庆油田和农业战线上的山西省昔阳县大寨大队。当时全国掀起了学习先进的运动,后来归结为"工业学大庆,农业学大寨,全国人民学习人民解放军,加强政治思想工作"。

4. "文化大革命"十年动乱

1966年,正当我国国民经济调整任务完成,即将进入一个新的发展时期之际,"文化大革命"的发生却使党和国家陷入一场延续十年之久的动乱。

1965年11月10日,上海《文汇报》发表姚文元的《评新编历史剧——海瑞罢官》，批判北京市副市长、明史学家吴晗所写的剧本《海瑞罢官》"是一株毒草"，这一批判因得到毛泽东支持而蒙上政治色彩，成为"文化大革命"的导火索。1966年5月，中央政治局扩大会议在北京召开，会议对所谓彭真、罗瑞卿、杨尚昆、陆定一"反党集团"进行错误批判，成立由陈伯达、江青、张春桥、康生等组成的"中央文革小组"，并通过、发布《五一六通知》，为"文化大革命"做了组织和舆论上的准备。同年8月，毛泽东在北京主持召开党的八届十一中全会，会议对所谓"刘少奇、邓小平司令部"进行错误批判，并通过、发布《中共中央关于发动无产阶级文化大革命的决定》。此后，"文化大革命"如狂风暴雨一般席卷全国。

全国大动乱局面的形成是从红卫兵运动开始的。1966年5月，清华大学附中的部分学生秘密组成红卫兵组织，被毛泽东赞为"对反动派造反有理"，此后，红卫兵运动在全国迅速发展。在"保卫毛主席"和"反修防修"口号的鼓动下，大批狂热的红卫兵冲击文化团体、教育机构、党政机关，揪斗"走资派"，使各级党政机关几乎全部陷于瘫痪。11月，"中央文革小组"又发布在工业交通系统和农村进行"文化大革命"的两个文件，此后工厂和农村也被卷入动乱。1967年1月6日，在姚文元、张春桥策划下，以王洪文为首的"上海工人革命造反总司令部"等32个造反组织夺取上海党政各级领导权，使上海市委、市政府、市人大的所有机构被迫停止办公。上海"一月风暴"后，夺权运动迅速波及全国，不同派别的造反派相互对立，反复展开夺权，频繁发生武斗现象，全国陷于空前混乱。面对这场严重危害国家的动乱，叶剑英、徐向前、聂荣臻等老一辈革命家挺身而出，抵制"文化大革命"的错误和林彪、江青等人的倒行逆施，掀起了"二月抗争"，但他们的抗争被扣上"资产阶级复辟逆流"的罪名予以批判。随后，"中央文革小组"取代中央政治局，林彪、江青等煽动"打倒一切，全面内战"，使全国形势进一步恶化。

在"文化大革命"中，林彪乘机控制党内军内很大的权力，但仍不满足，企图策划军事政变，刺杀毛泽东，篡夺党和国家最高权力。阴谋败露后，林彪于1971年9月13日仓皇乘飞机出逃，坠机身亡。此后，中央日常工作由周恩来主持。周恩来大力整顿经济秩序，恢复科教文化工作，使各方面情况出现了好转。但周恩来纠正极左错误的努力却遭到江青集团的阻挠。1974年，江青等掀起针对周恩来的"批林批孔"运动，使文革"左"倾错误进一步发展。1975年初，周恩来病重，邓小平复出并主持中央日常工作，提出"全面整顿"思想，使形势出现明显好转。但毛泽东不能容忍邓小平对"文化大革命"的否定，在江青集团挑拨下又发动"批邓、反击右倾翻案风"运动，纠正"文革"错误的工作再次陷入停顿。1976年，周恩来、朱德、毛泽东相继逝世，国内政局不稳，江青等加快反革命步伐，图谋执掌党和国家的最高领导权。1976年10月，以华国锋、叶剑英、李先念等为核心的中央政治局对江青、张春桥、王洪文、姚文元实行隔离审查，持续十年之久的"文化大革命"终于以粉碎江青反革命集团的胜利而告结束。

"文化大革命"的长期动乱使党和国家遭到1949年以来最严重的挫折和损失。

十年间,全国上下受打击迫害和株连的干部、群众达 1 亿人,许多党和政府领导人、知名人士和学者均惨遭批斗、抄家和残酷的人身迫害。国家主席刘少奇被强加"叛徒、内奸、工贼"的罪名迫害致死。党的组织和政权受到极大削弱,社会主义民主和法制被肆意践踏,全国陷入严重的政治和社会危机之中。"文革"期间,国民收入损失约 5 000 亿元,超过了中华人民共和国成立 30 年全国固定资产的总和。"文化大革命"还严重冲击了教育、科技、文化事业,"破四旧"使传统文化遭受毁灭性打击,全国高等学校在"文革"期间停止招生,给社会主义人才培养造成无法估量的损失。实践证明,"文化大革命"不是任何意义上的革命和社会进步,它是一场由领导者错误发动,被反革命集团利用,给党、国家和各族人民带来严重灾难的内乱。

二十一、改革开放与社会主义建设的新阶段

1. 伟大的历史转折

1976 年粉碎"四人帮"后,清除"文化大革命"的遗留问题,进行全面的拨乱反正,成为摆在党和国家面前最迫切的任务。但当时担任中共中央主要领导职务的华国锋在指导思想上继续犯"左"的错误,提出并坚持"凡是毛主席作出的决策,我们都坚决维护;凡是毛主席的指示,我们都始终不渝地遵循"的"两个凡是"方针,大大增加了彻底纠正"文革"错误的困难。1978 年 5 月 11 日,《光明日报》发表《实践是检验真理的唯一标准》一文,否定"两个凡是"的错误方针,指出检验真理的标准只能是社会实践。文章发表后,引发了全国范围内关于真理标准问题的大讨论。这次大讨论使人们的思想从教条主义和个人崇拜的禁锢下解放出来,摆脱了"左"倾错误的束缚,恢复和发扬了实事求是的思想和作风,为党的十一届三中全会的召开、开辟中国特色社会主义道路做了思想上和理论上的准备。

1978 年 12 月 18 日至 22 日,中共十一届三中全会在北京召开。全会讨论了关系党和国家命运的许多重大问题,做出了一系列重大决策,取得了开创性的、具有深远意义的成果,主要包括:重新确立解放思想、实事求是的马克思主义思想路线;把党和国家工作的重心转移到社会主义现代化建设上来,以经济建设作为党和国家今后工作的中心;实行改革开放;审查和解决历史上遗留的一批重大问题和一些重要领导人的功过是非问题;加强党的领导机构,健全党的民主集中制,健全党规,严肃党纪等。十一届三中全会是中华人民共和国成立以来党的历史上具有深远意义的伟大转折,也是共和国历史上的一个伟大转折,从根本上冲破了长期"左"倾错误的束缚,重新确立了马克思主义的思想路线、政治路线和组织路线,形成了以邓小平为核心的第二

代中央领导集体,结束了1976年10月以来党和国家工作在徘徊中前进的局面,成为实行改革开放和开辟中国特色社会主义道路的起点。

在党的十一届三中全会提出的解放思想、实事求是的号召下,广大干部群众从过去盛行的个人崇拜和教条主义的精神枷锁中解脱出来,全国出现了努力研究新情况、解决新问题的景象。但仍有部分人深受"左"倾思想影响,怀疑党的十一届三中全会确立的路线的正确性,又有极少数人曲解"解放思想"的号召,出现否定马列主义、毛泽东思想,反对共产党和社会主义制度的言论。因此,继续排除来自"左"的干扰,同时注意批判右的思潮,成为思想和政治领域的迫切任务。1979年1月至4月,中共中央在北京召开理论工作务虚会,研究党和国家的工作重心转移后理论宣传工作的根本任务。邓小平在会上着重批判了"左"和右两种错误思潮,指出坚持社会主义道路,坚持无产阶级专政,坚持共产党的领导,坚持马列主义、毛泽东思想这四项基本原则是实现四个现代化的根本前提。党的十一届三中全会的伟大决策和坚持四项基本原则的提出,奠定了中国共产党在社会主义初级阶段的基本路线的基础。

根据党的十一届三中全会工作重心转移的战略安排,党和政府从1979年开始对国民经济实行"调整、改革、整顿、提高"的八字方针,采取调整农村政策,调整工业内部比例关系,改善人民生活,压缩基本建设规模等措施。到1982年,国民经济比例关系趋于协调,经济建设开始走上均衡、持续发展的道路。与此同时,党和政府开始大规模地平反冤假错案工作,采取为错划为右派的人恢复名誉,给地主、富农分子改订成分,为原国民党起义、投诚人员落实政策,调整和落实知识分子政策,调整和落实民族政策等一系列措施。到1982年底,全国大规模的平反工作基本结束,涉及冤假错案的47万多名共产党员恢复党籍,300多万名干部得到平反,数千万受株连的群众得到解脱。随着拨乱反正的深入,全面总结中华人民共和国成立以来历史的要求愈来愈迫切,条件也日益成熟。1981年6月,中共十一届六中全会在北京召开,审议并通过了《关于建国以来党的若干历史问题的决议》,对中华人民共和国成立以来党的重大历史事件特别是"文化大革命"进行了正确的总结,实事求是地评价了毛泽东的历史地位,肯定了党的十一届三中全会以来逐步确立的一条适合国情的社会主义现代化建设的正确道路。该决议的通过标志着指导思想上拨乱反正任务的胜利完成,对统一全党和全国人民的思想,开辟中国特色社会主义道路,保证社会主义事业的健康发展,具有重大意义。

2. 改革开放政策的实施

在党的十一届三中全会上,党中央做出了改革开放的重大决策。1987年召开的党的十三大制定了党在社会主义初级阶段的基本路线:领导和团结全国各族人民,以经济建设为中心,坚持四项基本原则,坚持改革开放,自力更生,艰苦创业,为把我国建设成为富强、民主、文明的社会主义现代化国家而奋斗。改革开放成为我国现阶段的一项基本国策。

我国的经济体制改革首先从农村取得突破。1978年底,安徽省凤阳县小岗村首创包干到户的农业生产责任制,四川、贵州、甘肃、内蒙古等省区的一些农村也采取类似的做法,取得良好效果。但当时包产到户、包干到户的"双包"农业生产责任制大多处于秘密或半公开的状态。1980年5月,邓小平发表《关于农村政策问题》的谈话,肯定了包产到户的积极效果。随后,中共中央发布《关于进一步加强和完善农业生产责任制的几个问题》的文件,肯定包产到户的社会主义性质,要求各地根据实际情况,支持群众包产到户、包干到户的要求。1982年1月,中共中央批发《全国农村工作纪要》,进一步肯定"双包到户"是社会主义集体经济的生产责任制。在国家政策鼓励下,农村改革步伐加快,到1984年,基本上实现了以家庭联产承包责任制为中心的第一步农村经济改革。从1985年开始,农村经济体制改革朝着调整产业结构,大力发展乡镇企业,促进传统农业的专业化、商品化、现代化发展。到1987年,农村经济结构发生明显变化,经济作物比重提高,林牧副渔业也得到恢复和发展,乡镇企业异军突起。1983年,农村开始撤社改乡镇、撤队改村的体制改革工作,到1984年底,全国建立了9.1万个乡(镇)政府,92.6万个村民委员会。实践证明,以家庭联产承包责任制为中心的农村经济体制改革,有力地推动了农村生产力的发展,繁荣了农业经济。

农村经济体制改革的成功促进了城市的改革。早在1978年,四川省就选择6家企业开始扩大企业自主权的尝试。1980年前后,国家在北京、上海、天津三市选择了8家企业作为试点,尝试扩大国营企业经营管理自主权,解决国家和企业之间,企业和职工之间责、权、利的关系问题。同时,为解决企业改革的配套问题,国务院还选择湖北沙市、江苏常州为最早的综合改革试点城市。这些改革试点取得的经验,为城市全面经济体制改革的展开创造了条件。1984年,中共十二届三中全会形成《中共中央关于经济体制改革的决定》,标志着我国城市经济体制改革从试点阶段转入全面实行阶段,以城市为重点的经济体制改革从1985年起全面展开,改革内容包括:扩大企业自主权,增强企业活力;实行厂长负责制;在坚持以公有制经济为主体的情况下,发展多种所有制经济成分;实行"利改税"的财税体制改革;改革计划管理体制,调整和改进国家宏观调控的范围和方式等。到1988年,改革初见成效,长期僵化的计划经济体制被冲破,国民经济走上了持续、稳定发展的道路。

党的十一届三中全会以后,迈出对外开放第一步的省份是广东和福建。1980年,中央在深圳、珠海、汕头、厦门设立经济特区,实行特殊的经济政策和管理体制。经济特区在资金来源上以外资为主,经济形式上以中外合资经营企业、中外合作经营企业和外商独资企业为主,产品以外销为主,经济运行以市场调节为主。在特区内,给予投资外商以税收、土地使用、出入境管理等方面的优惠和方便。特区设立后,在引进外资和先进技术方面发挥了"窗口"的作用。1984年,中央决定将经济特区的政策推向沿海地区,开放大连、秦皇岛、天津、烟台、青岛、连云港、南通、上海、宁波、温州、福州、广州、湛江、北海14个港口城市,扩大这些城市的自主权,在城市内设立经济技术开发区,实行经济特区的某些优惠政策,充分吸引外资和先进技术。1985年,中央将长江三角洲、珠江三角洲和闽南三角地区划为沿海经济开发区。1988年,又决定将辽东半岛和山东半岛全部对外开放,与大连、秦皇岛等连成一片,形成环渤海开发区。同年,通过了建立海南经济特区的决定。这样,我国沿海地区就形成了由经济特区、沿海开放城市、沿海经济开发区构成的对外开放格局。进入90年代,东部沿海省市的经济开放政策首先沿着长江流域向腹地延伸。1992年,中央决定开放长江沿岸的芜湖、九江、岳阳、武汉、重庆5个城市。继沿江开放之后,中央又批准了合肥、南昌、长沙、成都等17个省会为内陆开放城市。同时,还逐步开放黑河、珲春、伊宁、瑞丽等内陆边境城市,形成"经济特区—沿海开放城市—沿海经济开发区—沿江和内陆开放城市—沿边开放城市"的全方位对外开放格局,进入了改革开放的新时代。

3. 社会主义现代化建设的新阶段

1992年,邓小平先后到武昌、深圳、珠海等地进行视察和调研,发表了一系列重要谈话,要求坚定不移地贯彻执行党的基本路线,解放思想,实事求是,深化改革,扩大开放,加快经济发展。这次南方谈话为中共十四大的召开奠定了思想基础。1992年10月,中国共产党第十四次全国代表大会在北京召开,江泽民在会上做了《加快改革开放和现代化建设步伐,夺取有中国特色社会主义事业的更大胜利》的报告,对党的十一届三中全会以来的实践经验做了基本总结,概括提出90年代我国改革开放和建设的主要任务,明确提出我国经济体制改革的目标是建立社会主义市场经济体制。南方谈话和党的十四大的召开,标志着我国改革开放和社会主义现代化建设进入一个新的发展阶段。1993年,中共十四届三中全会审议通过《关于建立社会主义市场经济体制若干问题的决定》,把党的十四大提出的经济体制改革目标和基本原则进一步具体化,制定了社会主义市场经济体制的总体规划。此后,改革开放步伐进一步加快,在许多方面取得了很大进展和突破,如转换国有企业经营机制,建立现代企业制度;进一步理顺价格关系,发展和培育市场体系;加快发展个体、私营和外资经济;进行行政结构改革,转变政府职能;实行全方位的对外开放;等等。

改革的深化和开放的扩大促进了国民经济的迅猛发展,从1991年到1995年的"八五"期间,国民生产总值年均增长12%,1995年达到5.76万亿元,提前五年实现了翻两番的目标。五年中农村经济全面发展,农业年均增长4.1%,乡镇企业保持发展势头。工业年均增长17.8%,煤炭、电力、钢铁、汽车等都有较大增长。铁路、公路、机场建设也得到较快发展。同时,经济体制改革也取得了突破性进展,新的宏观调控体系框架初步建立,新财政体制及新税制也基本建立,国有企业通过改革总体实力进一步增强,投资、流通等体制的改革也都取得了新的进展。总之,国民经济市场化、社会化程度明显提高,经济活力显著增强。"八五"期间,对外开放的范围和规模进一步扩大,形成了由沿海到内地,由一般加工工业到基础工业和基础设施的总体开放格局。1995年,中国对外贸易额在世界贸易中的排序由1978年的第32位跃升到第11位。五年间累计实际利用外资1 613亿美元,其中外商直接投资1 136亿美元,成为吸引外资最多的发展中国家。同时,国外先进技术和管理经验的引进,也推动了国内生产技术和管理水平的提高。"八五"期间,扣除物价因素,城镇居民人均收入年均增长7.7%,农村居民人均收入年均增长4.5%。1995年,全国农村贫困人口从1978年的2.5亿人减少到6 500万人,脱贫工作取得巨大成就。城乡人民文化生活进一步丰富,生活质量显著提高。在"科教兴国"战略的推动下,科技和教育事业继续前进。"八五"期间取得国家级科研成果16万项,科技成果向现实生产力转化加快。普及九年义务教育成果显著,中等职业教育有较快发展,高等教育体制改革也迈出较大步伐。文学艺术、广播电视、新闻出版和社会科学都取得了新的进步。

在初步建成小康社会的基础上,2002年11月召开的党的十六大又提出在2020年全面建成小康社会的新目标,力求2020年的国内生产总值比2000年翻两番,综合国力和国际竞争力明显增强。基本实现工业化,建成完善的社会主义市场经济体制和更具活力、更加开放的经济体系。城镇人口的比重有较大幅度提高,工农差别、城乡差别和地区差别扩大的趋势逐步扭转。社会保障体系比较健全,社会就业比较充分,家庭财产普遍增加,人民过上更加富足的生活。社会主义民主更加完善,社会主义法制更加完备,依法治国基本方略得到全面落实,人民的政治、经济和文化权益得到切实尊重和保障。基层民主更加健全,社会秩序良好,人民安居乐业。全民族的思想道德素质、科学文化素质和健康素质明显提高,形成比较完善的现代国民教育体系、科技和文化创新体系、全民健身和医疗卫生体系。人民享有接受良好教育的机会,基本普及高中阶段教育,消除文盲。形成全民学习、终身学习的学习型社会,促进人的全面发展。可持续发展能力不断增强,生态环境得到改善,资源利用效率显著提高,促进人与自然的和谐,推动整个社会走上生产发展、生活富裕、生态良好的文明发展道路。目前,党和全国人民正在为达到这一目标而奋斗。

世界历史

与地球上生命演进的发展历程相比，人类社会的历史进程显得十分短促。据古生物学研究，地球上的动物首次出现是在5.5亿至5亿年前，而人类的出现仅仅是在400万年前，迄今为止人类文明社会的历史还不到6 000年。在这意义重大的6 000年里，人类社会的文明一直在加速发展，以至于人们更关注的是直接影响当今世界社会生活的那段发展历程。因此，我们在叙述整个世界文明发展历程时自然要"厚今薄古"，着重介绍与今天社会生活关系密切的历史事件。

人类形成伊始即呈现为聚集生活的群体状态，这种状态亦称文明，是人类经济活动、社会管理和文化形态的基本结构。从人类学和考古学的角度讲，所谓文明，是指有人居住，有一定的经济文化的地区。历史学界通常以城市的出现、文字的产生和国家制度的建立，作为判断人类社会文明出现的标准。

从约6 000年前散居各大陆的人类群体相继告别原始生活建立国家，到当今科技革命主导下的贸易、信息网络联为一体的全球化世界，人类社会文明的演进大致经历了古典、中世纪、近代和现代四个发展阶段。古典文明大约始于公元前3500年，延续到约公元500年。主要由分布在底格里斯河和幼发拉底河流域、尼罗河流域、印度河流域、黄河流域的文明，以及地中海的古希腊、古罗马文明构成；中世纪文明大约始于公元500年，止于1500年前后。随着连绵不断的游牧民族对大河流域古典文明中心的侵略扩张，欧亚大陆各主要文明区域相继进入了稳定的封建社会形态。在此期间，西方经历了古典文明夷灭和新的综合文明诞生的历史蜕变；近代文明始于公元1500年前后，终于1900年左右。新兴的西方凭借技术上的优势开始崛起，通过科学革命、工业革命和政治革命逐渐向全球扩张，一举占据了世界历史舞台的中心；现代文明始于1914年，至今仍在不断发展变化。西方的技术、观念和制度随着经济一体化的加速向全球扩散，既昭示着西方的历史优越，也削弱了西方的全球霸权；亚非拉人民通过有选择地吸收西方文明增强了对西方的抵抗能力，这两种趋势的结合造就了当今世界五彩缤纷的场景，人类历史舞台由此拉开了各种文明登场竞争、碰撞与融合的多元化时代的序幕。

一、两河流域的文明

位于亚洲西南部的底格里斯河和幼发拉底河发源于土耳其的亚美尼亚群山,分别向东南方向流入波斯湾。两河流域的北部被称为美索不达米亚①,南部被称为巴比伦尼亚,其范围大致相当于今天的伊拉克,是古代人类文明的发源地之一。历史上的两河流域文明包括苏美尔文明、巴比伦文明和亚述文明三部分。

1. 苏美尔文明

约公元前4300年以后,生活在两河流域南部的苏美尔人开始从氏族社会解体向文明过渡。他们已经掌握人工灌溉技术,开始大量使用铜器,亦有建筑在层级高台上用泥砖砌成的神庙——塔庙。随着神庙规模的扩大和社会分化的加剧,出现了以居民中心为基础的城市,产生了世界上最古老的"楔形文字"②。约公元前2800年左右,两河流域南部已形成数以十计的奴隶制城邦,进入了早期王朝时期。当时各城邦为争夺土地、奴隶和霸权不断进行战争,最终被北方兴起的阿卡德人打败,统一了两河流域南部。

阿卡德王国的创立者萨尔贡自称"天下四方之王",组建过两河流域历史上第一支常备军,后被东北山区南下入侵的库提人消灭。库提人在两河流域南部没有建立统一的国家,苏美尔各城邦遂乘机复兴。约公元前2120年,库提人被乌鲁克王乌图赫加尔赶走。不久,乌尔王乌尔纳姆战胜乌图赫加尔,统一两河流域南部,建立了著名的乌尔第三王朝。乌尔纳姆加强了中央集权统治,颁布了迄今所知世界历史上第一部法典——《乌尔纳姆法典》。乌尔第三王朝后期遭到东南方埃兰人和西方阿摩利人的不断侵袭,最终覆灭于埃兰人。后来,讲塞姆语的阿摩利人在两河流域定居下来,他们逐渐接受苏美尔·阿卡德文化,形成了自己的城邦国家,这些国家为争夺两河流域的统治权长期混战,最终位于幼发拉底河中游的巴比伦王国统一了两河流域。

2. 巴比伦文明

古巴比伦王国(约公元前1894—前1595年)第六代国王汉谟拉比不仅是个征服者,而且也是一名有才干的管理者和立法者。他所编纂的《汉谟拉比法典》是古代世界第一部比较完整的法典,旨在明确而永久地调整一切社会关系,不仅阐明了古巴比伦王国专制集权的法律制度,也指导着当时奴隶制城邦国家的社会行为。汉谟拉比

---

① 源于希腊文,意为两河之间的地区。
② 这种文字用芦苇秆和动物骨头在软泥上所刻,落笔时力度大、速度缓,印痕宽而深;提笔时力量小、速度快,印痕窄而浅,好像木楔子,所以称为"楔形文字"。

以后的古巴比伦王国渐趋衰落,在奴隶逃亡、自由民暴动和外部入侵的内外打击下,约公元前1595年被北方入侵的赫梯人所灭。

3. 亚述文明

相当于苏美尔早期王朝时期,两河流域的北方形成了以亚述城为中心的国家。亚述的历史先后经历了早期亚述(约公元前3000年代末至前2000年代中叶)、中期亚述(公元前1400—前1070年)和亚述帝国(亦称新亚述,公元前746—前609年)三个时期。其中,新亚述时期的提格拉特帕拉沙尔三世通过军事改革为对外征服战争创造了条件,他先后进兵巴比伦、大马士革,迫使巴勒斯坦的犹太王和推罗王称臣纳贡。他的儿子萨尔贡二世打败以色列,入侵叙利亚,进军埃及,使亚述成为一个几乎包括埃及和整个西亚的大帝国。亚述帝国时期铁器工具广泛使用,奴隶制有了很大发展,商业贸易比较发达。

公元前626年,亚述派驻巴比伦尼亚的总督那波帕拉沙尔自立为王,建立新巴比伦王国。他与同处亚述帝国统治下的伊朗高原西北部的米底人结成同盟,最后灭掉了亚述帝国。

那波帕拉沙尔死后,继位的尼布甲尼撒二世进一步对外扩张,两次进兵犹太王国,毁灭耶路撒冷,将数万居民迁往巴比伦,犹太人经历了历史上的"巴比伦囚徒"时代。公元前539年,居住在伊朗高原西南部的波斯人在其国王居鲁士的率领下攻陷巴比伦,允许犹太俘囚返回家园,从此新巴比伦灭亡,波斯帝国兴起,直至公元前331年被亚历山大征服。

二、尼罗河流域的文明

尼罗河纵贯埃及全境,由发源于非洲中部的白尼罗河和发源于苏丹的青尼罗河汇合而成,上游山高水急,下游水势平缓。每年7—11月尼罗河定期泛滥,浸灌了两岸干旱的土地,洪水退后肥沃的淤泥有利于农作物的生长,古代埃及人在此创造出高度的文明,古希腊历史学家希罗多德称"埃及是尼罗河的赠礼"。

1. 古埃及的帝国文明

古代埃及人是由东北非的哈姆人和西亚的塞姆人长期融合形成的。约公元前3500年左右,埃及逐渐出现了一些最初的奴隶制小国,它们散布在尼罗河两岸地带,为争夺土地、水源和财富不断混战兼并。大约在公元前3100年,埃及开始统一为一个国家。根据希罗多德记载,统一开端于由尼罗河三角洲孟斐斯城的统治者美尼斯,他是古埃及早期王朝国家的缔造者。古埃及帝国文明大致经历了早期王朝时期、古王国时期、第一中间期、中王国时期、第二中间期、新王国时期、后期王朝时期。公元前525年以后,埃及基本上处于波斯的统治下。

埃及的国王称为"法老"①,掌握行政、司法、军事大权,并控制全国的土地和经济生活。法老不仅是国家的象征,而且被认为是众神之王永远统治着国家,无论其在世还是"升天",这从其留给后世的巨大陵墓——金字塔②上可见端倪:古埃及人认为,法老死后其生命并未终结,因而将其尸体涂上香油等药料以防腐烂,并与食物和其他生活必需品一起存放到巨大的金字塔陵墓中,而层级金字塔的阶梯就是法老灵魂上天的天梯。

2. 金字塔

金字塔是古埃及文明的象征,现存约80座,起自古王国时期的第三王朝,止于第二中间期,分布在孟斐斯附近的尼罗河西岸。其中最大的金字塔是第四王朝法老胡夫时期修建的,塔高146.5米,每边边长约230米,据说修建该金字塔用了约230万块大小不等的石头,平均每块重约2.5吨,耗时30年。胡夫以后的一名法老哈佛拉还在其金字塔附近立有一尊狮身人面像——司芬克斯,高约20米,长约57米,用整块石头雕成,据说其面部是按哈佛拉的像雕成的。巍峨的金字塔是世界建筑史上的奇观,庞大的狮身人面像是古代艺术的珍品,它们是古代埃及人创造性智慧的结晶,也是劳动人民被奴役的见证。

约公元前1085年起,埃及进入后期王朝时期。国家基本上处于南北王朝并存、地方割据势力称雄的分裂状态。公元前525年,埃及被中东的波斯帝国所灭。

三、印度河流域的文明

印度河位于南亚次大陆的西北部,古代整个南亚次大陆即因这条大河而在地理上被称为印度。印度地域基本上分为南北两部分,北部西有印度河流域,东有恒河流域,是古代印度文明成长的主要地区;南部是多山的半岛,中有德干高原,沿东西海岸分别蔓延至两条山脉。

1. 哈拉帕文化

20世纪20年代起,考古学家在印度河流域先后发现了许多远古城市和村落的遗址,其中最重要的是位于信德的摩亨佐·达罗和旁遮普的哈拉帕,人们便将此遗址

---

① 意为"宫殿",后被用为对国王的尊称。
② 陵墓底部呈正方形,四面向上倾斜,顶端为尖形,从四面看都像汉字的"金"字,因此我国称其为金字塔。

所在地发现的文明称为"印度河流域文明",又称"哈拉帕文化"。其大体存在的时间是公元前2350年至前1750年。根据考古材料,哈拉帕文化已进入青铜器时代,有了工商业和城市,城市中已有大型公共建筑物并有营建规划,在出土的2 000多枚印章上还刻有文字符号,由此可以推定这些城市是与两河流域相类似的早期奴隶制城邦国家。至于这些城市的建立者是什么人,这些城市后来是怎样衰落的,因哈拉帕文化遗址的文字尚未释读成功,只能进行推测。

2. 吠陀时代

哈拉帕文化之后,古印度的历史进入了吠陀时代①。吠陀文献的编撰者自称"雅利安",意为"高贵的人",其语言属于印欧语系,他们的来历说法不同,大多数学者认为雅利安人是外来游牧部落。早期吠陀时代的雅利安人社会已形成私有制和贫富差别,萌生了种姓制度②。到后期吠陀时代,雅利安人的社会生活正式形成了四个等级的瓦尔那制度:第一等级是婆罗门,属祭司阶层,掌管宗教祭祀事务,有些婆罗门还以占卜等方术影响国王的行政;第二等级是刹帝利,属武士阶层,掌握军事和政治大权,国王一般出自这个等级;第三等级是吠舍,属平民阶层,政治上没有特权,但可参加部落公社的宗教仪礼,与婆罗门、刹帝利同属可得到第二次生命(宗教生命)的"再生族";第四等级是首陀罗,由奴隶和接近奴隶的下层平民构成,既没有政治权利,也无权参加宗教活动,是所谓没有宗教生命的"一生族"。各等级瓦尔那的地位按血统相传,世代不变,低等级瓦尔那不能与高等级瓦尔那平起平坐。

婆罗门贵族为巩固自身地位,通过解释《吠陀》经典,形成了婆罗门教。婆罗门教崇拜至高无上的创世主——梵天,认为变幻无常的世界万物是梵天的化身,人的灵魂也来自梵天,因贪恋尘世而不断投生转世,受"轮回"之苦,人生的最高境界是摆脱轮回,重新与梵天合为一体。婆罗门教重申早期吠陀时代流传的神话,强调瓦尔那制度源于充塞宇宙的"原人",他的身体分割成为世界万物,婆罗门产生于"原人"之口,刹帝利产生于"原人"之手,吠舍产生于"原人"之腿,首陀罗产生于"原人"之脚。并制定了瓦尔那制度的详细法规,以维护这一种姓制度。

3. 佛教的兴起与传播

公元前6世纪,印度北部主要分布有16个大国和一些部落性的小国,大国之间不断发生争夺领土和霸权的战争。受此影响,各国社会生活不断分化动荡,四个瓦尔那的情况都有所变化,处于不同地位的人开始从各自不同的角度反对或非难瓦尔那制度,由此产生了否认瓦尔那区别的佛教。

---

① "吠陀"意为"知识""学问",是印度古老的宗教典籍,包含着各种知识。
② 种姓制度是中国古代文献对印度复杂的等级制度的泛称,包括瓦尔那制度和后来从中衍生出的阇提制度。

相传佛教由今尼泊尔境内迦毗罗卫城的王子、出生于释迦部落的乔达摩·悉达多①(约公元前566—前486年)创立,其基本教义被称为"四谛"(意为"四条真理"):人生、老、病、死一切皆苦;苦的根源在于欲望,并因此造"业"(指言行的后果),不断轮回受苦;要消除人生之苦就要消除欲望,达到"不生不灭"的境界;要达到最高境界就要修道,包括学习教义、遵守戒律等。认为一个人无论出身于哪个瓦尔那,只要自己按照佛的教训修行,就能达到不生不灭的极乐世界。佛教特别得到刹帝利和吠舍上层的支持,位于恒河流域的摩揭陀王国的国王也是佛教的赞助者,因此佛教在印度的传播十分迅速。

约公元前364—前324年,摩揭陀王国的难陀王朝逐渐统一恒河流域,并且加强了王权。后来,旃陀罗笈多推翻难陀王朝,建立了印度历史上著名的孔雀王朝,并将西北部的印度河流域并入帝国;旃陀罗笈多的孙子阿育王通过战争基本上统一了印度,使孔雀帝国进入极盛时期。据说他在征服南方羯陵伽国的时候造成巨大的伤亡,他因此忏悔皈依佛门,转而热心宣扬佛教。公元前2世纪,孔雀帝国解体,印度陷入了长期分裂的状态。

四、古代的希腊文明

古希腊不是一个国家的名称,而是希腊人对他们生活居住地区的通称,范围包括希腊半岛、爱琴海诸岛(480多个)和小亚细亚西部海岸,扼欧、亚、非三洲的交通要冲。根据考古发掘和文献史料,古希腊文明史大致经历了五个阶段。

1. 爱琴文明(公元前20世纪—前12世纪)

爱琴文明亦称克里特-迈锡尼文明,以爱琴海地区的克里特岛和希腊的迈锡尼两地出土的青铜器为代表。克里特文明又称"米诺斯文明",对神话中的克诺索斯王宫遗址发掘表明,当时已有工商业和航海贸易,与埃及建立了密切的联系,当地生产的彩色陶器被认为是古代世界最精美的。尽管王宫多次遭到破坏,但每次重建都更为宏伟富丽。克里特文明先后出现过两种线形文字,早期的线形文字A尚未释读成功,后期的线形文字B与迈锡尼出土的泥版文字一致,已释读成功。文字表明,克里特文明的创造者与希腊人不是同一种族。公元前1450年左右,迈锡尼等地的希腊人统治了克诺索斯,50年后岛上的宫殿再次被毁,克里特文明由此衰落湮没。

---

① 乔达摩·悉达多29岁出家,7年后自称得道,传教40多年,80岁去世。人称"释迦牟尼",意为"释迦族的隐修者";又称"佛陀"("佛"是汉语中的简称),意为"彻底觉悟的人",其所传教义因此被称为佛教。

创造迈锡尼文明的是阿卡亚人,从出土的泥版文书看,他们已建立奴隶制城邦。当地出土的陶器花纹与克里特、希腊东部,甚至埃及陶器上的花纹相似。公元前12世纪初,迈锡尼等希腊城邦参加了特洛伊战争,希腊人的另一支多利亚人从希腊半岛北部南下,迈锡尼等城邦灭亡。

2. 荷马时代(公元前11世纪—前9世纪)

入侵的多利亚人处于原始社会末期,他们一路摧毁城乡,征服了伯罗奔尼撒半岛大部、克里特等岛屿和小亚细亚西南角。迈锡尼文明在动乱中遭到毁灭:繁荣的城市、雄伟的王宫、兴旺的手工业和商业、线形文字B等被一扫而光。当时的墓葬贫乏单调,美丽的彩陶为朴素的几何图形陶器所替代,与东方的贸易往来中止,精美的金石骨器、雕刻制品和首饰无影无踪,希腊进入了西方人所称的"黑暗时代"。这个时期的少量历史信息几乎完全来自荷马史诗①,所以这一时期又被称为"荷马时代"(公元前11—前9世纪)。当时的经济落后,考古学家至今没有发现任何一处手工业作坊的遗址,说明手工业发展微弱,商业微不足道。但此时铁器传入了希腊,并成为劳动工具和武器的主要制作材料,这就为希腊史的下一步发展准备了物质条件。

3. 古风时代(公元前8世纪—前6世纪)

在古风时代②,希腊的社会经济有了进一步发展。农业广泛应用铁制农具,手工业作坊开始使用奴隶劳动,出现了货币和商人阶层,海外贸易特别发达,希腊的商船经常远航到地中海沿岸的许多地方。生产力的提高加剧了社会分化,沦为奴隶的不但有战俘,而且还有许多无法偿还债务的村社农民。这时的希腊人主要生活在奴隶制城邦,这些城邦通常以一个城市为中心,包括周围的若干村落。那些在城邦中失去土地的农民,想寻求更多财富的商人,以及在城邦中无权无势的人纷纷向海外拓殖,由此形成大规模的海外殖民活动。每一个殖民地都是一个城邦,其遗址北起爱琴海北岸到马尔马拉海周边,以及黑海沿岸,西至西西里岛和意大利半岛南部,直至今法国南部和西班牙东部沿海,甚至在今天北非利比亚的东北海岸,也发现了希腊的殖民遗址。希腊的殖民活动促进了商业的发展,加强了文化的交流,但是也给当地人民带来很大灾难。

在当时希腊的所有奴隶制城邦中,斯巴达和雅典是最强大和最重要的两个城邦。斯巴达位于伯罗奔尼撒半岛南部,约公元前800年左右,一支多利亚人在此定居,通过征服周边地区,逐渐形成控制整个伯罗奔尼撒半岛的斯巴达国家。斯巴达的居民

---

① 相传是在民间口头创作的基础上,由盲诗人荷马加工整理而成。荷马的生卒年月不可考。根据史诗所述故事,当生活在公元前10—前9、8世纪之间。《荷马史诗》包括《伊利亚特》和《奥德赛》两部分,前者叙述了希腊联军围攻小亚细亚城市特洛伊的故事,后者叙述了伊夫卡国王奥德修斯在攻陷特洛伊后归国途中十年漂泊的故事。史诗不仅反映了公元前11世纪到9世纪的社会情况,而且反映了迈锡尼文明,并再现了古代希腊社会的图景,是研究古希腊早期社会的重要史料。

② 古风时代:因这时期的雕刻艺术呈古朴稚拙的风格而得名。

由作为征服者的斯巴达人、周边的被征服者皮里阿西人和沦为奴隶的希洛人三部分组成。斯巴达人是享有一切政治权利的全权公民,主要职责是作战,国家分给每户斯巴达人一份土地和耕种土地的希洛人;皮里阿西人没有公民权,但享有人身自由,从事农业或手工业,有些经商,须向国家纳税和服兵役;希洛人是斯巴达的国家奴隶,被分配给斯巴达人种地,战时随军出征,担负苦役。为防止其造反,斯巴达国家每年都要屠杀体能禀赋较高的希洛人。斯巴达没有城墙,国家防卫靠军队的"人墙"。在斯巴达,男孩从7岁起就住到兵营接受训练,20岁服役,直至60岁才退伍。斯巴达的政体是奴隶主贵族寡头制,设有2名国王,平时权力不大,战时一个带兵出征,一个留守国内。一些重大政务由2名国王和28名长老组成的长老会议处理,长老选自60岁以上的斯巴达贵族,终身任职。30岁以上的斯巴达男子须参加公民大会,他们以呼声的高低对长老会议的决议进行表决。国家另设5名一年一选的监察官,其任务之一是镇压希洛人。公元前6世纪,斯巴达胁迫伯罗奔尼撒半岛的各个城邦与之结盟,建立了斯巴达领导下的伯罗奔尼撒同盟。

雅典位于阿提卡半岛,在荷马时代当地居民即分为四个部落。传说雅典是经"提秀斯改革"建立城邦国家的。改革的中心内容是联合各村社建立中央议事会和行政机构,通过协议建立国家;另一项内容是将国内公民分为贵族、农民和手工业者三个等级,此外还有最底层的奴隶。公元前8世纪前后,雅典的政权掌握在执政官和贵族会议手里,执政官从贵族中选出,一年一任,分别掌管内政、宗教、军事、司法等职责,卸任后进入贵族会议;贵族会议成员终身任职,掌握最高审判权,监督官吏,有权推荐和制裁执政官;公民大会由能自备武装出征的公民组成,权力不大,只能从贵族中选举官吏。当时贵族阶层占据了半岛上最好的土地,平民阶层生活困苦,不少人因欠债沦为奴隶。公元前7—前6世纪,雅典出现了新兴工商业奴隶主,他们有些出身平民,经济地位提高却仍受贵族的政治压迫与排挤,因而与受债务奴隶制之苦的平民联合,谋求改变贵族专权的制度。

公元前594年,与工商业阶层关系密切的政治家梭伦当选为首席执政官,他体察民情,实行一系列改革。一是颁布"解负令",取消债务,永远禁止以自由民人身作为债务抵押,废除了债务奴隶制;二是按土地收入的财产资格将自由民划分为四个等级,按照等级分配政治权利;三是设立新的政权机构,限制贵族会议的权力:新设立400人会议负责审理要提交给公民大会的议案,公民大会除选举官吏外,还有权决定宣战与媾和等大事;四是颁布促进工商业发展的法规。梭伦改革废除了债务奴隶制,限制了贵族特权,使工商业奴隶主得以分享政权,奠定了雅典奴隶制民主政治和工商业发展道路的基础。

梭伦改革后,贵族企图恢复自己的特权,平民认为没有彻底实现其要求,二者的斗争仍然十分激烈。动荡中雅典出现了僭主政治①。僭主庇西特拉图父子从公元前560年起,断断续续专权达半个世纪,基本上奉行梭伦立法,促进工商业发展,限制贵族权力。公元前509或前508年,克利斯提尼作为平民领袖当权,他针对雅典的选举体制和血缘团体再次改革:一是以10个地域部落代替原来的4个血缘部落,每个地域部落包括三组区中的各一个区以消除氏族制度;二是以500人会议作为最高行政管理机构,由10个地域部落各选50人组成;三是建立"放逐制度",经公民大会多数票决定,可将任何一个有地位的人流放国外,为期10年;四是建立按地域部落征兵制度,每个部落提供一队重装步兵、若干骑兵及水手,并选举一名将军为统领。10名将军组成将军委员会,由军事执政官任主席。改革确立了雅典的奴隶制民主政治,并持续了近200年,使雅典跃升为希腊世界中居领导地位的城邦。

4. 古典时代(公元前5世纪—前4世纪)

古典时代初期,波斯帝国不断西侵,征服小亚细亚各希腊城邦。公元前500年,小亚细亚米利都等城邦举行反抗波斯统治的暴动,并得到希腊半岛各城邦援助。暴动失败后,希腊成为波斯报复的对象。公元前492年,波斯海陆大军进攻希腊,因遭遇飓风损失重大,被迫折回。波斯国王大流士一面继续备战,一面派使者到希腊各邦,要求贡献"土和水"(意即降服于波斯)。公元前490年,大流士第二次进攻希腊。雅典军在城东北部的马拉松平原以寡敌众,打败10万波斯大军,一名战士奉命跑步40多公里回城报捷,抵达后只说了一句:"我们胜利了。"便晕倒而死。为纪念这一事迹,后世便定期举行马拉松赛跑。

马拉松战役后,希腊31个城邦结成反波斯侵略同盟。公元前480年春,波斯国王薛西斯率海陆大军沿色雷斯海岸侵入希腊。斯巴达国王李奥尼达率300名士兵扼守中希腊的温泉关,迎击波斯陆军。李奥尼达率部力战,因奸细引路偷袭,温泉关失守,300名斯巴达将士全部战死。温泉关失守后,希腊与波斯的海军在阿提卡的萨拉米海湾展开决战,结果波斯海军遭到惨败。公元前479年,希腊盟军击溃波斯陆军主力,雅典亦凭借其强大的舰队对波斯发动攻势。战争断断续续打到公元前449年,希腊同盟最终打败波斯,波斯被迫承认小亚细亚各希腊城邦的独立。

希波战争后,雅典的民主政治进一步发展。伯利克里当政时期(约公元前495—前429年),国家给予担任公职者津贴,使普通公民也可任职。公民大会是最高权力机关,决定内政、外交、战争、和平等国家大计;500人议事会作为最高行政机关处理日常政务;陪审法庭由10个部落30岁以上的公民抽签各选出60名陪审员组成,监督公职人员,审理重大案件;将军委员会由公民大会举手选出10位将军,连选连任,不仅统帅军队,而且参与政治,掌握实权。当时的雅典内部政治以抽签取代财产资格限制,设立公职津贴制度,扩大了平民的政治权利,达到了古代奴隶制条件下最民主

---

① 希腊文 tyrannia 的意译,是指以非法手段取得政权者(僭主)建立的独裁统治,早期的僭主政治曾一度对肃清氏族制度的残余起到积极作用。

的程度。

在外部,雅典不断扩展自己的势力,引起斯巴达和它领导的伯罗奔尼撒同盟的敌视,终于爆发了涉及全希腊的伯罗奔尼撒战争(公元前431—前404年)。在长达27年的战争中,双方都打得精疲力竭,最后以雅典失败、斯巴达取得希腊的霸权而告终。这场战争使希腊各邦的自由民分化趋于激烈,作为城邦支柱的公民兵随着小所有者的没落而衰败,希腊开始转入奴隶制城邦的危机时期。

5. 马其顿统治时代(公元前4世纪末—前2世纪)

此时,北方的马其顿国家日渐强盛,古希腊文明由此逐步转向马其顿统治时代。马其顿境内大部分是山地,社会经济发展远落后于希腊,当地居民与希腊人是近亲,但希腊人视其为蛮人。公元前4世纪中期,年轻的国王腓力二世当政,他熟悉希腊的生活方式和作战艺术,立志统一全希腊。为此他进行了改革:削弱氏族贵族的权势,将国家的统治权集中到自己手里;建立正规的常备军,训练出著名的马其顿方阵,使马其顿迅速发展成为军事强国。当希腊各城邦因内部的阶级分化和各国间的征战而被削弱之际,马其顿占有了爱琴海北岸并入侵希腊。面对腓力二世的南侵,希腊各城邦仍然意见不一,沉溺于安乐。公元前338年,马其顿军队在中希腊击溃由科林斯、底比斯、雅典等城邦组成的同盟军。次年,腓力二世在科林斯召开全希腊会议,各城邦承认马其顿的领导,但保持形式上的独立。腓力二世到处扶植贵族,建立寡头政治,并准备远征东方,但未及实行即被部下刺杀。

腓力二世死后,其子亚历山大继位。他慑服希腊各城邦后,于公元前334年率希腊人和马其顿人组成的3万步兵、5 000骑兵大举东征。他以快攻轻易征服小亚细亚半岛,大败波斯军队,最终征服波斯的全部领土,建立了地跨欧、亚、非三洲的亚历山大帝国。公元前327年,亚历山大率军入侵印度,占领印度河流域,并企图征服恒河流域,因士兵疲惫、疾病困扰,部队拒绝继续前进而被迫撤兵。公元前323年亚历山大发烧病故,其靠武力征服而建立的庞大帝国随之瓦解。

五、古代的罗马文明

罗马文明发祥于意大利半岛。狭长的半岛三面环海,水源丰富,中部的亚平宁山脉纵贯南北。从公元前2000年代初开始,印欧人陆续从东北部进入意大利半岛,他们中有一支拉丁人定居在半岛中部的平原,建立了一些城市,其中最重要的是位于台伯河边的罗马。据神话传说,罗马是由一个名叫罗慕洛的人于公元前753年建立起来的。根据传说和历史学家们的研究,古罗马的历史可划分为三个阶段。

1. 王政时期(公元前7世纪末—前509年)

王政时期是罗马人从原始公社制向阶级社会过渡的阶段。传说罗马人有300个氏族,10个氏族组成一个胞族,称为库里亚;10个胞族组成一个部落,3个部落构成罗马人民整体。氏族长组成元老院,有权处理公共事务,预先讨论向库里亚会议提出的重大问题,并有权批准或否决库里亚会议的决议。库里亚会议是按胞族召开的人民大会,成年男子均可参加,每个库里亚有一票表决权。库里亚大会通过和否决一切法律,选举包括"王"在内的一切高级公职人员。王既是军事首长,又是最高祭司和审判长,但当时还不是大权独揽的专制君主。

随着社会的发展,氏族长构成的元老及其亲属逐渐变成氏族贵族,属于氏族的公有土地原来定期分配给各个家族使用,后来被氏族贵族利用权势霸占。贫穷破产的氏族成员沦为被保护人,他们从贵族那里取得小块耕地,被迫为贵族服役,战时随同出征。除被保护人外,罗马还有源于外来和被征服地区的平民,他们具有自由人的身份,但不属于罗马氏族公社,没有氏族权利,也不能分享公地,主要从事个体农业劳动,有的经营手工业和小商业,负有纳税和服兵役的义务。当时已有战俘奴隶,奴隶主要用于家内劳动。在这段时期,罗马先后有七个王统治,其中第六个王塞尔维乌斯·图里乌斯进行了重要改革。全体居民按财产分为五个等级,五等以下称为"无产者",每个等级按规定提供不同数目的军事百人团,"无产者"出一个百人团;在此基础上设百人团会议,所有服兵役者都能参加,每团一票表决权,可选举官吏,取代了库里亚会议的职权;原来按氏族组织的三个部落也被按地域划分的四个部落所取代,一个新的、以地域划分和财产差别为基础的国家制度便在罗马诞生了。

2. 共和国时期(公元前509—前27年)

共和国时期王被废除,百人团会议每年从贵族中选出两名执政官协议处理政事,战时负责统率军队。遇有危急关头,可由元老院提名、一名执政官任命,选出任期半年的独裁者对付危局。元老院由贵族和退任的执政官共同组成,终身任职。由于执政官每年改选,元老院作为常设机构的作用便越来越大:有权决定内外政策,批准或否决百人团会议的决议,监督执政官。百人团会议只能就元老院审查通过的议案进行表决。当时平民是军队的主力,他们政治上无权,经济上继续受贵族剥削,不能参与分配对外战争征服的新土地,还要因交不起税和田地荒芜大量负债,沦为债务奴隶。因此,共和国早期平民与贵族围绕土地和债务问题的斗争延续达两个世纪之久。

约公元前494年,不堪忍受债务奴役的平民携武器撤离罗马,当时罗马面临外敌侵袭的威胁,惊慌的贵族只得向平民妥协让步。平民取得了举行平民会议和每年选举两名保民官的权利。保民官有权否决贵族官吏侵犯平民利益的决定,其人身神圣不可侵犯。约公元前450年,罗马制定公布了十二铜表法,以明确的条文规定量刑定罪的标准,限制了贵族随意解释习惯法的特权。以后又相继取消平民不得与贵族通婚的限制,逐步减轻平民的债务,规定占有公地的最高限额,直至最终废止债务奴役制。公元前287年,一项法律重申平民会议的决议对全体公民都有法律效力,标志着平民反对贵族的斗争胜利结束。此后,罗马走上了奴役外籍奴隶的道路。

共和国初期,罗马只是台伯河畔一个不大的城邦国家。罗马交替运用结盟与作战的方法向外推进逐步扩张,公元前400年前后,取得了对意大利中部的领导地位。此时,北方高卢人南下侵袭,公元前390年,他们攻入罗马城,洗劫勒索了赎金方才退去。罗马人重修城市,加固城墙,经一个多世纪的扩张,向北控制了波河流域南部,往南打败萨莫奈人,摧毁了希腊的殖民势力,最终统一了意大利半岛,成为地中海的一大强国。随后,罗马向西部扩张。公元前264至前146年,与西部强国迦太基进行了三次战争,史称布匿战争。经过一百多年的征战,迦太基最终被毁灭,罗马确立了在地中海的霸权地位。在此期间,罗马还先后征服马其顿、希腊、伊里利亚和小亚细亚西部,其疆域囊括欧、亚、非三洲。

长期战争使大量奴隶流入罗马。奴隶主要来源于战俘,此外还有债务奴隶和被海盗拐卖的奴隶,罗马的奴隶制由此进入了一个繁荣发达时期。奴隶被当作会说话的工具,承担各种苦役,还要忍受奴隶主的惩罚与虐待。一些强壮的奴隶被训练成角斗士,被迫在剧场互相角斗,或与野兽搏斗供奴隶主取乐。奴隶不堪忍受奋起反抗,西西里的奴隶曾两次举行起义均被镇压。当时不但奴隶与奴隶主的矛盾尖锐,而且小农平民失地破产问题也困扰着罗马社会。为避免小农破产导致军队战斗力的下降,出身贵族的格拉古兄弟当选保民官后,相继提出限制贵族占有公地、保障小农份地、向平民提供粮食,以及给意大利居民公民权等改革法案。但元老院贵族坚决反对,改革归于失败,格拉古兄弟也被杀害。随着奴隶制商品经济的发展,以商业金融贵族为代表的民主派与元老院贵族的斗争也激烈起来。

民主派扩大公民权的主张得到军队的支持,公元前107—前100年,军人出身的马略六次当选为执政官,他支持民主派,针对小农破产状况对公民兵制进行改革,解决了罗马的兵源问题,提高了战斗力,也奠定了以后军事统帅利用职业军队进行政治斗争的基础。公元前88年,元老院提名苏拉为执政官,他宣布元老院为最高权力机关,一切法案须经元老院批准,取消保民官的否决权。民主派与贵族派矛盾尖锐,兵戎相见。苏拉在罗马实行独裁统治,两派互相杀戮,一派执政即残杀另一派的支持者,取消对方的改革措施,共和制度遭到沉重打击。

公元前73年,罗马爆发了历史上规模最大的奴隶起义——斯巴达克斯起义。起义者多次打败前来镇压的罗马军队,元老院宣布国家处于紧急状态,选任克拉苏为独裁者率兵讨伐,于公元前71年镇压起义。克拉苏后来与另一将领庞培投向民主派,他们当选为公元前70年的执政官,恢复了苏拉执政前的制度。庞培因平定海盗、东征小亚细亚和叙利亚等地战功卓著,遭元老院猜忌。公元前60年,庞培、克拉苏与民主派的另一强人恺撒达成秘密协议,组成"前三头同盟"。他们分居要职,共同支配罗马政局。恺撒任高卢总督期间,不断扩大征服区域,提高了自己的政治声望。克拉苏则于公元前53年在战争中阵亡,庞培转而与元老院共同反对恺撒。公元前49年,恺撒占领罗马,取得政权,并打败庞培,迫使其逃亡埃及。公元前45年,恺撒完全消灭了庞培在西方、东方和非洲的势力,集独裁者、监察官和终身保民官的大权于一身,成为事实上的君主。

公元前44年3月,恺撒被元老院贵族派刺杀。但民主派的力量仍然控制着政局,曾与恺撒共任执政官的安东尼,恺撒的外甥屋大维,以及恺撒的部下、骑兵长官雷必达经过一番纷争,于公元前43年结成"后三头同盟"。他们彼此划分势力范围:安东尼管辖东方行省,屋大维管辖西方行省,雷必达管辖非洲。三人很快发生权势之争。屋大维先剥夺雷必达的军权与元老院和解,然后将目标对准与埃及女王克娄巴特拉相勾结的安东尼。公元前30年,屋大维打败安东尼,迫使他和克娄巴特拉先后自尽,将埃及并入罗马的版图。

3. 帝政时期(公元前27年—476年)

罗马的帝政时期始于屋大维绝对专制的元首制度。公元前27年,元老院授予他"奥古斯都"①称号,身兼元首、元帅,并被赋予终身保民官的职权,实际上成为罗马帝国的第一任皇帝。② 通过多次发动对外侵略战争,罗马的统治进入极盛时期,实现了200多年"罗马的和平"。其疆域东起幼发拉底河,西临大西洋,南抵非洲的撒哈拉大沙漠,北达莱茵河与多瑙河,地中海成了罗马帝国的内湖。

当时罗马的经济十分繁荣,埃及和北非是帝国的谷仓,高卢、西班牙则盛产葡萄和橄榄,各地的手工业发达,产品丰富。帝国境内纵横交错的宽阔道路,将许多城市与罗马连接在一起。罗马城兴建了许多豪华的大理石宫殿、神殿、会议厅、公共浴场、剧场、竞技场和广场,著名的罗马圆形大剧场可容纳5万观众。奴隶主的奢侈生活,建筑在广大奴隶和隶农劳动的痛苦之上。公元前后,随着奴隶不堪虐待、经常起义,使用奴隶劳动的大农庄越来越无利可图。有些奴隶主为提高劳动者的兴趣、保持收入,便把土地分成小块,出租给奴隶或破产的农民耕种。这种隶农制流行于2世纪,耕种土地的隶农以货币或实物交租,随土地一起转让,介于奴隶与自由农民之间,被恩格斯称为"中世纪农奴的前辈"。

公元1世纪,在罗马属地巴勒斯坦的犹太人中间兴起了基督教。犹太人长期受外族统治,饱经杀戮、俘虏、放逐之苦,人们在绝望中期盼能有一位"救世主"降临人间,拯救他们脱离苦海。由此形成了以"救世主"为信仰中心的犹太教。公元前63年,庞培征服巴勒斯坦,犹太人再次遭屠杀、掳掠,他们多次起义反抗暴政,每次均遭残酷镇压,起义者或被钉死在十字架上,或被卖做奴隶。面对强大的敌人,犹太人只得把希望寄托在"救世主"的降临上。公元1世纪,在巴勒斯坦和散居在小亚细亚的犹太人中间出现了传道者,声称上帝之子耶稣在巴勒斯坦传道,教人忍受苦难,受苦

---

① 意为至尊至圣。
② 此后的罗马统治者都保持元帅(imperator)的称号,imperator一词后来演变为"皇帝"之意。保民官拥有提出或否决提案的权力。

的人死后可升入天堂,但富人进天堂却非常困难。耶稣后来被巴勒斯坦的犹太贵族勾结罗马总督逮捕,钉死在十字架上,3 天后复活,然后升天,以后还要降临人间,在世上建立"千年王国"。这种说教起初口头相传于信徒中间,公元 2 世纪才被记录下来,它反映了人们摆脱困境的愿望和祈求幻想中的精神安慰,信徒众多。信徒们组成团体,讲道祈祷,互济互助,信奉耶稣、遵守教规者均可入教。该教义很快由西亚传入埃及、希腊、罗马等地。希腊语称"救世主"为基督,因而被称为基督教。各宗教团体逐渐联合,形成有组织的基督教会。早期基督教具有反抗罗马统治、仇视富人的朴素性质。随着奴隶制的衰落,一些感到前途渺茫的奴隶主也向宗教寻求安慰,他们拥有知识,捐献财产,逐渐把持教会,遂使基督教的组织与性质发生了变化。

到公元 3 世纪,罗马帝国的统治者虽然力图通过改革稳定政局,但已面临重重危机。一是奴隶制经济走向末路,帝国收入严重下降,而统治阶级沉溺于寄生享乐,加重了劳动人民的痛苦与负担;二是境外的日耳曼人不时入境抢劫,造成贫民流浪,盗匪横行,社会动荡不宁;三是军人干政,权势日重,导致政局混乱,近卫军和外省兵团的将领往往为了自身权益争夺帝位。284 年,近卫军将领戴克里先称帝,将元首的称号正式改为君主。他对国家的行政区域、军事、税制和社会分工实行改革,暂时稳定了帝国的政局。305 年,戴克里先因病退位,君士坦丁在将领们的争夺中脱颖而出称帝。他废除了四个行政区域,扩充了官僚机构。当时帝国西部因战乱而衰落,东部较富裕,他便迁都于希腊旧城拜占庭,更名为君士坦丁堡。君士坦丁在位期间极力维护奴隶制,将隶农下降到类似奴隶的地位。313 年,他颁布"米兰敕令",承认基督教徒的信仰自由,发还被没收的教会财产,教会有权接受赠产,教士免交赋税,免服劳役。此后,基督教会通过接受从皇帝到贵族以至其他信徒的赠产,成为拥有大片土地、财物、奴隶、隶农的社会力量,并获得越来越大的政治权势。

4 世纪中期起,奴隶、隶农、贫民起义和日耳曼蛮族的入侵,从内部与外部冲击着罗马帝国。在帝国内部,先后爆发不列颠、西班牙的起义,高卢的巴高达运动①,北非的阿哥尼斯特运动②;在帝国北部的疆域以外,被罗马人轻蔑地称为蛮族的日耳曼人不断侵犯罗马边境,构成对罗马帝国的严重威胁。4 世纪后半期,亚洲的匈奴人攻占黑海北岸地区,西哥特人向罗马皇帝请求避难。罗马以西哥特人充当雇佣军为条件,答应拨给土地和粮食,允许他们入境。但后来罗马没有兑现诺言,一些地方官吏甚至乘机拐卖西哥特人充当奴隶,激起西哥特人起义反抗。378 年,西哥特人与罗马人在阿德里亚堡决战,罗马军队惨败。罗马答应让西哥特人定居在色雷斯、马其顿等地,保证供给粮食和牲畜,分给土地,才暂时平息起义。396 年,帝国正式分为东西两部分。西罗马帝国仍然以罗马为都城,东罗马帝国定都于君士坦丁堡。此时,西罗马帝国的军事力量十分薄弱,主要依靠日耳曼人的雇佣军维持统治。

---

① "巴高达"出自高卢语,意为"战士"。
② "阿哥尼斯特"出自希腊语,意为"战士""斗士"。

5世纪初,西哥特人再度发动攻势。410年,他们攻陷罗马城洗劫三天三夜,然后于419年在高卢南部和西班牙建立西哥特王国。与此同时,汪达尔人攻入北非,在奴隶和隶农的支持下,于439年建立汪达尔王国。勃艮第人和法兰克人则利用巴高达运动再度高涨的形势进入高卢。457年,勃艮第人在高卢东南部建立勃艮第王国。随着西罗马帝国行省的大部丧失,日耳曼雇佣军将领控制了中央政权。476年,雇佣军将领奥多亚克废除了西罗马的最后一个皇帝罗慕洛,西罗马帝国正式灭亡。

六、亚洲的封建时代

1. 阿拉伯帝国的兴起

阿拉伯半岛位于红海和波斯湾之间,当地气候干燥,广袤的沙漠和草原夹杂着一些绿洲。除生活在绿洲的居民从事农业外,大多数游牧部落逐水草而居,被称为贝督因人①。六七世纪之交,阿拉伯各部落的原始公社制度开始解体,氏族贵族占有肥沃的绿洲和草地,部落之间为争夺水草时常抢劫、结盟、征战。

当时,半岛西部有一条以也门为起点的商道,延伸在红海东岸。中国的丝绸、印度的香料、非洲的黄金和奴隶等,都从海上运至也门,然后由骆驼队沿商道往北运到地中海沿岸地区,半岛各地的土特产也经由这条商道同境外交易。商道沿线由此兴起城市,其中最著名的是麦加和麦地那。麦加是商道上的贸易枢纽,当地的贵族商人经常组织商队到地中海一带做生意。麦加城有一座名叫克尔伯的神庙,庙里有一块嵌在墙上的黑色陨石,阿拉伯人相传是"神赐"之物。当时,阿拉伯各部落信奉各自的神,麦加人的主神安拉和许多其他神像都供奉在这座神庙,各部落的阿拉伯人每年定期源源不断地来麦加朝圣,同时举行大规模集市。麦加的贵族利用神庙既保持了对各部落的政治影响,又从集市贸易的税收中获得丰厚的利益。

大约在公元570年,波斯侵占也门,另开一条从波斯湾经两河流域到地中海的商路,红海东岸的贸易由此衰落。原来以商道运输为生的阿拉伯人大批失业,麦加贵族转而将经商资金用于放高利贷,阿拉伯各部落因欠债而生活恶化、动荡不宁。为保持社会稳定、开辟新的商业活动途径,阿拉伯各部落需要政治统一,建立强大的国家;普通人民也希望打破部落局限,获得牧场和肥沃的土地。在此背景下,阿拉伯产生了新的神教——伊斯兰教。

伊斯兰教创始人穆罕默德(约570—632年)出生于麦加一个没落贵族家庭,青年

---

① 阿拉伯语,沙漠居民的意思。

时代曾随商队到过叙利亚和巴勒斯坦,后与一名富商的寡妇结婚,摆脱生活重负。他在麦加郊外的山洞过了一段沉思生活,糅合犹太教义和基督教教义,创立了伊斯兰教。约610年,穆罕默德开始在麦加传教,称安拉是创造宇宙的唯一"真主"①,他自己是"真主"的使者、信徒的先知。反对多神教和偶像崇拜,号召信仰并绝对顺从"真主"。他的传教虽然得到自己的亲友、下层民众的信任,却遭到麦加贵族的嘲笑与攻击,他们深恐宣传一神教会影响朝圣,有损自己的特权和财富,便欺侮穆罕默德的信徒,使其在当地难以立足。当时恰逢麦地那人邀请穆罕默德去帮助调解部落纠纷,穆罕默德便于622年率信徒出走,迁移到麦地那。这件事阿拉伯语称作"希吉拉"(旧译"徒志"),这一年后来被定为回历元年。

穆罕默德在麦地那传教,信徒日渐增多。他强调所有的穆斯林都是兄弟,反对高利贷,主张济贫,号召各部落停止冲突,其影响不断扩大,渐渐由宗教领袖兼为政治领袖。他在麦地那建立起政教合一的国家,一面无情镇压反对自己或站在麦加贵族一边的人,一面采取军事行动对付麦加。630年,穆罕默德率1万人兵临麦加城下,麦加贵族无力抵抗被迫妥协。他们承认穆罕默德是"先知"、阿拉伯的政治领袖;穆罕默德确认麦加为圣城,克尔伯神庙改为清真寺,清除所有部落神和偶像,只留黑石为伊斯兰教圣物,供穆斯林朝觐礼拜。此后,穆罕默德又征服其他许多地区和部落,至632年大体上统一阿拉伯半岛。当年6月8日,穆罕默德病逝于麦地那。他的继承人改称"哈里发"②,集宗教、军事、政治权力于一身,是政教合一的国家首领。

"圣战"是伊斯兰教的一项宗教义务。早在第一任哈里发统治时期,阿拉伯军队即向叙利亚方向扩张,占领加沙地带。从第二任哈里发奥马尔时期起,阿拉伯开始大规模向半岛以外扩张,到8世纪中叶,阿拉伯已成为地跨亚、非、欧三洲的大帝国。帝国的统治先后经历了倭马亚王朝(661—750年)和阿拔斯王朝(750—1258年)两个阶段。倭马亚王朝以大马士革为首都,在大规模征服的基础上建立了中央集权制的国家机制,形成了阿拉伯特色的封建制度;阿拔斯王朝的首都在巴格达,在各民族阿拉伯化或伊斯兰化的基础上建立了专制主义的官僚体制,形成了文化成就更为显著的伊斯兰教文明③。

9世纪中叶以后,随着各种矛盾的激化,人民起义遍及帝国,阿拔斯王朝日趋衰落。1258年,蒙古军攻占巴格达,持续几个世纪、盛极一时的阿拉伯帝国最终灭亡。

---

① 伊斯兰一词,出自阿拉伯语"顺从",伊斯兰教信徒称为穆斯林,意为信仰"真主"安拉的人。

② 意为先知的继承者。

③ 阿拉伯人不但在数学、天文学、化学、医学、历史和文学诸方面成就斐然,而且还继承、沟通了东西方文化:西罗马帝国灭亡后,希腊、罗马古典作品毁坏流失,阿拉伯学者保存了部分作品,西欧后来通过阿拉伯译本才得以重新认识这些学术成就;欧洲通称的"阿拉伯数字",是由阿拉伯人吸收印度10个数字的计数法,将之推介到欧洲的;中国的四大发明等成就,也是由阿拉伯人介绍给欧洲的。

2. 蒙古帝国的扩张

蒙古高原位于亚洲中部戈壁滩以北,当地蒙古族居民仅少数部落以狩猎为生,大多数部落在辽阔的草原上放牧,牲畜公有,集体游牧。大约从12世纪起,牲畜开始转为私有,富裕的家族单独放牧,渐成游牧贵族阶级。他们拉起亲兵队伍,互相混战,侵夺牲畜、牧场,奴役被征服部落。

在部落混战中,居住在斡难河上游的一个部落首领铁木真脱颖而出,降服了蒙古各主要部落。1206年,铁木真在斡难河畔召集各部落贵族大会,他被公推为全蒙古的大汗,尊称为成吉思汗。成吉思汗打破氏族部落的传统组织结构,建立适应游牧生活的军事封建政体——"千户制",并设相应的司法、行政制度,形成统一的蒙古国家。此后,成吉思汗开始大规模侵略性远征。20年间,先后打败金(女真)国,灭西辽、中亚的花剌子模王国和西夏王朝,在东起大海、西到里海的土地上建立起空前的军事封建大帝国。他把帝国分封给四个儿子:长子术赤得到咸海、里海以北地区,次子察合台得到天山地区和阿姆河以东地区,三子窝阔台得到鄂别河上游至巴尔喀什湖以东地区,四子拖雷得到蒙古本部地区。1227年7月,成吉思汗在攻打西夏时病逝于六盘山。

1229年秋,窝阔台在克鲁伦河继任大汗,旋即继续侵略扩张,相继征服高丽、灭金。1236年,术赤的儿子拔都率军远征欧洲,占领俄罗斯绝大部分地区,当地人民牺牲惨重。1241年,拔都从俄罗斯兵分两路继续西进:北路进攻波兰,打到波兰西境;南路冲过匈牙利,将战火烧到亚得里亚海滨,整个欧洲为之震惊。次年,窝阔台去世的消息传来,拔都停止进军,在东起额尔齐斯河,南到高加索,西抵德涅斯特河,北至俄罗斯境内的广大土地上建立了钦察汗国①。

1251年,拖雷的儿子蒙哥担任大汗。他派自己的两个胞弟旭烈兀和忽必烈分别率大军入侵中亚和南宋。旭烈兀向西征服波斯全境,入侵两河流域,攻占巴格达,建立伊儿汗国,后在叙利亚被埃及苏丹的军队打败,停止西进。忽必烈经四川西部攻入云南,先后灭大理,逼降安南,形成对南宋三面包围之势。1260年忽必烈即大汗位,1271年定国号元,1279年灭南宋统一中国。

成吉思汗其他子孙的封地,以后分别成为独立的窝阔台汗国、察合台汗国、伊儿汗国和钦察汗国,不再受大汗节制,走上各自发展的道路。作为少数征服者民族,蒙古人在世界各地逐渐被社会发达、文化先进的多数被征服民族同化。

3. 奥斯曼土耳其的兴盛

奥斯曼土耳其人原为中亚的游牧部落,13世纪迫于蒙古西侵的压力,迁移、投附于小亚细亚的罗姆苏丹国家②,受封于小亚细亚西北部。罗姆苏丹国家在蒙古军侵

---

① 因其帐顶为金色,又称"金帐汗国"。
② "苏丹":伊斯兰教国家君主的称谓。

略下解体,部落首领奥斯曼遂乘机建立独立的奥斯曼土耳其国家。新国家实行军事采邑制度,为夺取新土地和战利品,奥斯曼及其子孙不断合并原罗姆苏丹国的土地,并蚕食东罗马帝国在小亚细亚的领土。接着,奥斯曼土耳其开始向欧洲扩张。

1354年,奥斯曼土耳其军队渡过达达尼尔海峡,侵入欧洲大陆。1362年占领阿德里亚堡,不久将都城从小亚细亚的布鲁萨迁往此地。1389年,土耳其军队在科索沃打败巴尔干各国联军,征服塞尔维亚;四年后又征服保加利亚,整个西欧为之震惊。1396年,土耳其军队在多瑙河边的尼科堡大败匈牙利国王西吉斯蒙德率领的欧洲联军,1424年东罗马皇帝被迫与土耳其苏丹订立条约,同意交纳贡赋,使帝国得以苟延残喘。1453年,奥斯曼土耳其军队攻占君士坦丁堡,最终消灭东罗马帝国。苏丹穆罕默德二世重修君士坦丁堡城,改圣索菲亚大教堂为清真寺,将城市更名为伊斯坦布尔,再次迁都于此。

截至16世纪50年代,土耳其军队占领了亚洲的外高加索、两河流域、叙利亚、巴勒斯坦、麦加、麦地那和阿拉伯半岛西部的沿海地带,非洲的埃及到阿尔及利亚的大片地区。在欧洲,土耳其军队攻占贝尔格莱德,数次进兵匈牙利,1547年,匈牙利被迫向土耳其苏丹交纳年贡。奥斯曼土耳其成为地跨欧、亚、非三洲的大帝国。

七、欧洲的封建时代

1. 西欧封建国家的形成

西罗马帝国灭亡之时,也是入侵的日耳曼人部落原始公社解体之际。他们在西罗马帝国的废墟上建立了一系列蛮族国家。其中以法兰克王国最为强大,历时达362年(481—843年)。

5世纪晚期,高卢东北法兰克部落首领克洛维联合其他部落打击西罗马帝国的残余统治势力,在征服大部分高卢、剪除其他法兰克部落首领后,于481年建立法兰克王国,开创了墨洛温王朝。496年,克洛维率3 000亲兵皈依基督教,实现了与罗马教会、同信基督教的高卢罗马人的政治联合。当时,其他日耳曼部落信奉被罗马教会视为"异端"的基督教阿利安派,克洛维便在教会的支持下以讨伐"异端"的名义,不断扩大法兰克王国的版图。

克洛维死后其子孙分据各地为王,大权逐渐旁落到宫相手中。752年,宫相矮子丕平利用教皇的支持篡夺法兰克王位,名存实亡的墨洛温王朝被强有力的加洛林王朝取代。为报答教皇,丕平两次进攻伦巴第人,将夺取的土地献给教皇,奠定了教皇辖地的疆域,史称"丕平献土"。丕平之子查理对外征战33年,法兰克王国的版图西南到西班牙的厄布罗河,北抵北海,东至易北河和多瑙河,南面包括意大利的大片土地,整个王国与西罗马帝国的欧洲部分相当,史称"查理曼帝国"①。查理之子路易在位时,他的儿子们多次叛乱。路易死后,三个儿子于843年在凡尔登缔结条约,将帝国一分为三:查理得到斯海尔德河、索恩河和罗讷河以西的土地,是为西法兰克王国;路易得到莱茵河以东土地,是为东法兰克王国;长子罗退尔得到东、西法兰克王国之间的地带及意大利的领土,并承袭皇帝称号。这三部分是后来欧洲的三个主要国家法兰西、德意志和意大利的雏形。加洛林王朝在德意志和意大利延续到10世纪初,在法兰西则延续到10世纪末,欧洲进入了大小封建王公的割据时期。

随着法兰克王国的不断扩张、征服,西欧的封建制度也在各地逐渐确立起来。村社的自由农民在战乱中既要服兵役,又要担负捐税,难以维持生计,被迫把土地"献给"附近的贵族或教会寻求"庇护",并以交地租和服劳役为条件,再请求把那块土地"发给"自己耕种。这种"委身式"关系使农民失去了土地所有权和人身自由,沦为依附于教俗贵族的农奴。同时,原来的隶农和残存的奴隶也逐渐转化成为农奴。自由农民沦为农奴和土地的兼并,影响了国家的财源和兵源。8世纪中叶,国王不再无条件赏赐土地,而是将土地作为采邑,连同耕种土地的农民一起分封给亲近的贵族。受封贵族须向国王宣誓效忠,战时自备武器战马,率部众听候调遣。采邑不得世袭,受封者若不履行兵役义务,即须归还采邑。采邑制将农民固定在土地上一起分封,越来越多的农民便由此沦为农奴。封建统治阶级在此基础上形成层层受封的领主与附庸的关系:上自国王,下至公爵、侯爵、伯爵、子爵、男爵和骑士各级贵族,每一层都将部分土地分封给下一层作为领地,各层级之间彼此负有义务。领主要负责保护附庸,附庸须向领主宣誓效忠,战时自备武器战马随领主出征,平时为领主提供各种帮助。但每个领主只能直接管辖自己的附庸,不能越级。所谓"我的附庸的附庸,不是我的附庸"成为西欧大陆封建社会的一条常规。

与法兰克王国兴起的同时,日耳曼人中的盎格鲁、撒克逊②、朱特等部落渡海抵达不列颠岛,经过一个半世纪的征服战争,至7世纪初形成七个王国,史称"七国时代"。9世纪早期,七国中的威塞克斯联合各王国抵抗入侵的丹麦人,由此形成统一的英吉利王国。在抵抗丹麦人的斗争中,英王阿尔弗雷德成为传奇式的英雄人物。

丹麦人属居住在北欧斯堪的纳维亚半岛的诺曼人的一支,他们善航海,经常侵袭不列颠、爱尔兰、法兰西等地方。10世纪初,西法兰克国王被迫把西北部的一片地方让给诺曼人,诺曼人的首领以公爵的身份领有其地,该地得名为诺曼底。1066年,诺曼底公爵威廉带兵渡过英吉利海峡,打败英王哈罗德的军队,同年12月成为英王,是

---

① 800年圣诞节,教皇利奥三世在罗马的圣彼得教堂为查理加冕,查理被称为"罗马人的皇帝"。814年,拜占庭皇帝表示承认这一称号,所以,查理又被称为"查理大帝"和"查理曼"(意为"伟大的查理")。

② 合称盎格鲁·撒克逊。

为英国历史上著名的征服者威廉。威廉建立了集中强大的王权,他命令全体封建主向他宣誓效忠,打破了西欧大陆"我的附庸的附庸,不是我的附庸"的封建常规。

2. 基督教会与十字军东侵

西罗马帝国灭亡前后,罗马主教成为西欧教会的首脑,后来自称为教皇。教会在罗马帝国时期即已拥有不少土地,法兰克王国时期教会的土地迅速扩张至西欧土地的三分之一。受教会派遣的传教士深入日耳曼各族,在国王们的支持下,基督教信仰得以广泛传播。8世纪中期"丕平献土"后,教皇建立了以罗马为中心的国家——教皇国。

以罗马教廷为中心,教会逐渐建立了一套教阶制度。教皇之下设大主教、主教、神父(神甫)诸等级。他们各有辖区,分别管辖城乡居民。教会推行愚民政策,通过教士读经讲道,向人们灌输迷信思想,宣传虔诚、禁欲、恭顺、服从,一切背离教会说教,不合乎罗马教廷正统教义的思想,都被斥为"异端"。13世纪,教会还设立宗教裁判所,严厉审讯"异端"分子。教会由此也成为西欧强大的封建势力,在思想文化领域对人民实行精神统治。

从11世纪起,西欧教俗封建主开始向四周扩张,其中规模最大的扩张活动是对地中海东岸地区的十字军东侵(1096—1291)。十字军东侵的首要动机是宗教狂热。伊斯兰教在阿拉伯兴起、基督教会分裂后,罗马教皇一心要树立大一统的宗教权威。[①] 9—11世纪,天主教势力积极参与或赞助意大利城市和法国南部沿海地区抵制穆斯林扩张的斗争,在取得斗争的优势后便伺机向东扩张,企图控制东正教,并迫使穆斯林皈依上帝。

十字军东侵的次要动机是社会经济因素。随着西欧城市和商业的发展,城市商人希望到地中海东部夺取港口,建立商站,排挤东罗马和阿拉伯商人的势力,以谋求更大的商业利益;封建主则对商品财富,特别是东方奢侈品欲望强烈,受长子继承制限制,无权继承或继承财产很少的封建子弟都想到东方寻求土地和财富;处境恶化的西欧农民,为摆脱天灾人祸和贫困,也渴望得到东方的土地。

1095年11月,教皇乌尔班二世号召教士、封建主、骑士和农民到东方去与"异教徒"进行斗争,拯救"圣地"耶路撒冷,许诺死者必将升"天国",生者备受上帝恩宠。受蛊惑的人们将红色的十字架缝在衣服上,纷纷参加十字军远征。十字军的大规模东侵有过8次:第一次(1096—1099)在东方建立了几个以耶路撒冷为中心的十字军国家;第二次(1147—1149)由法国国王和德意志皇帝统率,结果被塞尔柱突厥人打败;第三次(1189—1192)由英、法、德三国帝王发动,因三国之间矛盾重重,未能达到东征目的;第四次(1202—1204)由教皇英诺森三世策划,原拟东征埃及,后改为进攻拜占庭帝国,并于1204年4月占领君士坦丁堡。东罗马帝国遭西欧十字军几十年蹂躏,虽于1261年重新恢复,但已失去了昔日的光辉。13世纪,西欧又发动过四次十

---

① 396年罗马帝国分裂后,基督教会也形成东西两个中心,各自解释圣经教义。1054年,教会正式分裂为以罗马为中心的天主教和以君士坦丁堡为中心的东正教两大教派。

字军东征,均以失败告终。到1291年,除塞浦路斯岛外,十字军在地中海东部侵占的土地均告丧失。

十字军东侵是西欧教俗封建主以宗教为掩饰进行的殖民扩张战争。它既严重破坏了西亚和东罗马帝国的社会生活和文化,也对西欧社会产生影响。一些农奴借出征机会挣脱封建束缚成为城市居民,封建主的力量遭到一定程度消损。为仿效东方奢华的生活方式,封建主加重地租剥削并推行货币地租,从而加快了西欧商品经济的发展和城市的成长,促进了西欧封建制度的变化。在此期间,东西方贸易得到加强,意大利北部城市的商业优势得以确立,形成了有利于资本主义萌芽的条件。

3. 11—14世纪的欧洲主要国家

威廉入主英国后建立了集中强大的王权,大封建主受国王控制,社会经济发展迅速。集市贸易繁荣,商品经济渗透到农村,货币地租从13世纪开始流行,农奴制度随之没落。以骑士为主体的小封建主经营羊毛和粮食,与富裕农民和上层市民来往密切,没有严格的社会等级界限。13世纪初,英王约翰施行暴政,激起各阶层的反抗。反对派贵族联合教士、骑士和市民,迫使英王于1215年6月承认贵族拟定的"大宪章"①,使王权受到封建法律的约束。后因英王拒绝遵守大宪章爆发内战,贵族西门·德·孟福尔伯爵依靠骑士、市民、自由农民和主张改革的封建主支持,打败国王,成为国家的统治者。1265年他召集会议,出席者除封建贵族外,还从每个郡邀请两名骑士,每个大城市邀请两名市民,这次会议被认为是英国议会的开端。1343年,议会又分设为上下两院:上院议员是教会和世俗贵族的代表,下院议员是骑士和市民的代表。国王通过议会规定赋税,制定法律。英国的封建议会制君主政体由此形成。

987年,西法兰克王国的法兰西公爵加佩取代加洛林王朝,创建了法兰西王国。但当时加佩王朝的王权有限,地方大封建主实行割据。到11世纪,法国完成了封建化,手工业发达,城市发展很快。十字军东侵扩大了东西方贸易,南方马赛等港口成为进出口贸易的集散地。12—13世纪,东北部的香槟地区兴起了当时欧洲最大的集市,西欧商人在此云集,各种商品源源不断在此交流。12世纪早期,法国国王在市民和中小封建主的支持下,开始与地方封建割据势力进行斗争,其中身兼诺曼底公爵的英王是最大的劲敌。13世纪初,英王约翰与其他法国贵族产生矛盾,法王腓力二世便以领主的身份要约翰来巴黎受审,遭拒绝后腓力二世宣布剥夺约翰在法国的全部封土,并发动进攻。到14世纪初,英王只保持了法国西南沿海一处地方。与此同时,法王不断扩展王室领地,削弱地方封建主势力,为统一的中央集权国家创造条件。1302年,法王腓力四世召开三级会议②,讨论征税等重大问题,由此形成等级代表制

---

① 主要条文是:国王承认教会选举自由,不得违反惯例向封建主征收额外捐税,不得任意逮捕、监禁或放逐自由人并没收其财产,承认伦敦等城市已享有的自由等。

② 参加会议的第一等级是高级教士,第二等级是世俗贵族,第三等级是富裕市民。农民、手工业者、城市平民被排除在外。

的封建君主政体。

逐渐强大的英法两个封建国家相互敌对,双方围绕领地、市场和王位继承权问题展开了百年之久的战争(1337—1453)。战争期间,两国内部的社会经济制度发生变化,在农民起义的打击下,两国不约而同地加强了王权。法国等级代表制的封建君主政体,演变为封建君主专制政体;英国经过玫瑰战争(1455—1485),消灭了大部分旧贵族,建立了中央集权的都铎王朝。[1]

从10世纪初开始,东法兰克王国逐渐发展为封建的德意志王国。951年,奥托一世国王出征意大利,取得伦巴底国王称号。10年后,教皇邀请他帮助平定封建主叛乱。奥托一世帮助教皇巩固了权力,962年,教皇在罗马为奥托举行皇帝加冕典礼,视其为查理帝业继承者,他所统治的帝国史称"神圣罗马帝国"。实际上,神圣罗马帝国并不能与查理曼帝国相比,因为德意志的地方封建主割据势力强大,中央政权通常在德意志、意大利和教皇势力之间疲于奔命。当时,皇帝掌握主教授职权,甚至可自行任命教皇,而国王又由教皇加冕为皇帝,双方便围绕主教授职权爆发政教冲突。1076年,教皇格里戈里七世宣称其权力来自上帝,不但有权任免主教,而且可以废黜君主;皇帝亨利四世便宣布废黜教皇,格里戈里七世宣布开除亨利的教籍,取消其帝位。德意志封建诸侯便乘机要挟亨利,表示如果他不能在一年零一天内恢复教籍,就要另立国王。亨利四世被迫于1077年1月到意大利的卡诺沙城堡向教皇忏悔三天,获教皇赦免恢复教籍。这一事件史称"卡诺沙事件",皇帝的权威遭到贬损。从12世纪初开始,德意志废弃皇位世袭制,改由诸侯选举皇帝。为确保地方诸侯权势,他们往往选举势力不强的诸侯任皇帝。1356年,皇帝查理四世颁布《黄金诏书》,承认诸侯在其领地内有权审判、征税、铸币、经营矿山,规定皇帝在七名固定的诸侯中选举产生。这就以法律的形式固定了德意志的分裂,后来德意志在很长时间内未能发展为像英法那样的中央集权国家。

意大利在查理曼帝国分裂后政治上一直不统一,北部后来成为神圣罗马帝国的一部分,中部是教皇的辖区,南部和西西里在12世纪是诺曼人建立的两西西里王国,13世纪末,南部成为那不勒斯王国。意大利的城市主要靠对外贸易兴旺,商业发达,城市之间竞争激烈。14世纪,在意大利北部一些经济发达的城市,手工业行会[2]发生了重大变化。受市场需求驱使,商人资本家介入生产领域成为包买商,分别包买供手工业者生产的原料和产品,通过市场销售赚取生产利润。在包买商的经营下,手工业

---

[1] 欧洲的王室、封建主家族往往有自己的徽记——纹章。当时英国交战双方的兰开斯特家族以红玫瑰为纹章,约克家族以白玫瑰为纹章,双方在内战中相互残杀。最后兰开斯特家族的旁系亨利·都铎取得王位,建立都铎王朝。

[2] 行会是中世纪欧洲城市手工作坊的行业保护组织,由城市不同行业的作坊主分别组成。行会禁止会员以外的手工业者在城市开设作坊或出售产品;规定作坊主拥有的学徒与帮工人数,对作坊的设备、工时、帮工收入、生产工序、产品规格等都有规定。一些城市的行会还设有自卫组织,协助城市的防卫。

者失去了经营的独立性,成为包买商的雇佣工人。以此为起点,资本家逐渐建立起手工工场,雇佣工人分工生产各种商品。这种工场手工业的兴起,标志着资本主义生产的萌芽。开设工场手工业的企业主与富商、银行家一起,成为新兴的资产阶级。

八、资本主义的开端

1. 文艺复兴运动

14到17世纪,在资本主义商品货币经济萌芽的基础上,西欧各国以意大利为发源地,先后兴起了资产阶级思想文化运动,这场运动是人类文明史上的一次伟大变革,史称"文艺复兴"[①]。

西罗马帝国灭亡后,一度辉煌的古希腊、罗马文明遭到毁灭,西欧文化在整个中世纪陷入了所谓的"黑暗时代"。东罗马帝国一度继承和发扬了希腊、罗马古典文化,阿拉伯人从那里翻译了许多古典作品,这些译本后来流传到西欧,使西欧人得以重新接触希腊、罗马古典文化。14世纪,意大利著名文学家但丁、彼特拉克和薄伽丘,以其各自的文学创作,揭开了早期文艺复兴运动的序幕。佛罗伦萨诗人但丁(1265—1321)的著名长诗《神曲》,既展示了当时的社会概貌,又流露出对教会的蔑视和对社会现实的批判,首开文艺复兴先河。另一位诗人彼特拉克(1304—1374)提倡用"人的学问"对抗"神的学问",建立以人而不是以神为中心的世界观,被誉为"人文主义之父"。薄伽丘(1313—1375)是散文作家兼诗人,代表作《十日谈》以诙谐的笔调刻画了天主教的黑暗,反映了意大利的社会状况。15世纪后半期,文艺复兴在意大利达到高潮,出现了杰出的艺术大师达·芬奇、拉斐尔和米开朗基罗。达·芬奇(1452—1519)既是伟大的画家、雕刻家,又是音乐家和诗人,并且还是建筑师和工程师,其最著名的画作是《最后的晚餐》和《蒙娜丽莎》。拉斐尔(1483—1520)融各家之长,笔下的圣母和耶稣栩栩如生,渗透着人文主义思想。米开朗基罗(1475—1564)认为雕刻是"诸艺之首",能使人物活灵活现,代表作分别是《圣经》人物摩西和大卫的雕像。与此同时,意大利的政治思想也大放异彩。马基雅维里(1469—1527)的《君主论》将道德完全排除于政治之外,提倡权术和强权政治,反映了欧洲封建主义瓦解和民族国家形成的社会现实。

文艺复兴运动从意大利传播到欧洲其他国家后,涌现了一大批灿若群星的文化

[①] 文艺复兴(Renaissance)原意为"再生",此处特指复兴希腊、罗马古典文化。意大利既是古罗马所在地,又是资本主义萌芽最早的商业发达地区,具有独特的文化环境和社会氛围,因而成为文艺复兴的发源地。

艺术大师和政治思想家。其中最著名的有英国剧作家莎士比亚(1564—1616),他留下的37部剧本,包括喜剧、悲剧、历史剧,①洋溢着人文主义精神和对美好人生的向往。法国政治思想家博丹(1530—1596)的《国家论》(6卷),系统提出了国家主权的理论,反映了欧洲民族国家正在形成的现实。英国空想社会主义者托马斯·莫尔(1478—1535)的代表作《乌托邦》,指出了私有制是社会弊端的根源,第一次设想了共产主义蓝图,成为空想社会主义的奠基人。

文艺复兴时期诞生的文学、艺术作品,以及政治、哲学著作,体现了新时代的精神和特色:在人生观上,重视现世生活,藐视基督教的来世神话,强调追求物质幸福和感官满足,反对禁欲主义和消极无为的人生态度;在道德观上,强调发展个性,反对基督教禁锢人性,反对自我克制,主张放纵,提倡"公民道德",认为事业的成功及发财致富就是一种道德行为;在世界观上,重视科学实验,崇尚追根究底的探求精神,反对先验论和对事物的一知半解;在文艺观上,主张表达人的真实感情和对生活的乐观主义态度,反对虚伪造作和悲观主义。这些精神和特色概括起来,就是人文主义精神。这是一种以人为中心、为创造现世的幸福而奋斗的乐观进取精神。

文艺复兴运动是西欧资本主义商品货币经济发展到一定程度后,人们生活观念发生变化的特殊表现形式。它强调生活的真谛在于人的现世幸福,人们不再为来世进天堂而在现世压抑自己,亦即人不再为死后活着,而要在现世实实在在地生活。它是资产阶级在意识形态领域内对封建主义和宗教神学发动的一场思想解放和文化变革运动。这场运动为资产阶级注入了积极进取的精神力量,孕育了西欧近代资产阶级文化和近代自然科学,直接推动了地理大发现和宗教改革运动,在精神上为资产阶级的崛起奠定了基础。

2. "地理大发现"

1500年前后,世界历史经历了一个使各地区从相对隔绝、闭塞,到建立直接联系、逐步联为一体的重要转折性事件——"地理大发现",这一事件是由多种因素交错在一起促成的。

传统的东西方商路被截,以及欧洲人对黄金的追求是这一事件的经济动因。13世纪以来,欧洲与东方的贸易有很大发展,但1453年奥斯曼土耳其攻占君士坦丁堡后,控制了东西方商路,造成东方商品在欧洲市场价格猛涨,西欧商人渴望另辟一条通往东方的商路。当时欧洲的农民交租、贵族购买奢侈品都使用货币,作为货币本位的黄金自然成为人们追求的财富。受《马可·波罗游记》的渲染,欧洲人视东方为遍地黄金的天堂,人人都想到东方去发财。

基督教传统的普救主义②和改变异教徒信仰的热情,以及人文主义精神的鼓舞

---

① 喜剧的代表作有《仲夏夜之梦》《第十二夜》,悲剧的代表作有《李尔王》《哈姆雷特》,历史剧代表作有《亨利四世》《亨利五世》《查理三世》等。
② 普救主义:即以全人类的宗教自居,要求人人信仰上帝,成为基督教徒。

是这一事件的精神因素。十字军东侵以来,欧洲人的传教狂热便成为与伊斯兰世界对峙的精神支柱。最早开辟新航路的葡萄牙人,正是在对伊斯兰国家的再征服过程中开始探险的。而文艺复兴运动中产生的人文主义精神,则成为海外冒险事业的世俗思想动力。

此外,欧洲航海技术、海上武器和战术的进步,商业经营方式的变革,尤其是股份公司的出现,以及西欧专制政府的支持,都为"地理大发现"创造了条件。

1487年,葡萄牙人迪亚斯沿非洲西海岸南航进入印度洋,途中发现非洲最南端的"好望角";1497年7月—1499年9月,葡萄牙人达·伽马沿非洲海岸航行抵达印度,开创了东西方之间最短的海上航路。

1492年8月,意大利水手哥伦布受西班牙资助西航大西洋发现美洲。从1493年到1504年,他又三次出航往返于欧美两大洲之间,因未能给西班牙王室带来预期利益受到冷落,后在失意中死去。

1519年9月—1522年9月,葡萄牙人麦哲伦受西班牙政府派遣从大西洋出航,完成了人类历史上第一次环球航行。

随着"地理大发现"的完成,葡萄牙和西班牙很快走上殖民扩张与征服的道路,分别在东方和新大陆建立了各自的殖民帝国。而欧洲在新航路开辟后,也迎来了经济上的商业革命。具体表现为世界市场的扩大,流通商品种类的增多,以及欧洲的国际贸易中心从地中海转移到大西洋沿岸。与此同时,由西班牙掠夺的美洲黄金、白银大量流入欧洲,引起通货膨胀、物价飞涨,史称"价格革命"。它打乱了欧洲传统的经济关系,封建地主的固定地租收入实际下降、地位削弱;新兴资产阶级则经商致富、力量壮大。

总之,"地理大发现"既是西欧商品货币经济发达所导致的全球扩张冲动,也是人文主义精神的伟大胜利。它直接诱发了欧洲的商业革命和西欧资本主义的对外扩张,使欧洲的贸易活动从地中海扩大到全世界。受经济利益的驱动,政治上,西欧各国相继推行"重商主义"政策,保护和促进了资本主义的发展;经济上,随着殖民征服和海外贸易的扩展,西欧资本原始积累加速进行,手工工场生产发达,奠定了近代资本主义生产关系和工业化的基础;社会结构上,西欧传统的农业自然经济开始向商品市场经济结构转变,封建的生产方式由此向资本主义生产方式过渡,人文主义精神鼓舞下的资产阶级开始发挥越来越重要的作用。

3. 宗教改革运动

当文艺复兴进入后期阶段时,欧洲又发生了一场意义更为深刻、影响更为深远的宗教改革运动。这场运动的直接起因是天主教的腐败。

中世纪,罗马教廷掌握了西欧三分之一的土地,并向教徒征收什一税。15世纪后,随着欧洲民族国家实力的增强,教会收入明显减少。为弥补收入,教会转而利用权势和宗教榨取钱财。1476年,教皇将购买赎罪券可拯救灵魂的说法定为信条,开始在欧洲各国推销赎罪券;教会还通过制造、展出、出售圣物聚敛财富,教皇、高级教士卖官鬻职、提拔亲故,也成为教廷敛财的途径,这种贪婪和腐败激起了西欧各国的愤慨。此外,基督教神学体系在整个中世纪不断受到"异端"的挑战,欧洲民族意识的普遍增长和专制君主制度的兴起,也构成了宗教改革的宏观历史背景。

宗教改革首先发端于经济分散、政治分裂割据的德意志。当时罗马教廷利用德意志的分裂榨取财富,激起了人们的民族义愤。1517年,美因兹大主教为教皇在德意志兜售赎罪券,宣称只要交了钱,本人及已故亲人灵魂的罪孽均可赦免。维登堡大学神学教授马丁·路德(1483—1546)对此怒不可遏,他在维登堡的卡斯尔教堂大门张贴《九十五条论纲》,痛斥出售赎罪券是欺骗,提出"信仰耶稣即可得救"原则。《九十五条论纲》内容不胫而走,引起广泛的反响。次年,教皇命令路德放弃自己的主张,路德则发表了观点更为激进的布道文。1520年6月,教皇宣布路德的学说为"异端",限其60天内放弃观点。路德当众烧毁教皇敕令,因此被开除教籍。不久,路德发表《致德意志民族基督教贵族公开信》,呼吁建立不受罗马教廷控制的民族教会,没收天主教会土地,使德意志民族彻底摆脱罗马教廷控制。1521年4月,神圣罗马帝国皇帝查理五世秉承教皇旨意,在沃姆斯召开帝国会议,要路德公开认错。路德在大诸侯支持下赴会答辩,拒不让步。会后,查理五世下令逮捕路德,路德躲藏到萨克森选侯的城堡潜心写作并翻译圣经,其思想成为一种新教义在德意志北部和中部迅速传播。①

1524—1525年,广大市民和农民在托马斯·闵采尔领导下举行起义,要求废除农奴制和什一税,建立强有力的中央政府。起义虽最终被镇压,但天主教的势力遭到沉重打击,其在德意志的统治地位从根本上受到动摇,客观上为路德教的传播和合法化开辟了道路。1546年,信仰路德教的诸侯同以皇帝为首的天主教诸侯爆发战争,双方最终于1555年签订奥格斯堡和约,规定了"教随国定"原则,诸侯有权决定其臣民的信仰,1552年前被路德教诸侯夺取的天主教会财产定为合法。从此,路德教获得合法地位。

受路德教的影响,法国人加尔文(1509—1564)于1536年出版《基督教原理》,提出系统的新教神学理论。他肯定路德的"信仰耶稣即可得救"学说,并提出更为激进的"预定论",强调上帝自创世纪以来即把世人分为"选民"和"弃民",前者注定得救,后者注定沉沦,这是人的意志无法改变的。但这并不意味着基督徒可在世上自暴自弃,"选民"和"弃民"可通过上帝的呼唤得到体现,人在现世生活中的成功与失败,就是"选民"和"弃民"的标志。"预定论"反映了资本主义原始积累时期资产阶级的意识形态,鼓舞了新兴资产阶级的进取精神。1541年,加尔文在日内瓦领导宗教改革,建立了政教合一的神权城市共和国。1559年,他创办了日内瓦神学院,其毕业生

---

① 路德的教义主张有:只要信仰真诚,人人都可以得到上帝的救赎;否认教皇、教会作为教徒与上帝中介的权威和作用,主张没收天主教会的土地,建立不受罗马教廷控制的民族教会。

多往西欧各国传教,推动了加尔文教的传播。

加尔文教和路德教被统称为基督教新教,新教在西欧各国的反天主教改革中传播很快。英国的清教徒①、苏格兰的长老会派、荷兰的新教徒和法国的胡格诺教徒,都是信奉加尔文派的新教徒。

16世纪的宗教改革实际上是新兴资产阶级对封建制度的特殊政治挑战。天主教会历来是中世纪西欧封建制度的政治、经济中心,是封建统治的综合代表和重要工具,更是资本主义发展的重大障碍。改革不仅打破了天主教会在西欧的一统天下,而且也动摇了世俗封建制度的基础;教会地产的转移是对西欧封建土地制度的冲击,增强了资产阶级的经济实力;新教的教义和组织形式适应了资产阶级的需要,表达了他们追求幸福、发财致富的政治、经济愿望,成为资产阶级革命的旗帜和资本主义社会制度的雏形。

九、欧美的政治革命

宗教改革作为欧洲新兴资产阶级对封建制度的特殊政治挑战,首先引发了1566—1581年尼德兰资产阶级革命,建立了世界上第一个资产阶级商业共和国。接着,资产阶级政治革命相继在英国、北美和法国爆发,汇成了近代世界的政治革命浪潮。

1. 英国革命

15世纪末,英国和欧洲大陆一些国家毛纺织业发达,国内外市场对羊毛需求激增,价格随之上涨,许多地主开始驱赶农民,圈占土地放牧养羊;16世纪后期,随着人口的增加、粮价的上涨,有些被圈占的土地又改为农场,并继续扩大圈地。圈地运动使土地经营与市场挂钩,推动了英国的封建农业向资本主义农业转变;大批被驱离土地的破产农民,则为工业的发展准备了自由雇佣劳动力。

资本主义发展造成英国社会结构变化。固守传统地租经营的旧贵族,在价格革命中实际收入下降,社会地位日趋衰落;采用资本主义经营方式的新贵族,既受益于亨利八世的宗教改革,又善于利用市场运作土地谋取商业利润,成为与新兴资产阶级有共同政治诉求的同盟者。在宗教上,新贵族都是信仰加尔文教的清教徒,16世纪末他们形成了两个主要派别:长老派和独立派。新贵族和资产阶级不仅在经济上要

---

① 1534年英国国王亨利八世颁布"至尊法令",宣布英王为教会最高首脑,从而建立了英国国教,又称圣公会教。国教保持了天主教的主要教义和祈祷仪式。加尔文教传入英国后,信徒主张清除国教中的天主教因素,废除烦琐的宗教仪式,建立纯洁的教会,因此被称为"清教徒"。

求继续增加财富,而且具有强烈的政治要求。

1603年,斯图亚特家族的苏格兰国王詹姆斯六世继承英国王位,史称詹姆斯一世。他笃信君权神授,无视议会在税收上的传统权利,肆意触犯新贵族和资产阶级的利益,导致王权与议会的矛盾。1625年詹姆斯一世的儿子查理一世继位后,议会与国王在税收问题上的矛盾日趋尖锐,查理一世一度解散议会实行个人统治,激起议员和各地群众的反抗浪潮。在内外交困中,他被迫于1640年11月3日重新召开议会,由此揭开了国内革命的序幕。

英国资产阶级革命历时48年(1640—1688),经历了五个阶段。资产阶级和新贵族结成联盟,以议会为阵地在清教徒的旗帜下与国王展开了针锋相对的斗争。国王不能容忍议会"大抗议书"所提出的代议制政府的要求,宣布讨伐议会;与国王的两次内战中,议会最终确立了以克伦威尔为首的独立派的领导地位,经过与长老派和平等派①的斗争与妥协,独立派议会最终审判处死国王,建立了共和国,将革命推向高潮。共和国期间,以克伦威尔为首的独立派议会对内镇压了平等派起义和掘地派运动②,对外征服了爱尔兰和苏格兰,并打败海上商业竞争对手荷兰,迫使其接受"航海条例"③。通过镇压或打击国内外敌人,克伦威尔增强了个人权势,在高级军官的拥戴下就任护国公,实行军事专制统治。克伦威尔死后,英国的政局动荡混乱,新贵族和大资产阶级为稳定社会秩序,以承认革命期间所发生的财产变化、保障宗教信仰自由为条件,恢复了斯图亚特王朝的统治。国王查理二世复辟后违背诺言,对革命者进行政治迫害。继任的詹姆斯二世甚至准备恢复天主教,新贵族和大资产阶级决定迎接詹姆斯二世的女婿、荷兰执政威廉夫妇入主英国,以杜绝天主教复辟的可能性。

1688年11月5日,威廉率军在英国登陆,詹姆斯二世众叛亲离逃亡法国。此次政变进展顺利,未引起流血冲突,史称"光荣革命"。次年2月,威廉夫妇正式登基;3月,议会通过《权利法案》,规定今后任何天主教徒不能担任英王,未经议会同意国王不得征收赋税,不得停止任何法律的效力。以此为起点,英国的王权逐步受到限制,最终确立了地主和资产阶级联合统治的君主立宪制政体。

在17世纪的英国革命中,英国的资产阶级和新贵族依靠城乡中、下层人民的支持,推翻了封建专制的君主制度,为资本主义政治、经济制度的发展开辟了道路。同时,英国革命对全欧洲也产生了重要影响,革命期间各政治派别的理论和主张,直接

---

① 平等派主张人民在法律上一律平等,取消国王和议会上院,在城市平民和手工业者及军队中有许多信徒。

② 掘地派自称"真正的平等派",领导者是温斯坦莱,主张建立土地公有社会,"共同劳动,共同吃饭",但不主张以暴力实现理想。

③ 针对当时荷兰垄断海上航运和贸易,英国于1650年、1651年两次颁布"航海条例",规定:任何国家与英国殖民地贸易须经英国政府批准;欧洲以外的商品须以英国船运输方可进入英国;欧洲国家的商品须以英国船或商品生产国的船运输方可进入英国。荷兰拒绝承认该条例,1652年爆发英荷战争,荷兰战败,于1654年被迫接受"航海条例",放弃海上贸易的垄断地位。

构成了18世纪西欧启蒙运动的源头。

2. 西欧的启蒙运动

西欧的启蒙运动发源于17世纪资产阶级革命后的英国,18世纪在法国形成运动的中心。其社会背景主要基于三个方面:一是法国资产阶级在早期的工商业活动中增强了经济实力,成为社会的中坚力量;二是资产阶级的生活方式在法国的社会中逐渐占据主导地位,资产阶级开始尽情享受生活的乐趣,他们在巴黎建造了富丽堂皇的宅邸,艺术进入了平民的日常生活,各种生活用具都被设计得更漂亮、更舒适,一种生活的艺术在塞纳河畔形成,并传播到欧洲各地;三是资产阶级的文化在以法国为中心的欧洲逐步传播普及。有人形容18世纪法国的思想交流比货币流通快得多。许多城市有漂亮的图书馆、阅览室、读报咖啡馆,以及各种文学沙龙。这些学院和沙龙既是传播资产阶级文化的场所,也是启蒙运动的基地。

启蒙的本意是从黑暗走向光明。启蒙运动的思想家们认为,以往的岁月是一个迷信和蒙昧无知的时代,只有在他们所处的时代人类才终于从黑暗走向光明。实际上,启蒙运动是继文艺复兴之后西欧的第二次思想解放运动,其内涵是对封建主义的全面批判。首先是抨击教会,否定宗教神学,崇尚知识,提倡和传播科学,使人们从封建愚昧和长期的思想僵化中解放出来;其次是批判封建特权,否认君权神授,强调每个人都有天赋的自然权利;第三是批判封建专制制度,按照资本主义的发展趋势,阐述经济自由、政治平等及国家机构、政体、法制等方面的要求和主张,描绘未来资本主义社会制度的蓝图。其外延涉及自然科学、哲学、政治、经济和思想文化诸多领域。

英国作为启蒙运动的发源地,主要思想家是托马斯·霍布斯(1588—1679)和约翰·洛克(1632—1704)。① 他们都反对君权神授,认为在国家出现之前人类处于"自然状态",享有自然权利,后在理性指导下通过契约建立国家。但霍布斯认为"自然状态"中的一切物品都是共有的,私有财产是国家建立后赋予的,因而国家可以干预臣民的财产,君主专制是国家的最好形式。洛克则认为私有财产属于"自然状态"中人的自然权利,建立国家是为了保护私有财产,国家不应干预臣民的财产,否则人民就有权推翻国家。他认为,国家的混合形式和议会君主制是最好的政体,并提出立法、行政和联邦(外交事务)的三权分立学说。他们的理论对法国的启蒙思想家产生了重大影响。

法国是启蒙运动的中心,产生了最卓越的思想家伏尔泰(1694—1778)、卢梭(1712—1778)、孟德斯鸠(689—1755),② 以及重农学派和百科全书派。伏尔泰深受英国政治制度的影响,主张建立一个在哲学家开导下,依靠资产阶级力量的君主制,并通过开明的改良过渡到君主立宪。他攻击天主教会,但不否定宗教的作用,认为

---

① 霍布斯的代表作是《论政体》《利维坦》;洛克的代表作是《政府论》(两篇)、《人类理解论》等。

② 伏尔泰的代表作是《哲学通信》《路易十四时代》等,卢梭的代表作是《论人类不平等的起源和基础》《社会契约论》等,孟德斯鸠的代表作是《论法的精神》。

"如果没有上帝也要造出一个上帝来"。

卢梭认为人类不平等的根源在于私有制,国家形成后加深了不平等。他在政治制度上崇尚民主共和国,提出"主权在民"说,强调代表全民的立法机构是最高权力机关,政府如果违反人民的意志,人民就有起义的权利,其政治思想和理论,对欧美资产阶级革命产生了深远影响。

孟德斯鸠具体规划了资产阶级国家的政治模式,主张国家政权应实行"三权分立",立法权、行政权和司法权应分属三个不同的国家机关,相互制约,权力均衡,其学说对18世纪末美国和法国的制宪产生了明显的影响。

以魁奈(1694—1774)为代表的重农学派提出了土地和农业改革,允许农民赎买封建义务等反映发展资本主义要求的经济学理论。狄德罗(1713—1784)主编出版的35卷本《百科全书,或科学、艺术与工艺详解辞典》,由近200名启蒙思想家参加撰稿。它吸收和传播了当时的新思想和自然科学知识、在启迪人们的知识、破除愚昧方面起了重要作用。

启蒙思想也是一股国际性的强大思潮。德意志的门德尔松、莱辛、赫尔德,意大利的贝卡里阿、维科,北美的潘恩、杰弗逊、富兰克林,俄国的别林斯基、赫尔岑、车尔尼雪夫斯基等都属于启蒙运动中的著名思想家。

启蒙运动是继文艺复兴之后的第二次思想解放运动。这次运动以近代自然科学为依托,侧重反对封建专制主义。思想家们倡导自由、平等和天赋人权观念,人民有权反抗压迫者的理论,为资产阶级政治革命提供了强有力的理论武器,并直接为北美独立战争和法国大革命做了充分的舆论准备。

3. 北美独立战争

地理大发现后,英国从1607年到1733年在北美大西洋沿岸先后建立了13个殖民地。当地的居民除了从英国本土和欧洲其他国家迁入北美的投机者、贵族和绅士外,大多数移民是逃避政治和宗教迫害、梦想得到土地的农民、破产的手工业者,以及契约奴和黑奴。经过一个多世纪的开发,到18世纪中期13个殖民地形成了三种类型的经济模式:新英格兰的渔业、商贸和造船业比较兴盛,中部殖民地盛产小麦和玉米,被誉为"谷仓",南部殖民地的种植园经济生产各种经济作物。在长期的社会经济交往中,英属北美殖民地的移民基于共同的地域、共同的市场、共同的语言和共同的文化,形成了要求摆脱宗主国压迫的共同心理特征,逐渐形成了新的民族——美利坚民族。

英法"七年战争"(1756—1763)后,英国加强了对北美殖民地的控制。从1763年10月到1767年3月,英国先后颁布西部土地禁令、印花税法和汤森税法,激起了殖民地人民的反抗。在西欧启蒙运动思想的影响下,人们强调"(北美殖民地)没有议会代表而(对北美殖民地)课税就是暴政",拒绝承担纳税义务。1770年3月,波士顿群众为抗议汤森税法而遭英军枪击,造成流血惨案。在殖民地一片抗议声和抵制英货的打击下,英国不得不废止汤森税法,仅保留茶叶税以示征税权利。一些商人便通过走私茶叶抵制茶叶税。1773年,英国允许东印度公司免税向北美直接倾销茶叶。尽管东印度公司茶叶比走私茶叶便宜,但殖民地人民认为自由比喝便宜茶叶重要。12月16日,一群波士顿"爱国者"冲上三艘茶叶船,将价值15 000英镑的茶叶倾入大海,是为"波士顿倾茶事件"。为报复倾茶事件,1774年初英国颁布五项"不可容忍法令"①。当年9月,除佐治亚以外的12个殖民地代表在费城举行第一届大陆会议,通过了《权利宣言》,要求英国政府取消对殖民地的各种经济限制和五项"不可容忍法令"。英国政府拒绝了大陆会议的要求,准备诉诸武力。

1775年4月19日,北美民兵在莱克星顿阻击马萨诸塞总督派遣的英军,打响了独立战争第一枪。5月10日,13个殖民地的代表在费城召开第二届大陆会议,任命乔治·华盛顿(1732—1799)为大陆军总司令。华盛顿是弗吉尼亚的种植园主,曾在七年战争对法作战中立过战功。他机智而有军事才能,其反英观点较温和,对他的任命象征着各种反英力量的联合。由于温和派在大陆会议中占上风,直至1776年初,代表们仍对脱离英国、建立独立国家举棋不定。此时,托马斯·潘恩出版《常识》,以激扬的文辞、严密的逻辑、令人信服的理由论证了与英国彻底决裂、独立建国的必要性,从而为北美宣告独立做了舆论上的动员。6月,大陆会议任命杰弗逊、富兰克林等五人组成委员会,负责起草脱离英国的文件。7月4日,大陆会议通过了由杰弗逊执笔的《独立宣言》。《独立宣言》陈述了资产阶级的自然权利和人民主权思想,列举了英王乔治三世压迫北美人民的种种事实,称这种压迫就是侵犯了北美人民的基本权利,宣告北美人民应该推翻英王在北美的殖民统治,取得政治上的独立。② 它在人类历史上第一次宣布了人民的权利神圣不可侵犯,马克思称之为"第一个人权宣言"。

《独立宣言》明确了战争的性质,从此北美13州的人民开始为创建新的国家而战。当时英国占有绝对优势的力量,但是北美人民坚信自己的事业是正义的事业,他们历尽艰辛,锲而不舍,并设法争取国际支持。1777年10月17日,英军在萨拉托加战役中被打败,此役成为独立战争的转折点。其后,在富兰克林的外交努力下,美国与法国签订军事同盟条约,西班牙作为法国的盟国也加入对英作战。1781年10月19日,被围困在约克镇的英军被迫向华盛顿投降,次年4月,英国承认战争失败。1783年,美英代表签订《巴黎和约》,英国承认美利坚合众国为自由、自主和独立的国

---

① 五项法令的主要内容:(1)封锁波士顿港;(2)取消马萨诸塞殖民地自治权,任命英国驻军总司令为新总督;(3)英国人在殖民地犯罪,送往英国或其他王室殖民地审判;(4)英国驻军可占用民房;(5)俄亥俄河以北地区归加拿大魁北克省管辖,任何公司或个人所占土地一律无效。

② 《独立宣言》阐明了资产阶级革命的原则:"我们认为这些真理是不言自明的:人人生而平等,他们都由'造物主'赋予了某些不可转让的权利,其中包括生命权、自由权和追求幸福的权利。为了保障这些权利,人民建立了政府,而政府的正当权力是得到被统治者同意的。一旦任何形式的政府损害了这些目的,人民有权改变它、废除它,并建立新政府;而新政府必须建立在最能促进人民的安全和幸福的目的上,它的权力组织形式也应以此为依据。"1776年7月4日因此被定为美国的"独立日"。

家。北美人民终于取得了独立战争的胜利。

鉴于独立后的国内外形势错综复杂,战时制定的《邦联条例》①不能有效发挥职能。1787年9月美国12个州的55名代表在费城集会,另行制定了联邦宪法。1787年《美国宪法》按三权分立原则把国家职权分为三个部门。

联邦国会作为立法机构,由参、众两院组成。参议院由每州选举的两名议员组成,任期6年,每两年改选其总数的三分之一;众议院议员按各州纳税的人口比例选举产生,任期两年,到期全部改选。国会有权确定各种捐税、以合众国的信用借债、同外国安排商务、铸造货币,有权对外宣战、征召军队,有权为实现宪法规定的权力而制定必要的和适当的法律。

联邦的行政权赋予总统。总统任期4年,由各州选出的总统选举人选出,得选举人过半数票者方能当选。总统是最高行政首长,也是武装部队总司令。总统经参议院批准有权任命部长、驻外使节和领事、最高法院法官及其他官吏;经参议院三分之二多数批准,有权缔结条约,并有权批准或否决国会通过的法案。

最高法院掌握司法权。法官由总统提名经参议院批准后任命,除非渎职,任期终身。最高法院有最高司法裁判权,并逐渐取得监督立法和解释宪法的权力。

1788年6月,联邦宪法获得9个州批准生效。1789年4月,华盛顿当选为美国第一任总统。

1787年《美国宪法》的制定与实施具有重大的历史意义。它确立了联邦共和制,调和了中央和地方、民主派和保守派、大州和小州、南方与北方的各种矛盾;它确定了限权政府原则,突出了文官的地位,通过定期立法、定期更换官员,保持了联邦政府的活力;同时,司法人员的终身任职,也有利于保持法律的连续性和执法的稳定性。美国宪法也是世界近代史上第一部单一的成文宪法,它实践了启蒙思想家阐述的三权分立、相互制衡原则,否定了特权阶层凌驾法律之上的专断,是人类社会政治制度的伟大创举。

4. 法国大革命

18世纪末,危机深重的法国在启蒙思想影响下也爆发了资产阶级革命。当时,法国经济中的资本主义因素处处受封建制度的阻碍,等级制度下的贫富悬殊和捐税负担严重不公,导致资产阶级与下层群众结成联盟共同冲击专制王权。

1774年,波旁王朝的路易十六(1774—1792)继承法国王位。为缓和国家日益严重的财政危机,他先后起用四任财政总监进行改革,旨在压缩政府开支,让特权等级分担赋税。但特权等级拒绝支持改革,在资产阶级和社会各阶层的强烈要求下,国王被迫召集三级会议。② 在会议代表选举期间,资产阶级和自由派贵族通过宣传,大多

---

① 《邦联条例》是1777年11月15日由大陆会议通过,1781年正式生效的美国第一部宪法性文件。

② 法国当时已有175年没有召开三级会议。

当选为第三等级代表。1789年5月5日,三级会议在凡尔赛开幕。国王避而不谈改革,仍按旧制分等级开会、表决,资产阶级要求所有议程由三个等级共同开会,以每个代表作为表决单位。经过斗争,第三等级代表在巴黎人民声援下,于6月17日组成国民会议。6月20日,由于会场遭封锁,国民会议代表在附近的网球场集会宣誓:不制定出一部宪法并实施之,会议决不解散。此后,国王被迫让全体代表加入国民会议。7月9日,国民会议改称制宪会议,酝酿起草《人权宣言》。国王暗中向巴黎调兵,策划武力解散制宪会议。

国王的倒行逆施激起人民愤怒。7月14日,巴黎人民起义,攻占象征君主专制的巴士底狱①,制宪会议掌握政权。这一天,标志着法国大革命的开始。

此后,法国大革命在人民群众的推动下,沿着上升路线经历了三个阶段。首先是君主立宪派执政阶段(1789年7月—1792年8月)。大资产阶级和自由派贵族通过"八月法令"从原则上废除了封建制度,以《人权宣言》②确立了改造封建社会、建立资本主义制度的原则;在《1791年宪法》中规定并实施了基于三权分立原则的君主立宪制政体。其次是吉伦特派执政阶段(1792年8月—1793年6月)。工商业资产阶级在巴黎群众推翻君主制的起义中执政,共和国政府进一步废除了封建土地制,但执政者未能适应群众限价运动的要求,在内忧外患中遭淘汰。第三是雅各宾派执政阶段(1793年6月—1794年7月)。雅各宾派在巴黎群众第三次起义推动下执政,因而以更激进的手段推进革命。他们颁布土地立法,使大量农民成为小土地所有者,比较彻底地解决了革命的基本问题;通过了法国历史上第一部共和制宪法——《1793年宪法》;为稳定局势,逐渐在政治、经济和文化领域建立起恐怖统治。但在形势好转后,以罗伯斯庇尔为首的掌权者仍然沿用恐怖体制处理内政,最终被"热月政变"所推翻,法国大革命的上升路线结束。

热月党人取消了恐怖时期的过激政策,恢复了经济自由原则,在相继镇压巴黎群众的起义和王党暴动后,按照保存大革命主要成果、维护资本主义统治秩序的《1795年宪法》,建立了督政府(1795年10月—1799年11月)。在内遭王党叛乱和雅各宾派残余复辟挑战,外遇欧洲反法同盟不断进攻的混乱局势下,法国急需一个强有力政权取代无所作为的督政府。大资产阶级便从军队中物色铁腕人物,当时远征埃及的年轻将军拿破仑·波拿巴③被认为是最合适人选。他在法国资产阶级上层的支持

---

① 巴士底狱位于巴黎的圣安东区,建于14世纪,专门用于关押政治犯,是君主专制的象征。
② 1789年8月26日制宪会议通过的《人权与公民权宣言》,集中论述了天赋人权原则——包括"自由、财产、安全和反抗压迫"的权利;法制原则——提出"在法律面前所有公民都是平等的";财产权原则——规定"财产是神圣不可侵犯的权利"。以法律形式肯定了启蒙思想的政治学说,是法国大革命的纲领性文件。《人权宣言》后来被作为1791年宪法的前言。
③ 拿破仑(1769—1821),先后担任临时执政府的第一执政(1799年12月—1804年5月),法兰西第一帝国的皇帝(1804年5月—1814年4月),成为法国大革命成果的维护者,直至1815年被欧洲第七次反法同盟彻底打败。

下,于1799年11月9日(共和历雾月18日)发动政变,解散督政府,夺取了政权。以雾月政变为标志,法国大革命结束。

历时10年的法国大革命是近代资产阶级革命史上最彻底的革命。它不仅推翻了法国的封建专制制度,为资本主义发展开辟了道路;而且从根本上动摇了欧洲封建统治的基础,推动了欧洲资产阶级革命和拉丁美洲民族独立解放运动,并促进了资本主义世界体系的形成。

十、工业革命及其后果

欧美各国的政治革命,为社会生产力的突飞猛进创造了条件。以蒸汽机时代和电气化时代为特征的两次工业革命,正是在这样的历史氛围中相继发生。其中,第一次工业革命于18世纪60年代首先发轫于英国,并在随后的100多年内陆续扩展至欧美各国。

1. 第一次工业革命及其后果

英国之所以能拔得第一次工业革命的头筹,是因为这个国家率先具备了独特的社会政治、经济和技术条件。政治方面,"光荣革命"后,在近百年的君主立宪制政体运作过程中,随着大地主、大资产阶级力量的日益强盛,通过传统惯例的作用,国王最终成为"统而不治"的虚君,长期稳定的议会责任制内阁统治,为包括工业革命在内的经济发展提供了稳定的政治环境。经济方面,早在15世纪英国即开始了以圈地运动为主的资本原始积累,进入18世纪又增加了海外贸易、殖民掠夺和政府的债券、赋税政策等资本积累的新途径,使英国在工业革命期间拥有更多的流动资本。技术方面,英国在基础性的采煤、炼铁业上居领先地位,并拥有发达的手工工场,技术人才密集。一些民间工匠、科学家定期聚会讨论科技问题,人称"无形学院"。1662年官方正式予以承认,成为皇家学会。18世纪末,民间涌现出更多的科学团体,汇集了包括瓦特、普里斯特(著名化学家)在内的许多科学家、发明家和企业家。此外,英国发达的贸易市场,自由的竞争机制,顺畅的交通网络都为工业革命提供了必要的条件。

从社会变革的角度看,工业革命的概念具有三层内涵:一是指工具的改良和非生物动力在生产过程中的运用与推广;二是指生产组织、产业结构以至整个经济活动方式的变化;三是指由此发生的社会生活的整体变革。第一次工业革命在生产过程中的变革始于机器代替手工,成于机器制造的机械化;生产组织的变化基于集中的手工工场,止于近代管理严格的机械化工厂;整个工艺变革沿着从工具机到动力机,经原材料和运输工具,直至工作母机的轨迹推进。

18世纪30年代率先发生工业革命的英国,以棉纺织业为突破口,在一个多世纪内实现了近代工业化。除发明一系列工具机①外,最重要的发明是蒸汽机②。蒸汽机的发明与应用为近代工业化提供了广泛的动力源,直接推动了各个工业部门的机械化和工厂制度的形成。恩格斯称之为:"分工,水力、特别是蒸汽机的利用,机器的应用,这就是18世纪中叶起工业用来摇撼旧世界基础的三个伟大的杠杆。"③蒸汽机所开辟的新时代,更引起冶铁、采煤、运输工具和农业机械的技术变革。④ 19世纪40年代,随着机器制造业的机械化,英国完成了工业革命。

工业革命对英国的社会生活影响极大。工厂制度的确立造成社会经济结构的全面变化,工业无产阶级和工业资产阶级崛起成为社会两大主体阶级,工业资产阶级要求分享政治权利发动的改革议会运动,工业无产阶级反抗剥削在城乡自发进行的捣毁机器运动以及维护政治权利自觉发起的宪章运动,构成了英国近代工业化社会政治生活的新内容。

随着英国的工业革命接近尾声,欧洲大陆和美国也相继陆续地开始了工业化进程。法国工业革命历时近80年(18世纪90年代中叶至19世纪70年代初),其主要特征是:由于资本原始积累不充分,工业革命只能长期在小企业中进行,大企业的发展极其迟缓;传统活跃的高利贷资本分流了对工业的投资,构成对工业资本的强大压力;长期占优势的小农经济,制约了工业化所需要的国内市场、原材料和劳动力供应。法国的工业水平因此长期落后于英国,其发展速度甚至不如同期的美国与德国。

美国工业革命历时约60年(19世纪初至70年代末),拥有诸多得天独厚的优越条件:地理位置优越,自然资源丰富;资本原始积累比较充分;国内有利的社会环境;拥有较高素质的移民劳动力和国内市场。因此,美国工业革命呈现为四个特征:一是引进国外先进技术与国内技术创新和专利发明相结合,二是以交通运输的变革为先导,三是工业化的进程与西进运动相互促进、同步发展,四是在科学与生产技术日益紧密结合的基础上形成新兴工业。基于这些特征,美国先于法国和德国完成了工业革命,于19世纪70年代末一跃成为仅次于英国的世界工业强国。

19世纪30年代,德国工业革命起步时国家尚未统一。其工业化的资本主要来

---

① 英国在工具机上的重要发明有:凯伊的飞梭(1733年)、哈格里沃斯的手摇纺纱机(又称珍妮机,1764年)、阿克莱特的水力纺纱机(窃取木匠海斯的发明申报专利,1769年)、克伦普顿的骡机(综合纺纱机,1779年)以及卡特莱特的水力织布机(1785年)。
② 苏格兰人詹姆斯·瓦特(1736—1819)的贡献在于发明了双向联动式蒸汽机(1782年),开拓了蒸汽机在工业中的用途。
③ 《马克思恩格斯全集》第2卷,人民出版社1957年版,第300页。
④ 冶铁业的重要发明有1735年亚伯拉罕·达比的焦炭炼铁法,1782年瓦特的锻铁汽锤;从1813年起,以蒸汽机为动力的掘井机、抽水机在采煤业广泛应用;1814年史蒂芬逊试制了第一台蒸汽机车,宣告了火车运输时代的到来;继1807年富尔顿发明蒸汽船后,1812年英国的汽船也试航成功;农业上,1780—1790年,安德鲁·朱克尔制造了第一台打禾机,到1850年前后,英国农业实现了机械化。

自对农民的掠夺、对社会游资的吸纳和外资的投入;各邦政府对经济的干预有效地推动了工业革命的进程,受普鲁士武力统一国家方针的影响,主要大邦超前发展重工业,由此奠定了工业化的雄厚基础,推动了工业革命的全面发展。1871年德国完成统一后,凭借50万法郎的赔款和阿尔萨斯与洛林丰富的煤铁资源,德国不失时机地抓住第二次工业革命机遇,兴办电力、化工等新兴产业,及时调整产业结构,最终于19世纪80年代完成了工业革命。因此,德国工业革命起步虽晚却能在不长的时间内完成,取得比英法老牌工业国家更大的成就,跃居于世界前列。

在整个欧美各国的工业化浪潮中,只有俄国因其农奴制度的制约,工业化程度和水平是最低的。

第一次工业革命对近代世界历史的最大影响,是国际工人运动的逐步高涨和科学社会主义的产生。随着1848年2月《共产党宣言》的发表,马克思主义开始成为国际工人运动的理论指导,各国工人阶级反抗资本主义剥削制度的斗争开始从自发阶段,向国际联合的自觉阶段转变。

2. 第二次工业革命及其后果

第一次工业革命使自然科学在19世纪取得了重大研究突破,从而为新的技术革命准备了条件。当自然科学的研究成果被广泛运用于工业生产,便引起了人类历史上的第二次工业革命。①

第二次工业革命始于19世纪60—70年代,到19世纪末20世纪初基本完成。电力的广泛应用是本次工业革命的核心内容:1866年德国工程师西门子根据电磁感应定律制成发电机,4年后比利时人格拉姆发明电动机,电力开始成为补充、取代蒸汽动力的新动力源;随后,电灯、电话、电焊、电钻、电车和电报等发明,如雨后春笋般地涌现;1882年法国科学家德普勒初步解决远距离电力输送问题,1888年英国人特斯拉成功建成交流电传送系统,德国人斯泰因梅茨随后创立交流电理论,使交流电成为配电系统的主要配电方式,新兴的电力工业和电气设备工业得以迅速发展。

内燃机的发明是本次工业革命应用技术上的另一重大成就:1876年德国发明家奥托试制成以煤气为燃料的四冲程内燃机,1883年奥托的协作者戴姆勒制成体积小、马力大、重量轻、效率高的汽油内燃机,1892年德国人狄塞尔又发明了结构更简单、燃料更便宜的柴油内燃机。后两种内燃机的发明不仅解决了发电问题,而且为交通运输工具带来了重大技术变革:1885年戴姆勒、本茨各自独立制成了以汽油内燃机为动力的汽车,1892年美国人福特也制成汽车,并建立自己的汽车工业;1887年

---

① 19世纪30年代,英国科学家法拉第发现了电磁感应现象,提出了发电机的理论基础;德国植物学家施莱登和动物学家施旺在前人研究的基础上,建立了细胞学说。40年代,英国物理学家焦耳发现了能量守恒和转化定律。50年代,英国生物学家达尔文正式出版《物种的起源》,提出进化论思想。60年代,俄国化学家门捷列夫发现了化学元素周期律,奠定了无机化学的基础。70年代,有机化学的绝大多数重要原理已经基本确立。

装有汽油内燃机的汽船已行驶在江河上,1903年美国的莱特兄弟成功试飞了以8马力汽油内燃机为动力的飞机;1908年,制成了以柴油机为动力的潜水艇,1912年柴油机驱动的远洋货轮下水,1913年,第一台柴油机火车头制成。内燃机的广泛应用,给人类社会生活带来了深远影响。

化学工业的建立也是本次工业革命应用技术上的一大成就:这项新兴工业既与煤炭综合利用有关,又与内燃机的广泛应用密不可分。1877年德国建立化工研究所,在有机结构理论指导下进行煤焦油综合利用研究,不久成功制成人工合成染料、药品和香料,以后又合成了尿素、电石、尼龙、人造丝、橡胶、农药和除草剂等。至20世纪初期,欧美主要资本主义国家都兴建了合成化学工业。随着内燃机的广泛使用,石油的开采量增加,提炼技术不断提高。在此期间,美国的石油化学工业尤其发达。1869年美国人黑特发明赛璐珞,1906年美籍比利时人贝克兰德发明电木,这两种新材料均普遍运用于欧美国家的社会生活。

与第一次工业革命相比,第二次工业革命具有一些新特点。一是对世界经济和人类社会生活影响极大。这期间欧美各国无论是经济管理模式,还是社会生产方式均发生了根本变化:人们的工作和生活由于有了现代化照明设施,第一次突破了昼夜更替的限制;世界各地的经济、政治和文化联系在现代化的通信手段和便捷的交通工具条件下进一步加强。二是技术发明的自然科学研究成果含量高。第一次工业革命时期,许多技术发明来源于工匠的实践经验,科学和技术尚未真正结合;第二次工业革命期间,技术发明与自然科学结合紧密,电能源的开发与利用、化学工业的兴建,都是自然科学成果推广应用的结果,科学成了推动生产力发展的一个重要因素。三是新技术的推广运用非常迅速。许多新的技术发明一开始付诸应用,即超出一国的范围;在一些后起的工业化国家,两次工业革命同时开展、交叉进行,在短期内即能获得跳跃式发展。

因此,第二次工业革命的社会后果远甚于第一次工业革命。在经济运作方面,科技的巨大进步推动了工业生产的迅速发展,生产规模不断扩大,社会财富日益集中于少数企业,生产和资本的集中导致了垄断;在国家政治层面,掌握垄断组织的资本集团越来越深地干涉国家的政治、经济生活,资本主义国家逐渐成为垄断组织利益的代表,各国政府都在强化政府的行政功能,推行社会立法,以增强对外竞争能力;在国际关系方面,由于垄断组织超越国界,形成国际垄断集团,企图从经济上瓜分世界,导致资本主义各国加紧对外侵略扩张。19世纪末20世纪初,美、德、英、法、日、俄、意等主要资本主义国家,相继进入了帝国主义阶段。①

---

① 日本通过1868年的明治维新,实施"殖产兴业、文明开化、富国强兵"战略,在第二次工业革命中实现了资本主义工业化;俄国通过1861年农奴制改革,意大利通过19世纪60年代的统一,相继完成工业化。

十一、近代民族运动的兴起

西欧国家在民族经济兴盛及与天主教会的斗争中增强了民族意识,通过政治革命建立了近代民族国家。当它们对外殖民扩张与掠夺,奴役、压迫其他民族的时候,同样唤醒了当地人民的民族意识,激发了近代亚、非、拉地区的民族运动。

1. 19世纪中后期亚洲的民族运动

19世纪中叶,随着西方殖民者对亚洲各国侵略的加深,当地原有的封建经济逐渐解体,阶级矛盾和民族矛盾日趋加剧,由此形成了亚洲民族运动的第一次高潮。主要包括:印尼爪哇人民反抗荷兰殖民者的起义,阿富汗人民的反英起义,伊朗巴布教徒起义和印度民族大起义。后两次起义是这次民族运动高潮的顶峰。

巴布教产生于19世纪40年代,是伊朗社会矛盾尖锐背景下出现的一个伊斯兰教新教派,其创始人赛义德·阿里·穆罕默德自称"巴布"①。1848年,巴布教徒发动起义,打击封建贵族势力,在全国各地建立据点,实行财产公有制和共餐制。直到1852年,这次起义才最终被镇压下去。巴布教徒起义是以宗教为旗帜的一次反封建起义,当时伊朗已经沦为欧洲列强的半殖民地,起义客观上具有反抗外国殖民侵略的性质。

1857—1859年的印度民族大起义,是一次由封建王公领导的、以印度土兵为主要力量、广大人民踊跃参加的民族大起义,它沉重打击了英国殖民者,迫使英国殖民当局不得不改变统治策略,也在一定程度上遏制了英国对亚洲其他地区的侵略活动。在此之前的一个世纪里,印度人民的反英斗争大多属于局部的地区斗争,这次起义在规模上遍及印度北部和中部的广大地区,在成分上包容了社会各阶层、阶级和政治集团,表明印度人民已开始形成近代统一的国家观念。但是,由于缺乏先进阶级的领导,这些运动的主力军主要是破产的农民和手工业者,他们在运动中提不出改造社会的新方案,所以基本上仍是旧式的民族运动。

19世纪末,随着世界资本主义进入帝国主义阶段,亚洲各国的殖民地、半殖民地化的程度不断加深,与此同时各国也产生了资本主义经济因素,出现了早期的无产阶级和资产阶级。在此背景下,亚洲国家出现了第二次民族运动高潮。其中,越南的勤王运动、朝鲜的甲午战争等属于旧式的反帝反封建起义;1876年以来的奥斯曼青年党人的改革与立宪运动、1885年印度国民大会党的成立、中国的戊戌变法、菲律宾资

---

① 巴布,阿拉伯语意为"门",意即真主的意志通过此门传达给人民,巴布本人就是真主与人民的中介人。

产阶级革命等则属于新兴的资产阶级民族运动范畴。

受法国大革命的影响,奥斯曼土耳其自19世纪上半期开始,即开展了多次改革与立宪运动,以图摆脱欧洲列强的奴役。1876年初,帝国境内各地爆发的起义,为奥斯曼青年党人发动新的改革立宪运动提供了契机。当年12月公布的宪法,规定奥斯曼帝国为君主立宪国家,反映了一定的民主气息。但次年宪法付诸实施后,苏丹不能容忍国会实际行使对政府的监督权,很快便解散仅仅存在了5个月的国会。奥斯曼青年党人领导的护宪斗争和起义也遭镇压。

1857—1859年民族大起义失败后,印度的民族资本主义有所发展,一批受过英国教育、热心于复兴印度文化的民族知识分子发起了民族启蒙运动。在此基础上,印度各地民族主义组织于1885年在孟买召开了印度民族主义者代表大会,大会宣布成立"印度国民大会党"(简称"国大党")。这是印度第一个民族主义的全国性政党,成为印度民族运动的领导力量。国大党的早期活动主要是宣传鼓动,后在其内部形成了"极端派",从而把印度的民族启蒙运动推向了革命的民族主义阶段。

1898年中国发生了戊戌变法,因为仅持续了103天就以失败告终,故而又称为"百日维新"。领导这次运动的主要是维新派知识分子,代表人物有康有为、梁启超、谭嗣同等,它是资产阶级改良派发动的变法图强的维新运动,也是中国有史以来第一次近代资产阶级性质的改良运动,意义重大。运动虽然失败了,它所反映的社会矛盾还依然存在,斗争还将继续。这次变法运动为20世纪的辛亥革命打下了良好的基础。

菲律宾自1565年沦为西班牙的殖民地后,逐步涌现了一些与西班牙文化界联系密切的知识分子,他们与西班牙的自由主义者共同致力于争取菲律宾人的民主权利。1892年,他们相继建立民族组织菲律宾联盟和秘密组织卡蒂普南①,对西班牙殖民当局展开了独立战争。不久,美国对西班牙爆发战争,卡蒂普南领导人发表独立宣言,宣布成立共和国,颁布宪法。美国拒绝承认菲律宾独立,新政府的抗美战争失败,菲律宾成为美国控制下的殖民地。菲律宾独立战争虽然失败,但它结束了西班牙300多年的殖民统治,显示出亚洲各国建立民族独立国家的共同趋向,揭开了20世纪初期"亚洲觉醒"的民族民主革命序幕。

2. 非洲人民的反帝斗争

19世纪前期,资本主义国家工业革命加紧进行,为寻找更广阔的商品销售市场和原料产地,列强纷纷将目光投向非洲。19世纪70年代以后,随着苏伊士运河的通航和西非、南非各种矿藏的发现以及经济作物的成功种植,帝国主义列强掀起了瓜分非洲的狂潮。在帝国主义瓜分非洲的过程中,殖民地人民同帝国主义的矛盾十分尖

---

① "菲律宾联盟"由爱国知识分子何塞·黎萨创建于1892年6月,当年7月黎萨被殖民当局逮捕后,另一位爱国知识分子滂尼法秀便建立秘密组织"卡蒂普南"(意为"人民儿女高尚和尊贵的联合会"),领导人民武装起义。

锐。这一时期,武装斗争和武装起义是非洲人民反对殖民主义斗争的主要形式。埃及的抗英斗争、苏丹马赫迪起义和埃塞俄比亚抗意战争,都是其中的突出事件。

1869年苏伊士运河开通之后,以英法为首的欧洲殖民国家通过一系列卑劣的手段不仅控制了苏伊士运河的通航权,也控制了埃及的财政权。1879年,爱国军官阿·阿拉比领导成立了民族资产阶级的政党"祖国党",提出了"埃及是埃及人的埃及"的口号。1882年,在阿拉比的领导下,开罗守城部队发动起义,成立祖国党政府,实行了一系列的政治经济改革,严重威胁着殖民者的利益。于是英国派出舰队,挑起侵略战争。阿拉比指挥军队英勇抵抗,但最终失败。此后,埃及处于英军的占领下,成为事实上的殖民地。

1881年,苏丹爆发反英大起义。这次起义的领导人马赫迪号召人民进行"圣战",赶走外国侵略者。这次起义的规模大,持续近20年之久,沉重打击了英帝国主义。起义失败后,英国控制了苏丹。

1894年,意大利发动对埃塞俄比亚的侵略战争。第二年,埃塞俄比亚皇帝孟尼利克二世发表告《全国人民书》,号召人民为抗击侵略者、保卫国家的独立而战。经过全国各阶层人民的英勇抵抗,终于在1896年打败侵埃意军,迫使意大利在和约上签字,承认埃塞俄比亚是独立国家。

3. 拉丁美洲的民族民主运动

19世纪初,拉丁美洲各国取得政治独立后,并未真正走上资本主义的发展道路,各国民族资本主义经济远不够发达,而以工业资本主义为基础的新殖民者又加紧了对拉丁美洲的经济渗透,这就使独立后的拉美国家既带有浓厚的封建色彩,又对欧美列强有很大的依赖性。在列强的经济和军事侵略下,拉丁美洲实际上沦为列强的半殖民地,拉丁美洲人民面临着反帝反封建的艰巨任务。

古巴的独立战争是拉丁美洲人民民族民主运动的突出代表。1511年,古巴沦为西班牙的殖民地。西班牙的殖民统治不断引发古巴人民争取民族解放的斗争。1868年,以塞斯佩德斯-博哈尔·德尔卡斯蒂略为首的一批爱国志士发动起义,提出了"打倒西班牙统治""废除奴隶制度"等口号,并宣布古巴独立。起义爆发后,殖民当局派重兵进行镇压。1873年塞斯佩德斯-博哈尔·德尔卡斯蒂略被俘就义。1878年起义者的代表与殖民当局签订《桑洪条约》,坚持了10年的第一次独立战争以失败告终。

《桑洪条约》签订后,古巴人民的境况并未得到改善。为争取民族解放,民族英雄何塞·马蒂于1895年宣布起义。在与西班牙殖民军的一次激战中,马蒂壮烈牺牲,其战友继续领导斗争。此后,起义军和古巴人民召开代表会议,制定临时宪法,宣布古巴独立,成立共和国。在共和国的领导下,革命战争不断取得胜利。但美西战争使得美国插手古巴事务,在击败了西班牙殖民军之后,美军占领了古巴并通过操纵傀儡政府使古巴成为美国的保护国。古巴人民仍需继续完成争取民族解放的艰巨任务。

十二、资本主义世界体系的形成

在两次工业革命的推动下,资本主义的经济、社会制度以欧美为核心逐渐向全球渗透扩张,19世纪中期初步形成世界性体系,20世纪初期世界更发展成为一个在经济上、思想文化上密切联系的整体。

1. 19世纪中期的资本主义世界体系

19世纪中期资本主义世界体系的经济、政治框架,是建立在工业化经济和自由贸易基础上的世界市场,以及资本主义制度的确立、主要大国争霸战争形成的世界殖民体系。

世界工业化的发展,金融业和自由贸易的兴起,以及世界市场的最终形成,构成了资本主义世界体系的经济框架。当时主要资本主义国家的工业产值增长迅猛:"世界工厂"英国仅在1850—1870年即增长98%;法国在这20年间工业产值增长了2倍,国民收入增加了1倍;德意志同期工业产值增长了3倍;美国仅1860年已占全世界工业总产值的15%,增长近90%。世界工业化的发展带动了金融业的兴起:新航路开辟后西欧国家积累了充足的资金,1848—1853年由于在加利福尼亚和澳大利亚发现金矿,世界黄金产量剧增,各国间银行、证券、股票业务遍及欧洲,拓宽了工业化的融资渠道。随着金融汇兑、贸易结算国际化,自由贸易逐渐成为各国政府的共识。英国于1860年前后相继废除"谷物法"和"航海条例",率先向欧洲开放市场,实行自由贸易政策。法国同普鲁士、比利时和意大利缔结新的商约,彼此降低直至取消进出口关税。意大利、俄国和波兰之间都取消关税或缔结关税同盟,实现自由贸易。世界市场在此基础上最终形成,集中表现为:① 世界贸易规模急剧增加。在1800年到1880年的80年间,世界贸易总额增加了9倍多,其中增长幅度最大的是60年代至80年代。② 世界市场实现了普遍分工。随着工业产品远销全球,各地的手工业品和传统的工艺品遭到毁灭性打击,工业化国家日益成为世界工厂和大都市,广大非工业化国家和地区只能从事粮食、原料和其他作物的生产,沦为世界农场和乡村。原有的民族市场、地区性市场丧失了相对独立性,被纳入世界市场体系。③ 各国经济相互依存,互为市场关系。普遍的国际分工造成各国的生产和消费趋于国际化,也使资本主义经济危机成为国际现象。1857年的第一次世界性经济危机,充分证明了世界市场的这一副作用。

资本主义制度的确立、主要大国争霸战争形成的世界殖民体系,构成了资本主义世界体系的政治框架。16世纪末的尼德兰资产阶级革命,是资本主义制度在欧洲国家确立的起点。17世纪的英国资产阶级革命,最终确立了资产阶级君主立宪制政体,为工业革命提供了有利的政治条件。18世纪的北美独立战争和法国大革命,是资本主义制度确立的高潮。美国1787年联邦宪法所建立的三权分立政体,开启了近代资产阶级民主政治的先河;法国的《人权宣言》和从君主立宪制到共和国的政治实践,将近代资产阶级反封建的武器——自由、平等,锻造得更加坚韧锋利。进入19世纪,资本主义制度开始向世界范围扩展。1810—1825年拉丁美洲的独立战争,19世纪20—30年代欧洲的希腊、意大利、西班牙、葡萄牙、比利时等国的革命运动,都程度不同地在经济、政治领域确立或推进了资本主义制度。1848年欧洲革命虽未完成历史使命,却沉重打击了封建制度,使立宪、改革深入人心,为19世纪50—60年代资产阶级民族、民主运动的高涨准备了条件。19世纪中期,德意志和意大利相继通过资产阶级化的民族统一战争,走上了资本主义发展道路;俄国和日本分别实行自上而下的资产阶级改革,构筑起资本主义的经济、社会制度框架。在确立资本主义制度的过程中,各国也在努力塑造对本国有利的世界政治秩序。

自地理大发现开始,西欧各国的资本原始积累即以殖民掠夺的形式向海外扩张。16—18世纪,西班牙、荷兰、法国和英国为争夺世界殖民扩张的霸权,相继进行了一系列战争。其中,以英国、普鲁士、汉诺威为一方,以法国、奥地利、俄国、萨克森、瑞典、西班牙为另一方的七年战争(1756—1763),是英法争夺殖民地和商业霸权的决战。战争的结果除普鲁士成为欧洲大陆新兴强国外,法国在海上、北美、西印度群岛和印度同英国的交战中连遭败绩,丧失了北美的加拿大、印度和部分西印度群岛等地的殖民地和势力范围,英国从此成为海上霸主。18世纪末到19世纪初,英国一方面多次纠集全欧洲性的反法联盟遏制法国,另一方面乘机攫取拿破仑帝国的全部海外殖民地。1815年维也纳体系建立之际,基本上形成了俄国控制欧洲大陆,英国掌握世界霸权的格局。英国的殖民地遍布各大洲,1876年,当维多利亚女王戴上印度女皇的皇冠时,世界已形成以英国为首的欧洲殖民大国占统治地位的殖民体系,非洲和亚洲地区则沦为西方的殖民地和半殖民地。

2. 20世纪初期世界连接成一个整体

20世纪初期,世界各地区之间的联系更加紧密。在通信和交通方面,1914年以前铺设的海底电缆已长达51.6万公里,各大陆之间的电报联系和信息交流由此加强;这期间世界商船总吨位已达5 000万吨、3万多艘,往返运货于全球各地;主要航线通航的运河大大缩短了海上航程:1869年苏伊士运河通航,缩短了西欧与印度之间的航程达4 000英里,1914年竣工的巴拿马运河,缩短了纽约与旧金山之间的航程达8 000英里。各大洲均已建成横贯大陆的铁路:美国建成于1869年,加拿大建成于1885年,西伯利亚铁路则建成于1905年。在社会生活方面,出现了亘古未见的景象:一个国家或一个地区的产品能行销全球,一个国家举行的博览会,世界"万国"可以参加;而一个地区发生的经济危机,也会很快波及或影响世界:欧洲市场的萧条,会引起大西洋彼岸工人的失业。在世界形成一个整体的历程中,世界经济的增长和生产力的发展达到史无前例的水平,1869—1913年世界工业生产的增长超过了6倍,

1851—1913年间世界贸易总额增长了12倍。

总之,自1500年前后的"地理大发现"在人类历史上第一次打破世界各地区的封闭状态后,随着海上商路的开拓,各地区、各国之间的联系一步一步地加强,到1900年左右,世界终于形成一个牵一发而动全身的有机整体。创造这个奇迹的主要力量,就是近代以来登上世界历史舞台的资本主义。

在奴隶社会和封建社会,世界文明的根基是农本经济。以农业为本的经济,是自给自足的经济,本身带有封闭性,因而成为地区间、国家间横向联系的障碍。当时的商业具有打破社会封闭性的某种活力,但在以农为本的奴隶制、封建制社会,商业被置于农业经济的附属位置,不可能从根本上突破地区间、国家间的封闭隔阂。只有资本主义才具备将世界各地联结成为一个有机整体的能力。因为,在资本主义社会增值是资本的"本能",扩张则是资本增值的前提与条件,也是近代世界资本主义发展的动力与活力所在。以增值和扩张为本性的资本主义,必然要求整个世界对它开放,供其掠夺各地的廉价原料,向世界各地倾销商品,并且向海外拓殖移民。这些活动必然导致世界各地区加强联系,直至形成相互依存的有机整体。

当资本主义向垄断阶段过渡后,欧美帝国主义列强便掀起瓜分世界的狂潮,使亚非拉绝大部分国家和地区变成列强的殖民地或半殖民地。因此,世界各地区形成一个有机整体,固然是人类历史上的一个巨大进步,但这个进步也是与资本主义、帝国主义列强对世界其余地区、国家的剥削、奴役密切联系在一起的,因而是一种非常不公正、不正常的现象,也是一个矛盾。1900年以后的人类历史发展的趋势就是要解决这个矛盾,消除这种不公正现象,逐步建立一个公平、公正的世界。

十三、第一次世界大战

进入20世纪后,世界历史终于具有完整的意义。随着世界联结成为一个整体,欧美列强为重新瓜分殖民地、势力范围和争夺世界霸权,展开了愈演愈烈的斗争,最终导致第一次世界大战的爆发。

1. 两大军事集团的形成

19世纪末随着第二次工业革命的进行,帝国主义国家之间政治和经济发展不平衡性加剧,争夺霸权和海外殖民地的斗争越发激烈。欧洲列强之间的矛盾错综复杂,主要矛盾集中在法德、俄奥和英德之间。

法德矛盾源于德国的统一所形成的德法宿怨。法国在普法战争中的失败,失去了原来在中欧及西欧的霸主地位,国内各阶层对于失败都耿耿于怀,纷纷要求报仇雪耻。而德国则唯恐法国东山再起，竭力在国内扩充战备，拉拢与法国有矛盾的国家组成同盟。俄奥矛盾则主要集中在对巴尔干半岛的争夺上，俄国一直在巴尔干地区打着泛斯拉夫主义的旗号进行扩张；奥匈帝国一方面努力向巴尔干地区扩张，另一方面也害怕其统治下的斯拉夫人在俄国的唆使下独立。英国的外交传统是维持欧洲大陆均势，既不愿看到德国过分强大，也不愿意看到俄国在巴尔干地区过分扩张。随着列强在殖民地问题上矛盾的加剧，英德矛盾开始激化，逐渐上升为帝国主义国家之间的主要矛盾。

1879年，在俾斯麦的推动下，德国利用俄奥矛盾拉拢奥匈帝国首先缔结了德奥"同盟条约"，这个条约具有明显的反俄性质。后来，意大利在同法国争夺突尼斯的斗争中失败，俾斯麦又趁机拉拢意大利。1882年，德、奥、意缔结三国"同盟条约"，形成了以德国为核心的同盟国集团。

为了对付三国同盟，法国于1892年同俄国缔结军事协定，规定一旦法国遭到德国或德国支持的意大利的进攻，俄国应以全部兵力进攻德国；一旦俄国遭到德国或德国支持的奥匈帝国的进攻，法国应以全部兵力进攻德国。法俄协约的建立，标志着欧洲大陆正式形成两大军事集团对峙局面。伴随着英德矛盾的加剧，英国逐渐调整了与法、俄两国的关系，分别于1904年签订了英法协约，1907年签订了英俄协约，由此形成英、法、俄三国协约集团。欧洲两大军事集团最终形成后，世界大战一触即发。

2．1914—1916年战争进程

1914年6月28日，奥匈王储在萨拉热窝被刺身亡，成为第一次世界大战导火索。7月28日，奥匈在德国支持下向塞尔维亚宣战，第一次世界大战正式爆发，随后几天德、俄、法、英相继加入战争。交战的一方为德国、奥匈及他们支持下的奥斯曼土耳其、保加利亚；另一方则为英国、法国和俄国，以及他们支持下的塞尔维亚、比利时、意大利、日本等国。①

第一次世界大战爆发后，主要战场集中在欧洲，大致可分为两条战线。西线是英、法、比联军对抗德军，东线则是俄军和德奥的对抗，而西线则对整个战局起着决定性的作用。

1914年是战争的第一阶段。战争一开始，德国就根据战前制订的计划首先在西线发动攻势，妄图速战速决。由于在马恩河战役中法、英、比联军成功地抵制住了德国的进攻，以及俄国在东线发动了攻势，德国速战速决的计划破产。马恩河战役后，交战双方转入了持久的阵地战。

1915—1916年是战争的第二阶段。交战双方都将1916年看成是决定性的一年，因此当年展开了三大陆地战役，即历时10个月被称为"绞肉机"的凡尔登战役，历时5个月首次使用坦克的索姆河战役，以及俄国在东方的夏季攻势。而在海上，

---

① 意大利虽然原属同盟国集团，但在战争爆发后考虑利害关系，最终于1915年加入协约国作战。日本则以1902年签订的英日同盟条约为借口宣布对德宣战，出兵中国山东的德占势力范围——青岛和胶州湾。

1916年5月,英德爆发了开战以来最大的海战——日德兰海战,德国未能打破英国的海上封锁。战略主动权逐渐转移到协约国一方。

3. 十月革命与大战结束

进入1917年,战局发生了改变。1917年4月,美国加入协约国集团,对德宣战。随后,中国等国也相继宣布加入协约国集团,这样协约国集团的阵营增加到了27个国家。在俄国,1917年3月(俄历2月)爆发了资产阶级革命,推翻了罗曼洛夫王朝的专制统治;11月(俄历10月)在列宁的领导下爆发了无产阶级革命,推翻了资产阶级临时政府,建立了世界上第一个无产阶级专政国家——苏维埃政权。1918年3月,苏维埃俄国与德国签订《布列斯特和约》,退出了第一次世界大战。

美国的参战和俄国的退出,加速了第一次世界大战的进程。尽管德国利用苏俄退出战争、美军尚未抵达欧洲战场之际在西线发动了几次大的攻势,但在协约国的顽强抵抗下均以失败而告终。1918年9月29日,保加利亚首先向协约国投降;10月30日,奥斯曼土耳其也签字投降;11月3日,奥匈帝国投降;11月11日,德国被迫签署停战协定,第一次世界大战以协约国集团的胜利而告终。

第一次世界大战是帝国主义争霸战争。战争持续了4年零3个月,给全世界人民带来了巨大的灾难和痛苦。31个国家、15亿左右人口被卷入战争,占当时世界总人口的四分之三左右,伤亡人数达3 000多万,经济损失达2 700亿美元,人类多年积累的财富毁于战火。

第一次世界大战对世界历史的进程也产生了重大影响:欧洲帝国主义列强的势力受到沉重打击,四大帝国即德意志帝国、俄罗斯帝国、奥匈帝国和奥斯曼土耳其帝国先后土崩瓦解,英、法、意等战胜国也遭到严重削弱;战前即已崛起的美国与日本则利用战争发展了自己的力量;战后初期,亚、非、拉的民族解放运动出现了新的高涨;俄国十月革命的胜利打开了帝国主义链条上最薄弱的一环,开辟了无产阶级革命和民族解放运动的新时代,具有深远的历史意义。

十四、第二次世界大战

第一次世界大战后,世界进入了一个经济发展缓慢、政局动荡不宁的阶段。由于"凡尔赛-华盛顿体系"①未能消除战后世界的各种矛盾,在新的世界经济危机打击

---

① 该体系指1919年6月美、英、法、日、意五大战胜国通过巴黎和会所缔结的《凡尔赛条约》,以及1922年2月美、英、法、日、意、中等九大国通过华盛顿会议所缔结的《四国条约》《五国海军条约》和《九国公约》形成的两大条约体系;该体系旨在保持战后世界和平、达成列强间新的势力平衡。

下,欧亚大陆重新形成了战争策源地,引发了第二次世界大战。

1. 1929—1933年大萧条

1929—1933年的世界资本主义经济危机,是截至当时为止持续时间最长、波及范围最广、危害程度最深、影响最大的一场危机。

1929年10月24日,纽约证券交易所的股票价格出现灾难性暴跌。尽管美国几家实力雄厚的大财团采取了种种挽救措施,也无济于事。危机期间,美国股票价格由平均每股365美元暴跌到81美元,降低了78%。证券交易危机经财政信贷危机波及工农业生产部门,导致经济危机在美国全面爆发。美国的经济危机迅速波及严重依赖美国资本的德国,接着殃及严重依赖世界市场的英国,并随之蔓延到全世界大部分国家,形成了当时资本主义世界前所未有的最严重、最持久的世界性经济危机。

这次大萧条持续的时间特别长,从1929年开始到1933年结束,前后达5个年头。所波及的范围特别广,工业危机和农业危机相互交织,生产危机和货币信用危机相互影响,资本主义国家的危机逐渐蔓延到殖民地附属国,相互加深,使整个危机不断深化激化,难以靠牺牲其他行业或其他国家来摆脱,因此危机造成的破坏性特别大。四年间,整个资本主义世界的工业生产下降40%以上,大致退到19世纪末20世纪初的水平。各国失业人数急剧增长,1932年,全世界失业人数达3 000万人,半失业人数达1 000—1 500万人。

这场危机的基本根源,第一是生产的社会化与垄断资本集团的私人占有制之间的矛盾。20年代的短暂繁荣并未带来共同富裕,相反加剧了贫富差距,限制了社会的购买力。第二是人的认识水平滞后于客观事物发展的进程,各国的决策者以19世纪的政策去应付20世纪的经济需要。第三是20年代经济繁荣时出现的股票和地产投机狂热,增加了金融市场的不稳定性。第四是在世界经济日趋一体化的时代,20年代缠绕在西方国家之间的经济联系,仍然只是战争债务、战败国的赔偿和道威斯计划实施后美英两国给德国的贷款。

空前严重的世界经济危机,导致世界动荡不已的政治危机,各种矛盾不断激化,带来了灾难性的后果。在美国,政治动荡的结果是富兰克林·罗斯福在1932年的选举中取得了彻底胜利,随即而来的"新政"起到了发泄政治不满情绪"安全阀"的作用,各种极端主义运动逐渐平息。但欧洲其他国家的民主制度严重受损,意大利的墨索里尼和德国的希特勒率先通过扩军备战,暂时解决了失业问题,一些国家由此仿效法西斯运动,从而在欧亚形成威胁世界和平的战争策源地。

2. 欧亚战争策源地的形成

在欧洲,意大利率先走上法西斯道路后,西班牙、德国紧随其后。德意志魏玛共和国在危机期间,经济萧条、社会动荡、各种矛盾激化。以希特勒为首的民族社会主义党——纳粹党,利用国家的混乱局势,在社会主义和民族主义的旗号下宣传蛊惑,骗取了民众的支持。在1932年夏举行的国会选举中,纳粹党一跃成为国会第一大党。1933年初,希特勒的纳粹党上台执政,他本人出任总理。从此,法西斯德国走上了对内重整军备、实行专制统治,对外扩军备战、伺机扩张的道路。第二次世界大战的欧洲策源地由此形成。

在亚洲,日本在经济危机的打击下也走上法西斯侵略扩张的道路。与德国不同的是,法西斯在日本不是以政党形式出现,而是以军部为核心。军部是日本法西斯化的主要决策者和推动者,军部通过制造一系列暗杀、政变等恐怖事件,逐步削弱文官政府的力量,将国家引向对内独裁、对外扩张的道路。1931年9月18日,日本发动"九一八"事变,强占中国东北。次年1月28日,日本又在上海挑起"一·二八"事变,企图转移国际视线扶植伪"满洲国"傀儡政权。2月26日,一批日本法西斯青年军官发动"二二六"兵变,大大加强了军部的势力。此后,军部控制的广田弘毅内阁上台,建立军事法西斯专政。军部一方面限制国内人民自由,加紧扩军备战;一方面制定侵略扩张的基本国策,积极准备扩大对华侵略战争。第二次世界大战的亚洲策源地也由此形成。

3. 战争的进程与后果

欧亚战争策源地形成后,英、法等西方国家对法西斯国家的侵略挑衅奉行绥靖政策,纵容、助长了侵略者的嚣张气焰。1936年11月和次年11月,德、日、意签订《反共产国际协定》,正式形成三国轴心集团。

1939年9月1日,德国闪击波兰。3日英、法相继对德宣战,第二次世界大战全面爆发。至1940年10月,西欧大部分国家沦入法西斯德国之手,仅剩英国苦守孤岛抗战。1941年6月,希特勒挥师东向,进攻苏联;12月,日本偷袭珍珠港;苏德战争和太平洋战争的爆发,促成了世界反法西斯联盟的形成。以美、英两国发表的《大西洋宪章》为基础,1942年1月,美、英、苏、中等26国发表《联合国家宣言》,共同组成世界反法西斯联盟。其后,苏军与英、美盟军相继通过斯大林格勒战役、阿拉曼战役和中途岛战役扭转了战局。1943年,美、英、中三国政府首脑在开罗举行会议①,美、英、苏三国首脑在德黑兰举行会议②,两次会议对于维护、巩固反法西斯联盟的团结,加速反法西斯战争的胜利起了重大作用。1944年6月,美英盟军在欧洲西部开辟第二战场,德国法西斯陷入苏军和美英盟军东西夹击的绝境中。1945年2月,苏、美、

---

① 1943年11月22—26日,美、英、中三国政府首脑罗斯福、丘吉尔、蒋介石在开罗举行会议,确定了限令德、意、日无条件投降的原则,签署了《开罗宣言》,宣告日本所窃取中国之领土,例如,满洲、台湾、澎湖列岛等归还中国,战后"使朝鲜自由独立"。

② 1943年11月28日—12月1日,苏、美、英三国首脑斯大林、罗斯福、丘吉尔在德黑兰举行第一次会晤,讨论了在西欧开辟第二战场问题,并就战后处置德国、波兰疆界的变迁,成立国际组织,以及苏联参加对日作战等问题交换了意见。会议通过了《德黑兰宣言》,表示三国将在对德作战中一致行动,并在战后继续合作。

英三国首脑在克里米亚半岛的雅尔塔举行第二次会晤①,协调了盟国最后战胜德、日法西斯的步伐,商定战后建立联合国,并初步形成了美苏战后划分势力范围的协议。当年5月,德国法西斯在盟军占领大部分国土、苏军攻克柏林的绝境下投降;7—8月,苏、美、英三国首脑在柏林附近的波茨坦举行了战争期间的第三次会晤②,对一些重大问题达成了协议,继续了三国的战时联盟。会后,美国对负隅顽抗的日本投掷了两枚原子弹。9月,苏军出兵中国东北,中国军队展开全面反攻,日本法西斯宣布无条件投降。第二次世界大战以世界反法西斯联盟的胜利而告终。

1939年至1945年的第二次世界大战,是至今为止人类社会所进行的规模最大、伤亡最惨重、破坏性最大的全球性战争。战争中的血腥杀戮、巨大破坏,长久地反映在战后人类社会生活的各个方面。它造成了全球约5 000万人的死亡。这也是首次平民死亡人数大大超过作战人员死亡人数的现代战争。

第二次世界大战改变了世界的政治格局。德、日、意被打败,英、法遭到严重削弱,美国继续保持了19世纪末以来世界头号强国的地位。战前以欧洲为中心的传统国际格局,被战后以美、苏为中心的雅尔塔体系所取代。苏联在大战中经受了考验,也赢得了荣誉,成为政治军事大国。东欧各国与中国相继建立了效法苏联的社会主义制度,世界形成了社会主义和资本主义两大阵营。印度等亚非殖民地利用其宗主国在大战中被削弱的机会实现了独立,以西方为中心的世界殖民体系开始迅速瓦解。

第二次世界大战也在很大程度上奠定了战后世界经济格局的基础。美国成为战后资本主义世界头号强国,以美元为中心的资本主义世界货币体系——布雷顿森林体系,和以GATT(1994年后为WTO)为框架的世界贸易体系,在很长的时间内主导了世界经济的运行轨迹,并构成至今仍在发挥作用的世界经济规则。

第二次世界大战还极大地推动了科学技术和军事思想的发展。雷达技术和核裂变技术在战争期间实现了突破性的飞跃,战争中发展起来的核能和资源利用,为战后

---

① 1945年2月4—11日,罗斯福、丘吉尔和斯大林在苏联克里米亚半岛的雅尔塔再次会晤,讨论了德国问题(决定德国投降后由苏、美、英、法分区占领、管制,德国须赔偿盟国的损失,并实行非军国主义化),波兰问题(波兰的疆界和政府的组成),联合国问题(决定战后成立联合国,确定安理会五大常任理事国一致原则)和苏联参加对日作战问题(苏联承诺在德国投降后两三个月内对日作战,条件是:① 外蒙古的现状须予维持;② 日本在1904年日俄战争中夺取的"权益"须予恢复:库页岛南部及附近一切岛屿交还苏联,中国的大连商港须国际化,苏联在该港的优越权须予保证,恢复苏联租用旅顺港为海军基地,中东铁路和南满铁路由中苏共同经营;③ 千岛群岛须交予苏联)。会议秘密签订了《雅尔塔协定》,其中的苏联对日作战的条件,是苏、美背着中国达成的秘密协议,严重损害了中国的主权。

② 1945年7月17日—8月2日,苏、美、英三国首脑斯大林、杜鲁门、丘吉尔(7月26日回国参加大选,落选后由新任首相艾德礼出席)在波茨坦举行战时第三次会议。会议着重讨论了战后世界的安排,对德国和波兰问题,在雅尔塔会议的基础上加以具体化,并讨论了对日作战问题,苏联重申在欧战结束3个月后参加对日作战。会议发表了《波茨坦公告》,敦促日本无条件投降,重申《开罗宣言》的条件必须实施。

的高科技革命发展准备了条件。各国遵循的传统军事理论和学说受到了严峻考验，闪击战、积极防御、总体战等战略思想都有不同程度的发展。

十五、两极世界与冷战

第二次世界大战后，美国为称霸世界对苏联推行强硬政策，苏联对此做出针锋相对的反应，由此构成了绵延近半个世纪的"冷战"。冷战既是美、苏相互作用的政策，又是这项政策实施后形成的两极世界的国际政治状态。

1. 雅尔塔体系的形成

战后初期，以苏、美为首的东西方国家开始根据战时雅尔塔等会议的精神，重新划分世界政治的版图和势力范围，构建起新的国际关系格局，这一格局亦被称为雅尔塔体系[①]。

根据雅尔塔会议决议和波茨坦会议精神，1945年6月苏、美、英、法四大国对德国实施分区占领，德国全境和柏林被划分为东西方四个占领区。苏联和西方大国各自按照自己的社会制度，对德占区实施非纳粹化和民主化改造，由此形成东、西方占领区的政策对立与冲突。1948年2月，西方国家召开伦敦六国外长会议，除决定成立西方三占区外，还筹划成立西德国家。苏联宣布退出四国管制德国委员会，随后西占区和东占区又在德国的币制改革问题上激烈冲突。苏联为将西方盟国赶出柏林，从6月起，切断了西柏林和西德之间的陆上和水上交通，停止向西柏林供应煤电；美、英则采取相应措施进行反封锁。柏林封锁事件导致第一次柏林危机的发生，是战后美、苏对峙争夺欧洲和世界霸权的焦点，也是战后雅尔塔体系形成的重要标志之一。[②]

在战后处置日本问题上，美国与苏联也是争夺激烈。日本投降后，苏联曾建议对战后日本的军事占领的最高统帅"美、苏将领各一人担任"，遭到美国拒绝。1945年8月12日，苏、英、中同意美国提出的由美国太平洋战区总司令麦克阿瑟任"盟军总司令"，美国还单独规定日本、菲律宾及朝鲜北纬38度以南地区，由麦克阿瑟受降，从而以盟国的名义单独派兵占领日本。苏联为保障其在远东的利益，除按照雅尔塔

---

① 雅尔塔体系主要是指1945—1991年形成的国际政治格局，它源于苏、美、英三国首脑战时雅尔塔会议、德黑兰会议和波茨坦会议相关协议而形成的战后合作计划，其主要特征是将世界一分为二，形成一个以美苏各占一极的"两极世界"。自1947年起，美苏各自以自己的势力范围为阵营，展开了长达40多年的冷战。

② 柏林危机虽然通过外交谈判得以解决，但德国和柏林的分裂局面却就此无法挽回。

协议占领千岛群岛和库页岛南部外,还要求对日本实行分区占领,成立苏、美、英、中四国管制日本委员会,均被美国拒绝。只是在当年12月的莫斯科外长会议上,美、英同苏联达成在华盛顿设立远东委员会,在东京设立盟国管制日本委员会两个机构的协议,两机构形式上有限制美国职权的规定,实际上不能改变美国单独主宰日本的地位。① 为对抗苏联,美国从1948年起实施扶植日本政策。鉴于中国革命的胜利及朝鲜战争的爆发,1951年9月美国发起召开旧金山对日和会,中国等亚洲国家被排除在外,美国等48个国家与日本签订和约,苏联、波兰和捷克斯洛伐克拒绝在和约上签字。和约签字当天,美国和日本签订《日美安全保障条约》,根据这一条约及随后的《日美行政协定》,日本名义上获得独立,实际上处于半独立、半被占领状态。美国由此完成了在远东太平洋地区遏制苏联和中国的战略部署,战后世界两极格局的雅尔塔体系至此完全形成。

2. 两大阵营的对峙

在战后美、苏欧亚对峙政治格局的形成过程中,双方都将战略重点放在欧洲。随着美国奉行对苏遏制政策,苏联也在东欧扶持建立了一系列社会主义国家。

1946年3月5日,英国前首相丘吉尔在美国密苏里州发表"铁幕"演说,号召所有西方国家联合起来,反对苏联和东欧的社会主义制度。② 1947年3月12日,美国总统杜鲁门发表咨文,称世界已分为两个对敌阵营,美国负有领导"自由世界"的使命,要求"立即采取果断的行动……向希腊和土耳其提供4亿美元的援助",并称"这就是美国对共产主义暴君扩张浪潮的回答"③。"铁幕"演说和杜鲁门主义揭开了美国对苏联冷战的序幕,随后美国对西欧实施大规模援建的马歇尔计划。④ 针对"共产党情报局"的活动,1949年4月,以美国为首的西方12国⑤在华盛顿签署《北大西洋公约》,建立北大西洋公约组织;9月20日,西方支持的德意志联邦共和国(西德)⑥宣告成立;1955年5月5日,西德正式成为北约组织的成员国。美国加强了对西欧的控制,并在欧洲大陆组成了一个遏制苏联和东欧的弧形包围圈。

东德成立前后,苏联利用苏军驻扎在东欧的有利条件,对各国局势施加影响,帮助东欧各国共产党确立了执政的领导地位。为对付杜鲁门主义和马歇尔计划,使东

---

① 远东委员会由苏、美、中、英、法、荷、加、澳、新、印、菲11国组成;盟国管制日本委员会由苏、美、中各派1名代表,英、澳、新、印共派1名代表组成。
② 丘吉尔称:"从波罗的海的什切青到亚得里亚海的里亚斯特,一条横贯欧洲大陆的铁幕已经降落。"
③ 他的咨文和声明后被称为"杜鲁门主义"。
④ 1947年6月5日,美国国务卿马歇尔在哈佛大学毕业典礼上发表演说,提出了"欧洲复兴计划"。该计划被认为是杜鲁门主义的第一次大规模运用。
⑤ 即美国、英国、加拿大、比利时、丹麦、法国、冰岛、意大利、卢森堡、荷兰、挪威和葡萄牙12国。
⑥ 10月7日,苏联控制的德国东占区也宣布成立德意志民主共和国(东德)。两个德国的出现,对战后欧洲和整个国际局势产生了深刻影响。

欧各国进一步团结在苏联周围,1947年9月苏联授意波兰发起组建"共产党情报局"①,在政治上反击美国的冷战;1947年7月起,苏联先后与东欧各国签订一系列双边贸易、经济协定,东欧各国间也签订长期贸易协定。在此基础上,1949年1月成立"经济互助委员会",以打破西方对社会主义国家的经济封锁。1955年5月14日,鉴于西德已经加入北约,苏联、波兰、捷克斯洛伐克、匈牙利、保加利亚、罗马尼亚、阿尔巴尼亚和民主德国等8国在华沙缔结《友好合作互助条约》(通称华沙条约),成立了华沙条约组织,总部设在莫斯科。华约组织是与北约组织相抗衡的欧洲两大军事集团之一,它的成立是苏联对西德加入北约组织公开做出的反应。华沙条约组织的建立使东西方之间最终形成了两个对立的军事集团,战后东西方两大阵营的对峙由此形成。

东西方两大阵营的对峙和美苏之间的争霸斗争先后经历三个阶段。第一阶段20世纪50年代至60年代,双方在战略上互有牵制,其间发生的柏林危机和古巴导弹危机表明美国略占上风。第二阶段20世纪60年代至70年代,美国因越南战争、美元危机实力有所下降,奉行战略收缩的尼克松主义,苏联则以"和平""缓和"为掩护,展开全球战略性扩张,1979年出兵阿富汗更表明其力争夺取全面优势和全球霸权。第三阶段20世纪80年代至90年代初,美国再次强调以实力抗衡苏联,里根政府开始运用新科技革命遏制苏联的扩张,其星球大战计划成为最终拖垮苏联的重要因素。

3. 东欧剧变与冷战结束

20世纪80年代中期后,一方面,美苏两个超级大国在以军事对抗为主的激烈斗争中,相互削弱,困难重重,国力和地位呈滑坡之势;另一方面,日本、西欧的经济,尤其是西德的经济迅速发展,日本、西德成为仅次于美国的世界第二、第三经济大国,从而预示着多极化格局的形成与发展。国际政治格局由此发生大变动。

1989年波兰经济形势严重恶化,春季和秋季接连爆发两次工潮,被镇压的团结工会②力量重新抬头。执政的统一工人党确定实行"政治多元化"和"工会多元化",使团结工会获得合法地位。当年6月,团结工会在议会大选中获胜,组成以它为主体的广泛联合政府。1990年1月,波兰统一工人党更名为社会民主党,要走民主社会主义道路。执政的团结工会政府开始对国家的经济进行彻底改造,实行市场经济、股份制和私有化,使波兰第一个从"社会主义指令式经济"直接过渡到"纯粹资本主义"的市场经济。

匈牙利的经济在20世纪70年代中期以后发生停滞,人民不满情绪增长,党内外人心思变。在戈尔巴乔夫"新思维"和西方国家"自由、民主、人权"等影响与诱惑下,

---

① 由苏联、波兰、南斯拉夫、保加利亚、罗马尼亚、匈牙利、捷克斯洛伐克、法国、意大利9国共产党、工人党参加。

② 团结工会成立于1980年,其纲领是夺取无产阶级政权,推翻社会主义制度。领导人是格但斯克造船厂的工人瓦文萨。

国内政局急剧变化。1989年2月,社会主义工人党宣布放弃执政党地位,实行多党制。当年10月,社会主义工人党更名为社会党,提出要在匈牙利建立"民主社会主义"。1990年3—4月,匈牙利分两轮进行了多党制的首次国会大选,结果以民主论坛为首的反对党联盟获胜,原执政党沦为在野党。

民主德国在苏联、东欧各国的改革浪潮中,也曾在20世纪50—60年代逐步推行局部放权的"新经济体制"改革,取得过一定成就。但由于长期处于东西方和两个德国的对立之中,处境十分艰难。特别是1961年8月沿西柏林边界修建的"柏林墙",成为内心希望统一的德国人民的心结。1989年中期,在"新思维"和东欧各国形势剧变的影响下,东德政局也开始急剧动荡。大批居民逃往联邦德国,国内反政府示威游行迭起。11月9日,政府被迫宣布开放"柏林墙"和两德边界。12月初,人民议院通过宪法修正案,删除关于工人阶级及其马列主义政党领导国家生活的内容。此后,德国统一社会党更名为"民主社会主义党"以示与过去决裂。此时,联邦德国总理科尔抓住历史性时机,提出关于德国统一的10点计划,苏联起初态度强硬,后来节节后退,同意两德统一。1990年10月3日,按照联邦德国的基本法,以民主德国并入联邦德国的方式实现了两德统一,从此德意志民主共和国的历史宣告终结。

受波兰、匈牙利政局变化的影响,相对稳定的保加利亚也出现穆斯林骚动,一些反对派组织开始公开活动,保共内部出现严重分歧。1989年11月10日,日夫科夫在保共中央全会上辞去总书记和政治局委员职务。此后两个多月内保共进行了重大人事变动,反对派利用群众的不满情绪提出种种有利于自己的政治主张与要求。1990年1月,保共与反对派举行圆桌会议,后又宣布在市场经济下实行多党制和议会民主制,并将党的名称改为"社会党"。1991年10月,社会党在议会大选中丧失政权。

捷克斯洛伐克自1968年"布拉格之春"改革遭苏联镇压失败后,国内政局一度稳定,但随着70年代中、后期国际市场形势的恶化,经济不断出现新的困难。80年代后半期,随着苏联贯彻戈尔巴乔夫的"新思维"外交,捷克斯洛伐克国内出现了各种要求为"布拉格之春"平反的力量。1989年1月和11月,各种政治力量围绕如何评价1968年事件斗争激烈,布拉格数十万群众举行反政府示威游行。12月,捷共中央被迫为"布拉格之春"彻底平反,联邦议会亦通过宪法修正案,取消了捷共在社会和国家中的领导作用条款。1990年6月,捷克斯洛伐克进行首次多党制议会选举,"公民论坛"获胜,共产党被排除在外。1992年6月20日,新当选的执政联盟两大党同意捷克和斯洛伐克一分为二。1993年1月1日,捷克和斯洛伐克正式分为两个独立的主权国家。

罗马尼亚政局剧变的直接诱因是蒂米什瓦拉事件[①]。事件使罗马尼亚国内外矛

---

① 1989年12月16日,罗马尼亚西部边境城市蒂米什瓦拉的匈族神甫拉斯洛因发表不同政见,被法院判处开除公职和令其迁出公宅。当地数百名市民举行抗议活动,次日引发为数千人的反政府示威游行。游行者与警察发生冲突,在国际上引起强烈反响。

盾骤然激化，首都布加勒斯特出现反政府传单。1989年12月21日，当局在首都共和国广场组织群众大会，齐奥塞斯库总统发表讲话，一度被嘘声打断。会后，部分群众在市中心举行反齐奥塞斯库游行，与警察和军队形成对峙，造成人员伤亡。22日凌晨，国防部长拒绝执行向游行队伍开枪的命令，被以叛国罪处决。上午11时，齐奥塞斯库宣布全国戒严，但军队拒绝执行命令。下午，军队领导人宣布支持示威群众，出逃的齐奥塞斯库夫妇被捕。当晚，罗马尼亚救国委员会宣告成立，并接管全国政权，同时公布实行多党制、三权分立、改革经济、起草新宪法等施政纲领。25日，齐奥塞斯库夫妇被特别军事法庭判处死刑并立即执行。

南斯拉夫原来政局较东欧其他国家平稳，但政治、经济和社会问题很多，民族矛盾尖锐，党内外反对势力比较活跃。1989年10月，南共联盟第28次中央全会通过决议，宣布放弃"一党垄断"。1990年1月召开的党的十四大因分歧严重被迫中断，南共联盟事实上解体，全国出现大小约300个政党。1990年，各共和国举行第一次多党制大选，结果出现"一国三制"局面。斯洛文尼亚和克罗地亚组成非共产党政权，主张实行资本主义；塞尔维亚和黑山由原南共联盟继续执政，坚持社会主义方向；波黑和马其顿由民族主义政党组阁，南共联盟组织仍在议会中有一定地位，既不主张实行社会主义，也不反对共产党。1991年6月，斯洛文尼亚和克罗地亚宣布独立；10月、11月，马其顿和波黑也相继宣布独立。1992年4月，塞尔维亚和黑山共同组成南斯拉夫联盟共和国，原南斯拉夫彻底解体。

与此同时，苏联在戈尔巴乔夫领导下进行的政治体制改革渐趋失控。在"公开性""民主化"和"政治多元化"的口号下，无政府状态在全国迅速蔓延。1990年3月召开的苏联第三次人民代表大会决定修改宪法，取消苏共的法定领导地位，实行多党制和总统制，戈尔巴乔夫当选为苏联首任总统。当时苏联社会日益动荡，经济和刑事犯罪率猛增，反对党派纷纷成立，共和国级的政党达500多个。苏共党内的思想混乱，广大党员对形势的变化迷惑不解，许多人因失望而退党、脱党。旧时的民族矛盾和冲突迅速趋于激化，各种分离主义势力趁机崛起。1990年，立陶宛率先宣布独立；接着，拉脱维亚、爱沙尼亚、格鲁吉亚、亚美尼亚和摩尔多瓦的议会也要求退出苏联。6月12日，俄罗斯联邦共和国人民代表大会带头发表主权宣言，一批加盟共和国也紧随其后发表主权宣言。面对联盟解体危机，戈尔巴乔夫曾软硬兼施试图遏制，但在国内外敌对势力的压力下，最终都以妥协退让而告终。1991年3月，就保留联盟问题举行苏联历史上首次全民公决。参加投票的80%公民中，赞成保留联盟者占76.4%，但草拟新联盟条约的过程异常艰难。新盟约把国名改为"苏维埃主权共和国联盟"，定于8月20日开始签署。但6月份，叶利钦经俄罗斯全民直接投票选举当选为俄罗斯首任总统，他立即寻求美国的支持。其后发生的"八一九"事变①,导致苏共被反对派赶下政治舞台,各共和国加快了独立的步伐,苏联迅速陷于解体。

12月7—8日,俄罗斯联邦、乌克兰和白俄罗斯三国领导人就苏联的前途问题在明斯克秘密会晤,并签署《明斯克协定》,宣布三国组成"独立国家联合体"。12月25日,戈尔巴乔夫发表全国电视讲话,宣布辞去苏联总统职务,将核武器的控制权亲手交给叶利钦。苏联的镰刀锤子红旗从克里姆林宫上空降下,升起了白、红、蓝三色俄罗斯国旗。12月26日,最高苏维埃举行最后一次会议,正式宣布苏联停止存在。苏联作为一个社会主义大国的历史画上了句号。

1989年开始的东欧剧变,以及1991年12月苏联的解体,宣告了以两极格局和集团对抗为基本特征的国际政治格局的终结,也标志着二战后美苏两大集团对峙40多年冷战的结束。

十六、科技革命与全球化

继18世纪60年代的第一次工业革命、19世纪70年代的第二次工业革命之后,20世纪40—60年代人类社会又开始了第三次科技革命。

1. 二战后科技革命的发展

第三次科技革命以战前和战时相继出现的一系列新学科②为理论基础,以第二次工业革命以来取得进步的机械技术、电气技术、电子技术、通信技术、化工技术、材料和能源技术为条件,在战后经济恢复和冷战刺激的推动下应运而生。

第三次科技革命起步于战争中的军事需要,它以原子能、电子计算机和空间技术的广泛应用为主要标志。第二次世界大战期间,美英联合开展了研制原子弹的"曼哈顿工程"。1942年12月,美国建成第一座原子能反应堆,1945年7月16日,成功爆炸第一颗原子弹,标志着人类开始成功地利用原子能。战后,苏联、英国、法国和中

---

① 1991年8月18日傍晚,以副总统亚纳耶夫为首的8人组成"国家紧急状态委员会",将戈尔巴乔夫软禁在黑海疗养地,19日清晨宣布戈氏由于健康原因不能履行总统职责,苏联总统全权根据宪法移交副总统,并发表《告苏联人民书》称国家面临致命危险,决心采取重大措施使国家和社会尽快摆脱危机。但当天中午,叶利钦发表《告俄罗斯公民书》,宣布这是一次"反宪法的反动政变",要求恢复戈尔巴乔夫的权力。在各方表态拒绝支持"紧急状态委员会"的情况下,群众上街示威游行,部分戒严部队也倒戈,21日政变者放弃已经开始的行动,戈尔巴乔夫重新复出。史称"八一九"事变。

② 如相对论、量子力学、原子物理学、基本粒子物理学、电子学等。

国先后研制出原子弹和氢弹,并进而和平利用原子能。① 在原子弹的研制过程中,美国科学家为提高运算效率制成了电子计算机。这是一种具有逻辑判断、存贮和信息处理,以及选择、记忆和反应等功能的自动机器,它不只是人的四肢的延伸,而且是人脑的延伸,是人类智力解放的里程碑。从第一代电子管计算机问世,到当今仍在研制中的智能电子计算机,以及在电子计算机普及基础上发展起来的互联网络系统和软件工程,电子计算机不但将世界各地联结在一起,而且催生了新兴的知识经济产业,对人类社会历史具有深远影响。② 冷战期间,苏美为提高投放核武器的能力,又加紧研制中远程和洲际导弹。③ 导弹的技术关键是火箭,火箭技术的进步则为空间技术的发展创造了条件。1957年10月4日,苏联成功地将世界上第一颗人造地球卫星送上太空;1961年4月12日,苏联成功发射第一艘载人航天飞船,宇航员加加林在太空遨游108分钟,绕地球一周后安全返回地面,从而揭开了人类进入太空时代的序幕。1969年7月16日,美国的阿波罗11号宇宙飞船从肯尼迪航天中心升空,7月21日,宇航员阿姆斯特朗和奥尔加林在月球上留下了人类的第一个脚印,他们在月球上逗留了21个多小时,于7月25日安全返回地面。1981年4月12日,美国第一架航天飞机"哥伦比亚号"升空,这是集火箭、宇宙飞船和飞机技术于一体的空间运载工具。70—80年代起,各种军用、民用卫星的发射,为遥感技术提供了新平台,使之发展到航天遥感阶段。第三次科技革命催生的其他高新技术有激光技术、光导纤维技术、海洋工程技术、信息技术、新能源与新材料技术、生物工程技术④。

与前两次工业革命相比,第三次科技革命具有四大特征。第一,这次技术革命中出现的新技术,不是单一的技术,而是技术群。它以原子能、电子计算机和空间技术的广泛应用为主要标志,涉及诸多领域。第二,科技成果转化为生产力的周期越来越短。例如,蒸汽机从发明到应用为84年,电动机为65年,而本次革命中的诸多技术从开发到应用,周期则多在10年以内,如原子能利用为6年,电子计算机为5年,等等。第三,科学技术的各个领域相互渗透,相互促进,构成了改造客观世界的强大生产力,如生物工程这一综合性科学技术的兴起。第四,科学技术对社会生产、经济发展的影响越来越大,科学进步日渐成为社会经济发展的决定因素。

---

① 1954年6月,苏联在奥布宁斯克建成世界上第一座核电站,首先开始了原子能的和平利用。
② 1946年2月15日,第一代电子管计算机在美国宾夕法尼亚州立大学竣工;1959年,美国研制出第二代大型通用晶体管计算机;1964年4月7日,美国IBM公司研制出第三代通用集成电路计算机;1970年,第四代大规模集成电路电子计算机的诞生,使计算机朝着微型化和巨型化两个方向发展,微型计算机从1972年开始民用生产。1981年10月,日本提出研制第五代人工智能计算机的设想,世界各国都在加紧展开研制。
③ 1957年8月,苏联向太平洋目标区发射了第一枚洲际弹道导弹,射程约8 000公里;1959年美国研制出射程超过1万公里的洲际弹道导弹。
④ 生物工程技术包括基因工程、细胞工程、酶工程和微生物工程四个部分,基因工程是其中的核心。

第三次科技革命极大地推动、影响了人类社会的经济发展。它首先引起了生产力各要素的变革。随着电脑等新技术的应用,劳动资料、劳动对象和劳动者均发生了根本变化,人们不再只是依靠自然资源,而是按照人的需要设计、制造具有特殊性能和结构的材料,这就要求提高劳动者的文化素质和技术水平,科技进步由此成为提高劳动生产率与整个经济增长的源泉。其次,它导致社会经济结构的重大变化。各国国民经济中产业结构的非物质化趋势增强,第一、第二产业的产值和就业率相对下降,第三产业的内涵与外延扩大,①产值与就业率上升;发达国家生产过程的智能化趋势增强,产业结构中技术密集型企业的发展速度,超过劳动密集型企业,前者被称为"朝阳工业",后者被称为"夕阳工业";各国的经济布局发生相应变化,传统工业区的社会发展滞后于新兴技术区,如美国西部、南部的人口随着新技术产业的兴起而猛增,1980年第一次超过了原来经济发达的北部和东部;整个世界的经济结构也随着发达国家将"夕阳工业"转移到发展中国家,而形成新的全球性分工与合作,导致世界经济的全球化。

2. 世界经济全球化进程

早在地理大发现之后,世界各地的经济联系就得到初步加强;两次工业革命的相继发生,推动了世界经济的整体化发展进程;第三次科技革命的发展,则导致建立在生产国际化基础上的世界经济全球化②。

20世纪80年代末90年代初,世界经济摆脱了冷战时期两极格局的束缚,真正进入了全球化时代。突出表现为:(1)以微电子、生物工程的大发展为标志的科技革命进一步深入发展,西方发达国家开始从工业社会向信息社会转变;(2)跨国公司不仅在数量上、规模上有了更大的发展,而且其经营战略发生了重大变化,突出地体现在企业跨国并购的形式、数量和规模均有了重大发展,许多跨国公司的研发中心移向海外,世界经济融合的程度空前提高;(3)不同制度国家的体制创新,社会主义国家经济体制的改革和以市场为取向的体制转轨,最终消除了市场经济全球化的最后障碍;(4)WTO等国际经济组织的职能、规模的扩大和发展,使世界经济运行日益规范化和规则化,实现了物流、资金流、信息流和知识流的全球畅通。

整个世界经济全球化的基本特征表现为:(1)科技革命、信息经济的发展,使世界越来越成为"地球村";(2)国际贸易超过生产增长速度,金融全球化的势头迅猛;(3)跨国公司兼并活动的扩张,不断推进各国相互依赖的经济关系;(4)区域一体化组织的发展,加速了世界经济一体化进程;(5)国际组织的协调作用日益增强,国际经济规则不断扩展和完善;(6)不同制度国家体制创新,市场经济成为涵盖整个

---

① 第三产业增加了许多与信息工程相关的部门,如软件工程、数据库等。
② 经济全球化目前尚无统一概念,国际货币基金组织1997年5月的报告认为,"经济全球化是指跨国商品与服务贸易及资本流动规模和形式的增加,以及技术的广泛迅速传播,使世界各国经济的相互依赖性增强"。

世界经济的基本体制。

经济全球化给人类社会带来前所未有发展机遇的同时,也带来了异常严峻的挑战。经济全球化是科技革命引起的世界范围生产力大发展的结果,因此为各国的发展提供了重要机遇。首先,经济全球化为各国的经济发展提供了广阔的平台。对于一个国家来说,参与国际分工可以在充分利用本国资源和发挥本国优势的基础上,有效利用国外资源和技术,弥补本国的不足,促进经济的发展。其次,经济全球化促使全球资本市场形成,加快资金在全球范围内的流动速度,为各国引进资本提供了便利条件和可能性。再次,全球化使科学技术在全球的交流与传播,为各国引进先进科学技术、实现跨越式发展战略提供了机会。

另一方面,全球化也不可避免地给发展中国家带来了不利因素和风险。在全球化进程中,各个国家所获得的利益和承担的风险是大不相同的。虽然几乎所有国家都是经济全球化的参与者,但这绝不意味着利益均沾。由于历史和现实的原因,发达国家是国际制度和规则的制定者,是经济全球化的主导者,因此也是经济全球化的主要受益者;而广大发展中国家,包括不少新兴的工业化国家则有被"边缘化"的危险。同时,经济全球化将使全球经济的不稳定成为一种常态。由于各国经济的相互依赖性空前加强和国际游资的投机,许多国家的经济主权和经济安全也受到严重挑战。此外,经济全球化还造成全球范围内的贫富差距进一步扩大,引起了严重的社会问题。正因为如此,世界银行首席经济学家斯蒂格利茨把全球化具有的两重性比喻为"一柄双刃剑"。

3. 世界政治多极化进程

冷战结束后,世界政治格局经历了一段不确定的过渡期,到1996年基本形成"一超多强"的态势,多极世界的进程正在加快。

美国是世界上唯一的超级大国,在世界政治、经济、军事和科技等方面占有优势地位,其国家战略是要维持和加强美国的霸权领导地位,防止任何可能与之竞争的大国出现。美国追求单极世界的意图一直遭到世界其他力量的抵制,早在20世纪60年代,各主权国家反对超级大国的控制和干涉,争取独立自主的斗争就不断发展,促进了两极格局的弱化和多极力量的形成。日本作为世界上第二大经济强国,多年来一直致力于走向政治大国,冷战后日本努力争取成为联合国安理会常任理事国,致力于欧、美、日三极体制的建立,并积极投身亚太地区的安全与发展,扩大自身的影响。西欧自20世纪80年代后期加速推动一体化进程,建立统一大市场,启动经贸、货币联盟计划,进展明显;随着欧洲一体化的深入发展和欧盟的"东扩",联合的欧洲正在成为影响力不断增强的一极。作为苏联继承者的俄罗斯,尽管面临经济、政治、民族等多方面的困难,但其幅员、人口、资源、科技和军事实力,都毋庸置疑地显示了它作为一个举足轻重大国的潜力和再生力。在对外政策方面,俄罗斯积极谋求发挥大国的重要作用,为自己开拓发展空间。中国是一个发展中的经济大国,拥有巨大的发展潜力。经过几十年改革开放的发展,中国的综合国力大大提高,在国际上享有较大的发言权和广泛的影响力;中国决心在多极世界中成为重要的一极,这不仅是邓小平为中国对外战略确立的重要目标,而且是中国为建立世界政治经济新秩序做出贡献的根本途径。冷战后,许多发展中国家脱颖而出,成为新格局中不可低估的新兴力量。这些国家经济高速增长,政治上影响不断扩大,世界政治事务中已不可能再漠视它们。日本、西欧、俄罗斯和中国四大力量的发展,以及各地区中心力量的形成,是对美国单极世界战略的有力制约,也是推动世界朝多极化方向发展的强大动力。

在世界政治多极化进程中,世界的安全形势发生了显著变化。两极体制的瓦解减弱了国际关系的对抗性质,世界大战尤其是核大战爆发的可能性减小,但过去在冷战框架掩盖下的各种矛盾以冲突的形式凸显出来,使得地区冲突风云变幻,捉摸不定。世界的不安宁还表现在安全环境日趋复杂。一方面,因边界领土、资源、民族、宗教等因素导致的地区冲突接连不断,另一方面,恐怖主义、走私、贩毒、犯罪日益集团化、跨国化和高科技化。全球问题如气候异常、环境污染、资源短缺、难民问题等,也日益威胁着各国人民的日常生活。

因此,各国安全观的内涵和外延也发生相应变化,安全范围逐渐扩大,维护安全的手段明显增多。其中经济安全与合作安全的概念在冷战后的世界有长足发展。冷战结束后,经济安全的重要性大大提高,增强国际竞争力成为各国维护自身经济安全的根本手段。为了更多地占领国际市场,保护国内市场,各国在贸易、投资、技术转让等问题上更加强调自身的经济利益。贸易摩擦加剧,市场准入问题成为世界经济斗争的焦点。经济全球化的负面效应,尤其是资本全球化的负面效应,增加了维护国家经济安全的难度。1992年欧洲金融危机,1995年墨西哥金融危机,1997年至1998年的东南亚金融风暴,尤其是2007年美国次贷危机所引发的2008年金融危机,导致全球经济持续动荡,昭示了经济安全,尤其是金融安全在未来发展的严峻性。

在全球化日益使各国经济利益相互依存的背景下,世界各主要国家变得越来越积极主动地参与多边的全球性或区域性的经济合作,以减少激烈竞争导致政治关系的恶化,合作安全在经济安全领域获得较大发展。在军事领域,合作安全则更加具有活力。它主要以建立信任措施、预防冲突为目的,不预设敌人,不针对第三方,以协商一致和自愿约束为基本原则。在欧洲,合作安全通过欧洲安全与合作组织有新的发展,北约也加强了与非北约成员国的军事交流与合作;在亚洲,合作安全正在逐渐发展成为地区新型安全机制。合作安全对国际安全的影响,还表现在一些地区热点降温,和平进程启动等。其中联合国在世界政治多极化进程中的地位与作用明显提高。

总之,冷战时代两极体制的瓦解和第三次科技革命的飞跃前进,使世界经济真正进入了全球化时代,而全球化又使世界经济政治化和世界政治经济化的趋势进一步加强,带来了诸多的新变化和新问题,这些变化与问题将持久深远地影响21世纪的人类社会发展进程。

地理

中国地理

一、国土辽阔 山河壮丽

21世纪,世界的经济活动中心转向亚太地区,我国优越的地理位置促进了对外交往、经济发展和社会繁荣。

(一)优越的位置

1. 半球位置

我国位于赤道以北的北半球,同时又位于西经20°以东、东经160°以西的东半球。

2. 纬度位置

我国领土最北端位于黑龙江省漠河以北黑龙江主航道的中心线(约53°N),最南端到达南海南沙群岛上的曾母暗沙(约4°N),南北跨越纬度近50°,南北距离约5 500千米(纬度1°约等于110千米)。

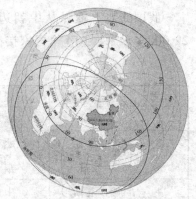

图1.1-1 中国的半球位置

大部分位于中纬度地区,属于五带中的北温带,南部小部分地区位于热带,没有寒带。南北跨纬度广,气候差异大,为发展多种农业经济提供了有利条件。

我国领土最东端在黑龙江与乌苏里江交汇处的黑瞎子岛(约135°E),最西端位于新疆的帕米尔高原上(约73°E),东西距离约5 000千米。虽然我国统一使用"北京时间",但实际上跨越了5个时区。

3. 海陆位置

我国处在全球最大大陆——亚欧大陆的东南部,东临世界上最大的大洋——太平洋,这使得我国东部的广大地区在季风气候的影响下,雨量丰沛,有利于农业生产;沿海有众多的岛屿和港湾,便于发展海洋事业;相比较于内陆国哈萨克斯坦、岛国日本来说,我国是一个海陆兼备的国家,有利于同陆上和海上相邻的世界各国友好往来。

(二)辽阔的疆域

我国地域辽阔,陆地领土面积960万平方千米。在世界各国中,居第三位。

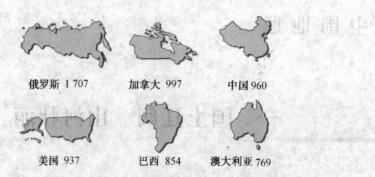

图 1.1-2　世界上面积居前六位的国家（单位：万平方千米）

1. 陆上疆界和邻国

我国陆地上疆界从中朝边界的鸭绿江口起,到中越边界的北仑河口止,长达22 000多千米,与14个国家接壤。

表 1.1-1　中国邻国概况

编号	邻国名称	所属区域	备 注
1	朝鲜	东亚	朝鲜半岛北部的社会主义国家。
2	俄罗斯	北亚	世界上面积最大的国家。
3	蒙古	东亚	东亚唯一的内陆国。
4	哈萨克斯坦	中亚	世界上面积最大的内陆国。
5	吉尔吉斯斯坦	中亚	不仅拥有世界上最大的核桃林,还是中亚产煤最多的国家,被称为中亚的"煤仓"。
6	塔吉克斯坦	中亚	高山内陆国。
7	阿富汗	西亚	农牧业内陆国。
8	巴基斯坦	南亚	盛产水果,素有东方"水果篮"之称。
9	印度	南亚	南亚面积最大的国家,人口居世界第二位,是亚洲耕地面积最大的国家。
10	尼泊尔	南亚	世界最高峰珠穆朗玛峰位于中尼边界。
11	不丹	南亚	地处喜马拉雅山东侧南坡的内陆国。
12	缅甸	东南亚	世界著名的"佛塔之国"。
13	老挝	东南亚	东南亚唯一的内陆国。
14	越南	东南亚	中南半岛临海国。

2. 海上疆界

我国的海岸线约18 000千米,濒临的海洋从北到南依次为渤海、黄海、东海和南海,其中面积最大的是南海,主要海峡有渤海海峡、台湾海峡和琼州海峡等。

我国是世界上岛屿众多的国家之一,沿海分布着6 500多个岛屿。面积最大的是台湾岛,其次是海南岛,崇明岛是我国第三大岛。海洋对于我国政治、经济、安全等方面具有巨大的作用。

同我国隔海相望的国家有6个,自北向南依次是:韩国、日本、菲律宾、文莱、马来西亚和印度尼西亚。

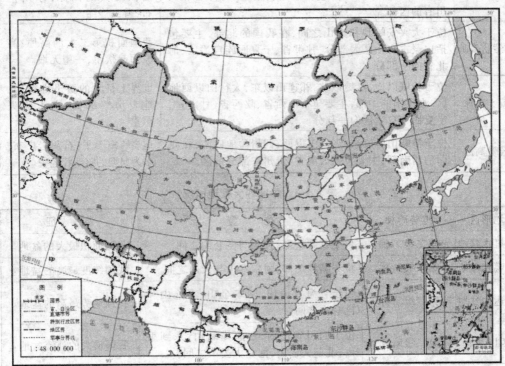

审图号:GS(2016)1600号　　　　　　　　　　国家测绘地理信息局　监制

图 1.1-3　中国政区

(三) 复杂的地形

地势西高东低、地形复杂多样、山区面积广大构成我国地形的三大特征。

1. 阶梯状地势

我国的地势西高东低,呈三级阶梯状分布。这样的地貌形态有利于海洋湿润气流深入内陆,为我国广大地区带来较为丰沛的降水,决定了我国大江大河多自西向东注入太平洋,沟通了我国东西部、沿海和内陆的联系,在地势阶梯的分界处蕴藏着丰富的水能资源,我国的大型水电站多分布在这里。

2. 地形复杂多样

在我国辽阔的土地上,有连绵起伏的山脉、雄伟广袤的高原、低缓起伏的丘陵、大小不等的盆地和一望无垠的平原,地形复杂多样。其中,不同走向的山脉纵横交错,构成了我国地形的基本骨架,四大高原、四大盆地、三大平原、三大丘陵等主要地形区镶嵌其中。复杂多样的地形为我国农业多种经营提供了有利的自然条件。

表 1.1-2 中国四大高原概况

地形名称	位　　置	特　　点
青藏高原	位于昆仑山、祁连山、横断山脉、喜马拉雅山脉之间，在我国的西南部，主要包括西藏自治区、青海省和四川省的西部。	世界海拔最高的高原；我国面积最大的高原；冰川广布，雪山连绵。
内蒙古高原	位于大兴安岭和祁连山之间，在我国的北部，主要包括内蒙古自治区大部分、甘肃省、宁夏回族自治区、河北省的一部分。	我国面积第二大的高原；高原面起伏小，一望无垠。
黄土高原	位于长城以南，秦岭以北，祁连山以东，太行山以西地区，在我国的中部，主要包括山西省、陕西省、甘肃省、宁夏回族自治区的一部分。	世界上最大的黄土堆积区；地表沟壑纵横；水土流失严重。
云贵高原	位于横断山脉以东，雪峰山以西，四川盆地以南，在我国的西南部，主要包括云南省、贵州省部分地区。	地表崎岖不平；石灰岩广布，多为典型的喀斯特地貌。

表 1.1-3 中国四大盆地概况

地形区	地势阶梯	位　　置	特　　征
塔里木盆地	第二级阶梯	位于新疆南部，天山与昆仑山之间。	我国面积最大的盆地。
准噶尔盆地	第一级阶梯	位于新疆北部，阿尔泰山与天山之间。	我国纬度最高的盆地。
柴达木盆地	第二级阶梯	位于青海省境内，阿尔金山、祁连山和昆仑山之间。	我国地势最高的盆地。
四川盆地	第二级阶梯	位于四川省境内，西起横断山，东到巫山，北起大巴山，南到大娄山之间。	我国最大的外流盆地。

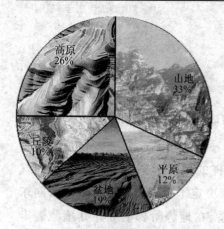

图 1.1-4 中国各种地形比例

3. 山区面积广大

通常人们把山地、丘陵和比较崎岖的高原统称为山区。我国山区面积广大，约占全国总面积的三分之二。广大的山区蕴藏着丰富的矿产资源、生物资源、草场资源、水能资源和旅游资源等。但山区交通不便，基础设施建设难度较大。人们在开发利用山区时，还需注意生态环境建设，预防和避免山地泥石流、崩塌、滑坡等自然灾害的发生。

（四）众多的河湖

我国江河众多。地表和地下径流最后注入海洋的河流，叫外流河。最终未注入海洋的河流，叫内流河。我国大部分河流分布在东部外流区内，外流区约占全国陆地总面积的64%。塔里木河是我国最大的内流河。由于外流区各地的自然条件差异较大，不同的河流水文特征也不相同。

表1.1-4 中国外流区河流水文特征比较

地区		流量	汛期	含沙量	冰期	水位变化
外流区	东北山区河流（松花江、黑龙江）	小	短	小	长	大
	秦岭-淮河以北河流（海河、黄河）	小	短	大	有	大
	秦岭-淮河以南河流（长江、珠江）	大	长	小	无	小

星罗棋布的湖泊，洒落在祖国的领土上。这些湖泊主要分为内流湖和外流湖两类。其中面积最大的湖泊是青海湖，为内流湖。我国著名的五大淡水湖按面积大小依次是鄱阳湖、洞庭湖、太湖、洪泽湖和巢湖。我国河湖众多，不仅提供了灌溉、航运、养殖和旅游等方面的便利，还蕴藏着丰富的水能资源。

1. 长江

长江全长6 300千米，是我国长度最长、流量最大、流域面积最广的河流，素来就有"水能宝库""黄金水道"之称。

表1.1-5 长江概况

发源地	青藏高原唐古拉山
注入海洋	东海
流经省区	青、藏、川、云、渝、鄂、湘、赣、皖、苏、沪
流经主要的地形区	青藏高原、横断山脉、云贵高原、四川盆地、长江中下游平原
主要支流	雅砻江、岷江、乌江、嘉陵江、汉江、湘江、赣江等
上、中、下游分界	上游和中游的分界点——湖北省宜昌市 中游和下游的分界点——江西省湖口县
主要水利工程	葛洲坝水利枢纽工程、三峡水利枢纽工程等

长江的水能资源主要集中在上游河段，水能资源蕴藏量占全国的三分之一。但是，现在它的水能资源的开发利用率还不足5%，加速长江水能资源的开发和利用，对我国经济发展将起到巨大的促进作用。

长江有大小支流3 600多条，通航河道700多条，干支流通航里程近8万千米，占全国内河通航里程的三分之二，货运量占60%，是我国内河航运最发达的河流。随着近年来航运条件的进一步改善，大大加强了长江对东部沿海经济地带和西部地区的纽带作用。

长江流域面积广大，流域内降水丰富，洪涝灾害是长江中下游地区的主要危害。防洪是综合治理长江的首要任务。

2. 黄河

黄河是我国第二长河，全长5 500千米。她是中华民族的发祥地，孕育了灿烂的中华文明。

表 1.1-6　黄河概况

发源地	青藏高原巴颜喀拉山
注入海洋	渤海
流经省区	青、川、陇、宁、内蒙古、晋、陕、豫、鲁
流经主要的地形区	青藏高原、内蒙古高原、黄土高原、华北平原
主要支流	洮河、湟水、汾河、渭河等
上、中、下游分界	上游和中游的分界点——内蒙古自治区河口镇 中游和下游的分界点——河南省孟津县
主要水利工程	龙羊峡水利枢纽工程、小浪底水利枢纽工程等

黄河上游河段的水量占全流域水量的 70% 以上，其中流经我国地势第一、第二级阶梯，水能资源极为丰富。途经宁夏、内蒙古境内时，孕育灌溉了宁夏平原、河套平原，使其成为"塞上江南"。

河流中游流经世界上最大的黄土堆积区——黄土高原，这里土质疏松，植被遭受破坏，水土流失严重，一遇暴雨，雨水冲刷泥沙汇入黄河，使黄河成为世界上含沙量最高的河流。

进入华北平原后，水流速度减慢，泥沙大量沉积，使下游河床高出两岸地面 3—4 米，成为世界闻名的"地上河"。

（五）多变的气候

受纬度位置和海陆位置的影响，我国夏季盛行从海洋吹向陆地的偏南风，冬季盛行从大陆吹向海洋的偏北风，形成了典型的季风气候。

与世界同纬度其他地区相比，我国冬季因受寒冷的冬季风影响，气温偏低且干燥；夏季受来自海洋的夏季风影响，气温偏高且多雨，雨热同期，为农业生产提供了有利条件。

我国南北纬度跨度大，加之地形阻挡，南北气温呈现一定的差异。

冬季，太阳直射南半球，我国北方的太阳高度比南方低，白昼时间也比南方短，得到的太阳光热比南方少。此外，北方靠近冬季风源地，深受冬季风影响，加剧了我国北方的严寒，在冬季风南下的过程中，又受到东西走向的山脉重重阻挡，势力逐渐减弱，南方受冬季风影响小，使南北温差大成为我国冬季气温的分布特点。

夏季，太阳直射北半球，虽然我国北方的太阳高度仍然比南方低一些，但北方的白昼时间比南方长，得到的太阳光热并不比南方少。所以，我国夏季气温的分布特点是全国普遍高温。青藏高原海拔高，空气稀薄，大气对地面的保温作用弱，是我国夏季平均气温最低的地区。吐鲁番盆地由于深居内陆，地势低洼，增温快，散热慢，成为我国夏季气温最高的地方。

根据气温的南北差异，并结合农业生产的实际，我国从北到南划分了 5 个温度带和一个高原气候区，不同的温度带耕作制度和作物种类差别明显。

表1.1-7 中国主要温度带、耕作制度和作物种类

温度带	耕作制度	主要农作物
热带	一年三熟	水稻、甘蔗、天然橡胶等热带作物
亚热带	一年两熟	水稻、油菜、柑橘等
暖温带	一年两熟或两年三熟	冬小麦、玉米、花生、苹果等
中温带	一年一熟	春小麦、甜菜、大豆等
寒温带	一年一熟	春小麦、马铃薯等
青藏高原气候区	一年一熟	青稞、小麦、豌豆等

我国东部广大地区受夏季风影响大，降水充沛；西北内陆地区受夏季风影响不明显，降水稀少。年降水量分布的总趋势是从东南沿海向西北内陆逐渐减少。根据降水量与蒸发量的对比关系，将我国划分为湿润地区、半湿润地区、半干旱地区和干旱地区4个干湿地区。

我国有多种多样的温度带和干湿地区，再加上地形多样，使得气候变得更加复杂。我国的主要气候类型有：热带季风气候、亚热带季风气候、温带季风气候、温带大陆性气候和高原山地气候。

表1.1-8 中国气候类型及特征

气候类型	气候特征	分布地区
热带季风气候	全年高温，分明显的雨、旱两季。	北回归线以南的海南、广东南部、云南南部、台湾南部。
亚热带季风气候	夏季炎热多雨，冬季低温少雨。	秦岭-淮河一线以南，北回归线以北的季风区。
温带季风气候	夏季高温多雨，冬季寒冷干燥。	秦岭-淮河一线以北季风区。
温带大陆性气候	冬冷夏热，温差大，降水少。	西北非季风区。
高原山地气候	气温低，气温年差较小，气候垂直变化明显。	青藏高原地区。

复杂多样的气候适宜各种生物生存和发展，有利于发展农业经营的多样化。但我国气候也有一些明显的不足，气候年际变化大，旱涝、寒潮、台风等气象灾害频繁发生，一定程度上影响了人们的生产和生活。

旱涝灾害的形成和分布与夏季风的强弱密切相关。一般来说，有的年份夏季风势力强，雨带迅速北移，长时间停滞在北方，容易形成"北涝南旱"的现象；有的年份夏季风势力弱，雨带滞留在南方，容易形成"南涝北旱"。

寒潮是一种易发生在秋末、初春和冬季的灾害性天气。它常带来严重低温、大风、霜冻、沙暴等恶劣天气。我国大部分地区都受到寒潮的影响，对人们日常生活和

生产活动常造成危害。2008年春节前夕,强烈的寒潮致使我国长江中下游地区遭受特大雪灾,华中、华东、华南大部分地区在这场灾难中损失严重。

台风是发生在热带海洋上强烈的气旋性涡旋。我国东南地区均能直接或间接地受到台风的影响,所以我国是世界上少数几个受台风影响严重的国家之一。台风会带来狂风和特大暴雨,严重威胁人民生命和财产安全。

合理开发、利用气候资源和最大可能地防御减轻气象灾害是我国重要的任务。

二、人口大国 民族团结

我国是世界第一人口大国,56个民族组成一个团结的社会主义大家庭。人口问题是我国发展中长期面临的问题,也是关系我国经济、社会和生态可持续发展的关键性因素。

(一) 庞大的人口数量

我国是世界上人口最多的国家。2000年全国第五次人口普查,人口总数已达12.95亿,约占世界总人口的22%。国家统计局测算数据表明,2005年1月6日,中国人口总数达到13亿(不包括香港、澳门特别行政区和台湾省),约占世界总人口的21%。由于实行计划生育,中国13亿人口日的到来推迟了4年。2010年全国第六次人口普查,人口总数为13.70亿。

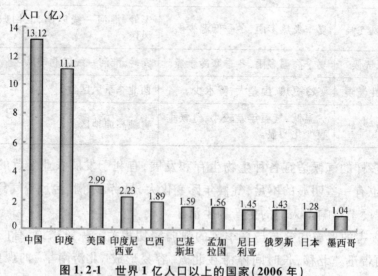

图1.2-1 世界1亿人口以上的国家(2006年)

由于自然因素和社会因素的影响,我国人口增长呈现波动上升的趋势。

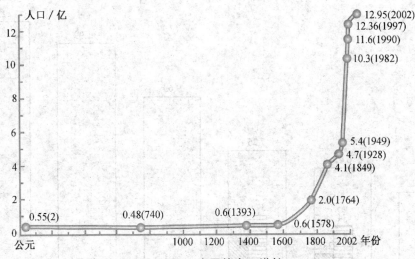

图 1.2-2 中国的人口增长

表 1.2-1 中国人口增长阶段及原因

时间	增长速度	原因
1660 年以前	缓慢	社会生产力水平低,医疗卫生水平低下,高死亡率。
1660—1841 年	迅速增长	"康乾盛世",社会安定,政策支持。
1842—1949 年	减缓	中国沦为半殖民地半封建国家,天灾人祸频繁。
1950—1957 年	迅速增长	新中国成立,社会稳定,传统生育观影响。
1958—1961 年	减缓	政策失误,自然灾害。
1962—1973 年	迅速增长	政策调整,经济回升,人民生活改善。
1974 年至今	减缓	实行计划生育政策。

经过 30 多年的努力,中国在经济还不发达的情况下,有效地控制了人口过快增长,实现了人口再生产类型由"高出生率、低死亡率、高自然增长率"向"低出生率、低死亡率、低自然增长率"的历史性转变,成功地探索了一条具有中国特色综合治理人口问题的道路,有力地促进了中国综合国力的提高、社会的进步和人民生活的改善,对稳定世界人口做出了积极的贡献。

庞大的人口数量对中国经济社会发展产生多方面影响,在给经济社会的发展提供了丰富的劳动力资源的同时,也给经济发展、社会进步、资源利用、环境保护诸多方面带来了沉重的压力。

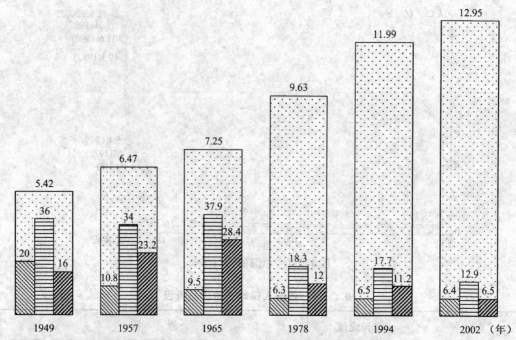

图 1.2-3　中国人口状况变化（不含香港、澳门特别行政区和台湾省）

（二）差异的人口分布

1. 人口分布

我国的人口密度约为135人/平方千米,是世界上人口密度比较大的国家之一。由于资源环境存在很大的差异,我国人口分布极不均衡,东西部地区人口密度差异较大。以黑龙江省黑河市至云南省腾冲市之间的连线为界,此线的东南部地区,人口稠密集中;此线的西北部地区,人口稀疏分散。

表 1.2-2　中国人口分布差异及原因

地区	面积占全国总面积的比例	人口占全国总人口的比例	产生原因	
			自然因素	人文因素
东南部	43%	94%	地势低平,平原广阔,土地肥沃,降水丰沛。	交通便利,农业基础好,开发历史悠久,人口密集。
西北部	57%	6%	多山地、高原,属于干旱和半干旱地区,降水较少。	交通不便,以畜牧业为主,人口稀疏。

此外,沿海、沿江、沿湖平原地区人口多,内陆干旱的高山、高原地区人口少;经济发达和交通便利的地区人口多,经济落后和交通闭塞的地区人口少;汉族居民集中地区人口多,大部分少数民族地区人口少,也是我国人口分布的特点。

2. 人口迁移

我国人口数量的变化不仅受人口自然增减的影响,还与人口迁移密切相关。人口迁移通常是指人口在地区之间迁出或迁入,而发生居住地的永久性或长期性改变的人口移动现象。人口迁徙与人口流动是人口迁移的两种基本形式。我国的人口迁移主要经历了以下三个阶段。

表 1.2-3　中国人口迁移阶段

迁移时期	迁出地区	迁入地区	迁移原因
中华人民共和国成立前	黄河中下游平原	南方地区	移民支边,战争和自然灾害等。
中华人民共和国成立到20世纪80年代中期	辽宁、山东、上海、四川等省、市	全国其他省区	安置失业人员和闲散劳动力;支援新开发工业基地建设;移民垦荒支援边疆建设;高校搬迁、招生和分配;新修水利和水库库区移民;压缩城市人口规模等。
20世纪80年代中期以来	农村、内地省、区	城市、沿海和工矿地区	自发性的务工和经商;学习、培训和分配工作等。

人口迁移在调节人口空间分布和人才余缺,加强民族融合和文化交流,促进经济发展和缩小地区差异等很多方面发挥着重要作用。

(三) 多样的人口问题

人口增长过快、人口老龄化、人口性别失调、人口素质有待提高等问题是我国现阶段主要的人口问题。

1. 人口增长过快

人口众多、资源相对不足、环境承载能力较弱是中国现阶段的基本国情。虽然中国已经进入了低生育率国家行列,但由于人口增长的惯性作用,当前和今后十几年,中国人口仍将以年均 800 万—1 000 万的速度增长。"人口基数大,人口增长快"是我国人口的突出特点。

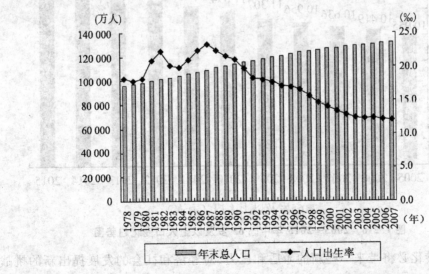

图 1.2-4　1978—2007 年我国年末总人口和人口出生率

人口数量已大大超过我国自然环境承载能力和经济社会发展水平能承受的负荷能力。因此,我国政府把实行计划生育作为一项长期的基本国策。我国人口政策的主要内容是:控制人口数量,提高人口素质。具体要求是:晚婚晚育,少生优生。

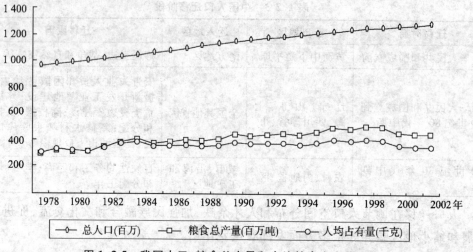

图1.2-5　我国人口、粮食总产量和人均粮食占有量变化

2. 人口老龄化

2015年中国65岁及以上人口为14 434万人,近10年65岁及以上人口逐年增加。据统计,2015年60岁及以上人口达到2.22亿,占总人口的16.15%。预计到2020年,老年人口达到2.48亿,老龄化水平达到17.17%,其中80岁以上老年人口将达到3 067万人;2025年,60岁以上人口将达到3亿,成为超老年型国家。

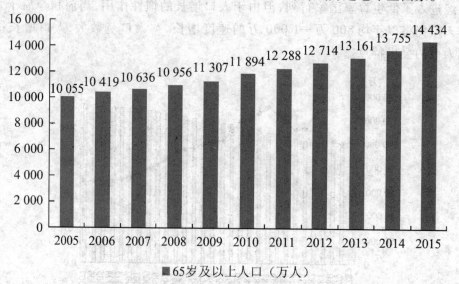

图1.2-6　2005—2015年中国65岁及以上人口变化趋势图

人口老龄化必将带来一些新的矛盾和压力,对经济和社会的发展提出新的挑战:在建立适应社会主义市场经济要求的社会保障制度方面,养老、医疗等社会保障的压

力巨大；在建立满足庞大老年人群需求的为老社会服务体系方面，加快社会资源合理配置，增加为老服务设施，健全为老服务网络的压力巨大；在处理代际关系方面，解决庞大老年人群和劳动年龄人群利益冲突的压力巨大；在协调城乡和谐发展方面，解决农村老龄化问题，特别是中西部落后和老少边穷地区老龄化问题的压力巨大。同时，中国政府和社会还必须付出巨大成本来调整消费结构、产业结构、社会管理体制等，以适应人口年龄结构的巨大变化。

人口老龄化是经济、社会、科技发展的产物。迎接人口老龄化的挑战也必须在更加广泛的领域内综合考虑，协调运筹，把它作为一个战略性的大问题全面策划，及早部署。2011年11月，我国各地全面实施双独二孩政策。2013年12月，我国实施单独二孩政策；2015年10月，中国共产党第十八届中央委员会第五次全体会议公报指出，坚持计划生育基本国策，积极开展应对人口老龄化行动，实施全面二孩政策。

3．人口性别失调

2005年以后，新进入婚育年龄的人口，男性明显多于女性，经测算，到2020年，20—45岁的男性将比女性多3 000万人左右，这将成为影响社会安定和谐的严重隐患。

出生性别比是指一定时期内(通常为一年)出生的男婴总数与女婴总数的比值，用每百名出生女婴数与相对应的出生男婴数表示。根据长期观察的结果，在未受到干预的自然生育状态下，不同时期、不同地区和国家的出生性别比相对稳定，并十分近似地在102—107之间。我国出生性别比偏高，农村更高。自20世纪80年代以来，我国出生人口性别比持续攀升，目前，世界上有18个国家和地区的出生人口性别比高于107正常值上限，我国是世界上出生人口性别结构失衡最严重、持续时间最长、波及人口最多的国家。

数据显示，1982年，我国出生人口性别比为108.47，1990年为111.14，2000年为116.86，2004年创历史最高纪录121.18。其后的几年出生人口性别比一直在120上下，2008年为120.56。2009年后开始下降119.45，2010年为117.94，2011年为117.78，2012年为117.70，2013年为117.60，2014年为115.88，2015年为113.51，我国出生人口性别比自2009年以来实现了连续第七次下降。

4．人口素质不高

总体上讲，我国人口健康素质仍然不高。每年出生缺陷发生率为4%—6%，约100万例。数以千万计的地方病患者和残疾人给家庭和社会带来沉重的负担。防治艾滋病形势依然十分严峻。

我国人口科学文化素质的总体水平还不高，主要表现在：一是人口文盲率高于发达国家2%以下的水平；二是大学粗入学率大大低于发达国家；三是平均受教育年限不仅低于发达国家的人均受教育水平，而且低于世界平均水平(11年)。并且，城乡人口受教育程度存在明显差异。

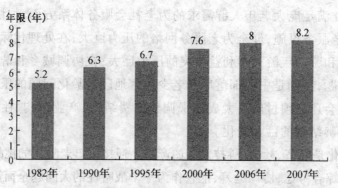

图1.2-7　我国6岁及以上人口平均受教育年限

面对多样的人口问题,我国政府从全面建设小康社会及构建社会主义和谐社会的战略高度出发,坚持以人为本、全面协调可持续的科学发展观,不断完善人口政策与方案,用人的全面发展统筹解决人口问题,在稳定低生育水平的同时,提高人口素质、改善人口结构、引导人口合理分布,促进人口与经济社会资源环境的协调发展和可持续发展。

(四)团结的众多民族

在我国辽阔的国土上,居住着56个民族,各民族间团结融合,组成了一个统一的多民族国家。其中汉族人口最多,约占全国人口总数的92%,其他55个民族人口较少,约占全国人口总数的8%,统称为少数民族。

各少数民族人口数量也不均衡,以壮族人口最多,约有1 600多万人,超过400万的少数民族还有满族、回族、苗族、维吾尔族、藏族、彝族、土家族、蒙古族等。

我国民族的分布具有既集中又分散的特点。汉族的分布遍及全国,主要集中在东部和中部;少数民族多分布在西南、西北和东北边疆地区。民族分布显现出"大杂居、小聚居"的特点。

为处理好各民族的关系,我国实行了一系列行之有效的民族政策。《中华人民共和国宪法》第一章总纲第四条规定:中华人民共和国各民族一律平等。国家保障各少数民族的合法权利和利益,维护和发展各民族的平等、团结、互助关系。禁止对任何民族的歧视和压迫,禁止破坏民族团结和制造民族分裂的行为。国家根据各少数民族的特点和需要,帮助各少数民族地区加速经济和文化的发展。各民族在长期的历史发展过程中,创造了各自独特的文化与风情,例如,傣族的泼水节、彝族的火把节、蒙古族的那达慕大会等风格独具的传统节日。

中国是一个有着多种宗教的国家,主要有佛教、道教、伊斯兰教、天主教、基督教等。中国少数民族群众大多有宗教信仰,有的民族群众性地信仰某种宗教,如藏族群众信仰藏传佛教。中国政府根据《中华人民共和国宪法》关于公民有宗教信仰自由的规定,制定了具体政策,尊重和保护少数民族的宗教信仰自由,保障少数民族公民一切正常的宗教活动。

(五) 统一的行政区划

我国疆域辽阔,为了便于行政管理,有利于经济发展和民族团结,全国的行政区域,基本分为省(自治区、直辖市)、县(自治县、市)、乡(镇)三级。乡镇是我国最基层的行政单位。自治区、自治州、自治县是少数民族聚居地区的民族自治地方,它们都是祖国不可分割的部分。

全国共分为34个省级行政单位,其中包括23个省、5个自治区、4个直辖市和2个特别行政区。

表1.2-4 我国省级行政单位的名称、简称及其行政中心

行政单位	行政中心	简称	行政单位	行政中心	简称
北京市	北京	京	福建省	福州	闽
天津市	天津	津	江西省	南昌	赣
河北省	石家庄	冀	山东省	济南	鲁
山西省	太原	晋	河南省	郑州	豫
内蒙古自治区	呼和浩特	内蒙古	湖北省	武汉	鄂
辽宁省	沈阳	辽	湖南省	长沙	湘
吉林省	长春	吉	广东省	广州	粤
黑龙江省	哈尔滨	黑	广西壮族自治区	南宁	桂
上海市	上海	沪	海南省	海口	琼
江苏省	南京	苏	重庆市	重庆	渝
浙江省	杭州	浙	四川省	成都	川或蜀
安徽省	合肥	皖	贵州省	贵阳	贵或黔
云南省	昆明	滇	宁夏回族自治区	银川	宁
西藏自治区	拉萨	藏	新疆维吾尔自治区	乌鲁木齐	新
陕西省	西安	陕或秦	香港特别行政区	香港	港
甘肃省	兰州	甘或陇	澳门特别行政区	澳门	澳
青海省	西宁	青	台湾省	台北	台

三、梯级过渡 统筹发展

我国地域辽阔,不仅自然地理地区差异大,经济发展也存在很大的区域差异。我国的现代化建设,不仅要在时间上保持高速、持续、稳健发展,而且要在空间上统筹兼

顾,形成一种各地区相互协调、你推我拉的弹钢琴式的整体发展。

(一)梯级过渡的经济地带

1983年,国家制订"七五"计划时,根据自然条件,特别是社会经济发展水平的差异,把全国划分为东部、中部和西部三个经济地带。

我国经济发展出现东、中、西的差异,是一系列自然和社会经济因素综合作用的结果,其中自然因素是经济发展的先决条件,社会经济因素才是经济发展的根本原因。

表1.3-1 我国经济地带性差异的影响因素

地带	自然原因	社会经济原因
东部地带	位置临海,气候湿润,地势低平,植被繁茂,水源充足,土壤肥沃,矿产贫乏,能源短缺。	近代工业起步早;改革开放起步早;思想观念开放,竞争意识强;工业基础好;产业结构较合理;城镇化程度高;生产力水平高;便于引进外资;交通便利。
中西部地带	距海较远,位置闭塞,气候较干燥,日照充分,海拔较高,水资源较少,矿产丰富,能源充足。	工业基础较薄弱;思想观念较保守;第一产业结构比重较大;乡镇企业不发达;生产力水平较低;引进外资较少,但随着西部大开发,前景可观。

改革开放以来,我国实施了重点地区率先发展的宏观区域政策,沿海地区经济实现快速增长,有力地增强了我国整体经济实力。东部地区重点发展对全国经济实力的迅速抬升贡献率超过了三分之二。但与此同时,我国区域间发展差距在不断增大。

表1.3-2 中国三大经济地带的比较(2007年)

经济地带	东部	中部	西部
面积占全国的比重(%)	16	27	57
人口占全国的比重(%)	43.5	34.1	22.4
国内生产总值(GDP)占全国的比重(%)	61.4	25.6	13
人均国内生产总值(万元)	2.99	1.59	1.23

今后我国三个地带的发展,应当在国家统一规划指导下,按照因地制宜、合理分工、各展所长、优势互补、共同发展的原则,充分发挥本地带的优势,选择适合各地带的发展方向。

表 1.3-3　中国三大经济地带发展比较

地带	地位	优势条件	存在问题	发展方向
东部	基础设施最好，城市化、科技水平高。	主要农业基地、工业区，交通尤其海运便利，城市化、科技化、国际化。	能源、原材料不足，环境污染严重，江河下游洪涝多。	充分发挥地区优势、发展第三产业和集约农业，发挥技术创新优势，产品向高精尖发展。
中部	位于中国腹地，担负承东启西的作用。	能源、矿产丰富，农林牧产品丰富，金属重工业发达。	山西煤炭外运，黄土高原水土流失、东北森林过度砍伐，水患、风沙危机。	发挥资源优势，建设能源、原材料基地，建商品粮、农林渔基地，东西交通建设。
西部	位于西部边远地区少数民族聚居区。	有70%国境线，利于沿边贸易，能源、矿产、旅游资源前景广阔。	工业基础薄弱，科技文化欠发达，交通落后，西北地区荒漠化严重。	改善农业生态环境，稳定粮田面积，提高能源、矿产生产能力，成为全国动力基地。
协调	"西部大开发、东北振兴、中部崛起、东部新跨越"，随着这四大区域经济板块的联动，我国区域协调发展进入一个新阶段。			

（二）基础地位的农业生产

农业是国民经济的基础。根据生产对象的不同，农业可细分为种植业、林业、畜牧业和渔业等部门。农业一方面为人们的日常生活提供必需的吃、穿、用等物质资料，另一方面又可以给工业生产提供大量的原材料和消费市场。

受到地形、气候等自然条件的影响，我国农业各部门有明显的地域性分布规律。种植业、林业、渔业主要分布在我国东部，畜牧业主要分布在我国广大的西部地区。

种植业是通过人工栽培农作物而取得农产品的生产部门，在我国农业的产值构成中所占比例最大。我国种植业一般分布在地形平坦、土壤肥沃、水源丰富、热量和光照充足的地区。例如，喜温湿的水稻主要分布在我国湿热的南方地区；喜温凉耐旱的小麦主要分布在我国半湿润的北方地区；降水稀少的西部地区，种植业主要分布在有灌溉水源的平原、绿洲和河谷地区。秦岭-淮河是我国种植业的一条重要分界线。

表 1.3-4　秦岭-淮河线的重要意义

分布地区	1月平均气温	年降水量	气候类型	耕地类型	作物熟制	主要粮食作物	主要经济作物
秦岭-淮河以北地区	低于0℃	小于800毫米	温带季风气候	旱地	一年一熟至两年三熟	小麦	甜菜、花生、苹果
秦岭-淮河以南地区	高于0℃	大于800毫米	亚热带季风气候	水田	一年两熟至三熟	水稻	甘蔗、油菜、柑橘

林业是对森林的种植、养育、保护、采伐及对林产品的采集和加工的生产部门。我国的森林资源主要分布在东北、西南和东南的山地、丘陵地带。

表 1.3-5　中国的三大林区比较

林区名称	范　围	主要树种	特　点
东北林区	东北部的大兴安岭、小兴安岭和长白山。	红松、兴安落叶松、黄花松、白桦、水曲柳。	① 我国最大的森林区。② 我国唯一的大面积落叶松林地区。
西南林区	四川、云南和西藏三省区交界处的横断山区，以及西藏东南部的喜马拉雅山南坡等地区。	云杉、冷杉、高山栎、云南松，还有珍贵的柚木、紫檀、樟木。	山峰高耸，植被的垂直地带性显著。
南方林区	秦岭、淮河以南，云贵高原以东的广大地区。	以杉木和马尾松为主，还有我国特有的竹木。	我国热带和亚热带的森林宝库。

我国畜牧业分牧区畜牧业和农耕区畜牧业两类。

表 1.3-6　我国畜牧业发展特点

类型	牧区畜牧业				农耕区畜牧业
	内蒙古牧区	新疆牧区	青海牧区	西藏牧区	
主要畜禽	三河牛、三河马	细毛羊	滩羊	藏绵羊	猪、牛、羊等牲畜和鸡、鸭、鹅等家禽。
分布	北方干旱、半干旱草原地区和青藏高原地区。				湿润和半湿润地区。
生产方式	草场放牧。				以作物的秸秆、粮食作物为饲料喂养。
地位	是牧民生活和经济收入的主要源泉，也是国民经济中毛皮、肉奶的重要供应者。				在我国畜产品生产中占主要地位，食用肉、奶、禽、蛋的主要来源。

我国陆上河湖众多，海域辽阔，发展渔业的水域条件优越。我国是世界渔业大国，养殖产量占世界养殖总产量的70%。目前，水产品在我国农产品出口中居首位，已经形成了先进的养殖技术体系，扩大出口的潜力很大。

长江中下游地区是我国淡水渔业最发达的地区，东部沿海是我国海洋捕捞和养殖基地。

中华人民共和国成立以来，我国农业发展取得了令世人瞩目的成就。为了促进农业发展与人口、资源、环境相协调，逐步实现农业可持续发展，今后我国农业还需要加快现代农业建设，保证粮食稳定增产，提高资源利用率；提升自主创新能力，提高农业发展的科技含量；转变增长方式，节约资源，保护环境。

我国各地自然环境存在较大的差异，各地的经济发展水平、产业结构、市场前景等社会经济条件也不均衡。以市场为导向，立足资源和区位优势，因地制宜发展农业生产，是我国农业必须遵循的原则。

"十一五"规划中，按照自然资源条件、产业基础以及发展潜力，将我国农业区进行地域布局。

表1.3-7 我国"十一五"规划农业发展区域

区域类别	优势开发区	重点开发区	适度开发区
区域名称	长江流域水稻优势区。	东北中低产田地区。	西北荒漠化地区。
区域特点	自然条件好、生产规模大、区位优势明显、产业化基础强。	资源潜力。	农业生态脆弱、易毁难复和农村经济发展相对滞后。
功能定位	我国农产品主要生产基地。	我国农产品战略基地。	发展畜牧业和特色农业。
发展方向	着力稳定双季稻面积,逐步扩大江淮粳稻生产,提高单季稻产量。	重点提高耕地地力与质量,加强灌溉排水设施的建设和改造,改善农业现代物质装备条件,建设高起点的现代化粮食生产基地。	限制资源开发,降低草原载畜量,加强草原保护建设,发展节约型畜牧业。

（三）快速提高的工业水平

工业是国民经济的主导。我国传统工业主要有钢铁工业、纺织工业、机械工业、船舶工业等。

我国是钢铁生产大国,粗钢产量连续13年居世界第一。2008年,粗钢产量达到了5亿吨,占全球产量的38%。虽然我国钢铁工业发展迅速,但也存在产能总量过剩、品种结构不合理、创新能力不强、产业集中度低、资源控制力弱等问题。

表1.3-8 中国九大钢铁基地比较

钢铁基地	主要企业	发展条件		类型	备注
		有利条件	不利条件		
鞍本钢铁基地	鞍山钢铁公司、本溪钢铁公司	① 资源丰富,靠近全国最大的铁矿基地（鞍山、本溪）;② 交通发达,铁路网密集;③ 发展历史悠久,基础好,技术力量强。	经长期开采,区内煤炭不能满足生产需要。	资源型	我国最大的钢铁基地。
京、津、唐钢铁基地	首都钢铁公司、天津各钢厂及唐山钢铁公司	① 煤铁资源丰富,铁矿储量仅次于鞍、本;开滦煤矿是我国最大的优质炼焦煤基地;② 基地位置优越,交通发达,扼关内外联系的必经之路;③ 基地靠近消费区,技术力量雄厚。	水源紧张,环境问题。	资源型	

续表

钢铁基地	主要企业	发展条件		类型	备注
		有利条件	不利条件		
上海钢铁基地	宝钢及上钢一、三、五厂3个主要炼钢企业,梅山冶金公司等	①工业发达,生产协作条件好;②技术力量强,管理水平高;③水陆交通方便。	无铁、无煤、无辅助材料是本基地突出的缺点,每年需要运入数百万吨的生铁和焦炭。	市场型、临海型	我国第一个具有世界先进水平的现代化大型钢铁联合企业。
武汉钢铁基地	武钢	①地理位置优越,水陆运输方便;②地处江汉平原,厂区用地平坦、宽阔;③靠近消费区;④靠近鄂东铁矿、大冶铁矿,所产矿石品位较高,含铜等有益成分。	附近矿产储量有限,埋藏较深。今后可以考虑利用长江水运,适当进口部分富矿。	资源型	我国最大的钢板生产基地。
攀枝花钢铁基地	攀钢	①丰富的钒、钛磁铁矿,钒、钛储量居世界首位;②巨大的水能和焦炭资源。	受地形条件限制大,交通还不甚便利,资源利用不够。	资源型	我国自己制造设备、自行设计安装建成的钢铁基地。
包头钢铁基地	包钢	①近铁近煤,原料、燃料条件好;②包头的稀土资源储量居世界首位;③靠近黄河,地势平坦,用水条件好。	铁矿中含稀土元素及氟磷成分多,选矿技术尚未解决。	资源型	我国最主要的稀土生产基地。
太原钢铁基地	太钢	①焦煤资源丰富,品种齐全;②附近有峨口铁矿、太(原)古(交)岚(县)铁矿。	矿石品位低,矿区分散,水资源不足,运输紧张。	资源型	我国特殊钢生产基地。
马鞍山钢铁基地	马钢	①临江近海,交通十分便利;②资源丰富,靠近宁芜铁矿,淮南、淮北煤产地,地处华东电网中心。		资源型	江南重要的钢铁基地。
重庆钢铁基地	重庆钢铁公司和重庆特殊钢厂	①背靠攀西钒钛磁铁矿和六盘水大煤田;②面对西南西北钢材需求的大市场;③地处西南地区综合交通枢纽,交通便利。	没有集中的、较丰富的大型矿山,矿石的自给率低。	市场型	西南地区重要的钢铁生产基地。

纺织工业是我国的传统工业,进入21世纪以来也得到快速发展,形成了从上游纤维原料加工到服装、家用、产业用终端产品制造不断完善的产业体系。国际市场占有率连续十余年位居全球首位,我国已经成为世界纺织、服装生产大国。

图1.3-1　中国棉纺锭的发展

但是,纺织工业在快速发展的过程中,长期积累的矛盾和问题也日渐凸显。主要表现在:自主创新能力薄弱,产业布局不尽合理,节能减排任务艰巨,产能规模盲目扩张,部分行业产能过剩。2008年下半年以来,国际金融危机对我国纺织工业造成严重影响,市场供求失衡,企业经营困难、亏损增加,吸纳就业人数下降,我国纺织工业陷入多年未见的困境。

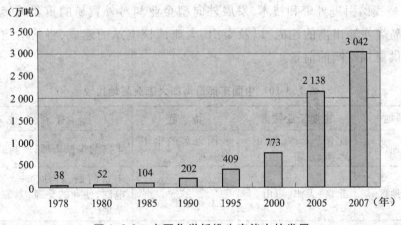

图1.3-2　中国化学纤维生产能力的发展

纺织工业的发展,要做好以下工作:(1)稳定国内外市场;(2)提高自主创新能力;(3)优化区域布局;(4)加快自主品牌建设;(5)提升企业竞争实力;(6)完善公共服务体系。

近年来,我国高新技术产业的发展日新月异,汽车工业、化学工业、电子信息技术、光电子科学和航空航天业的发展都取得巨大成就,形成了独立的、门类比较齐全的工业体系。

表1.3-9 2005年国家级经济技术开发区运行情况

	总值	占全国比重	同比增长	高于全国增幅
GDP	8 195.2 亿元	4.50%	24.14%	14.24%
工业增加值	5 981.35 亿元	7.85%	23.18%	16.4%
税收收入	1 219.28 亿元	4%	30.68%	10.69%
进出口	2 252.35 亿美元	15.84%	35.51%	12.31%
实际利用外资	130.23 亿美元	21.60%		

中华人民共和国成立以来,我国工业布局已经由原来集中在东部沿海少数城市,逐步向内地纵深发展,在全国形成了许多大型的工业基地和工业地带。从整体上看,呈现出沿海、沿河、沿铁路线分布的特点。

我国的工业地带主要有:东部沿海工业地带、长江沿岸工业地带和陇海-兰新沿线工业地带。

东部沿海工业地带:包括沿海的经济特区(深圳、珠海、汕头、厦门、海南)、沿海开放城市(大连、秦皇岛、天津、烟台、青岛、连云港、南通、上海、宁波、温州、福州、广州、湛江、北海等)、经济开放区(辽东半岛、长江三角洲、福建沿海、珠江三角洲、广西沿海等)和四个最发达的工业基地(辽中南地区、京津唐地区、沪宁杭地区、珠江三角洲地区),是我国引进外资和技术,发展外向型企业和对外贸易的重要地带。大秦铁路和秦皇岛煤炭输出港的建成,以及秦山、大亚湾核电站的建成,将给本地带内工业的发展提供更加广阔的前景。

表1.3-10 中国东部沿海四大工业基地比较

工业基地	主要工业城市	特色	有利条件
辽中南地区	沈阳、大连、鞍山、本溪、辽阳。	我国著名的重工业基地。	丰富的煤铁资源,便利的交通。
京津唐地区	北京、天津、唐山。	北方最大的综合性工业基地。	丰富的铁、石油、海盐资源,统一电网,便利的交通,紧靠山西能源基地。
沪宁杭地区	上海、苏州、南京、无锡、杭州。	我国最大的综合性工业基地。	历史悠久、工业基础雄厚,丰富的资源,统一的电网,便利的交通,雄厚的技术力量。
珠江三角洲地区	广州、香港、深圳、珠海。	以轻工业为主的综合性工业基地。	靠近香港地区、东南亚,多侨乡,易吸引外资,经济特区开放早,有技术与管理优势。

长江沿岸工业地带:自东向西有以上海、南京、杭州为中心的沪宁杭工业基地,以武汉为中心的钢铁、轻纺等工业基地,以宜昌、重庆为中心的电力、钢铁等工业基地,以贵州乌江水电站为中心的矿业基地,以攀枝花为中心的钢铁工业基地等,是我国工农业发达,人口众多,矿产和水力资源丰富,水运条件得天独厚,由沿海深入内地的一

个综合性强的地带。

表1.3-11 长江沿江地带的主要城市

主要城市群	中心城市	主要工业部门	区位优势
长江三角洲城市群	上海	汽车、电子、石油化工，精品钢材、生物医药。	地处长江入海口，海陆交通便利，历史悠久，工业基础好，技术力量雄厚，较高的管理水平。
长江下游城市群	南京	石油化工、电子、造船、轻纺。	京沪铁路与长江干流的交汇处，交通便利，历史悠久，高等院校多，人力资源丰富，工农业发达。
长江中游城市群	武汉	钢铁、轻纺。	长江最大的支流——汉江与干流的交汇处，方便物资集散；农业基础好；电力充足，自然资源丰富。
长江上游城市群	重庆	冶金、钢铁。	嘉陵江与长江干流的交汇处，自然资源富集，劳动力丰富，国家政策支持。

陇海-兰新工业地带：东起连云港，向西拥有徐州煤炭，郑州轻纺，洛阳机械，西安飞机制造等工业，兰州石油化工、新疆境内的石油工业等工业基地。兰新铁路西段已与中亚铁路接轨。兰新-陇海铁路将成为从西欧通向亚洲、太平洋地区最近便的陆上通道，工业发展的前景广阔。

（四）日新月异的交通运输

交通运输业是经济发展的"先行官"。现代交通运输业主要有公路、铁路、水运、航空、管道等五种主要方式。目前，我国已经形成了五种运输方式相结合、覆盖全国的综合性运输网。各种交通运输线是我国经济发展的"生命线"。

铁路运输是我国最重要的运输方式。随着有"天路"之称的世界上海拔最高的青藏铁路于2006年7月1日正式建成通车，我国所有的省、区、直辖市都有了铁路相通，初步形成了全国性的铁路网。

表1.3-12 中国的主要铁路干线

	主要铁路线	经过的重要铁路枢纽
五纵	京哈-京广线	哈尔滨、沈阳、北京、石家庄、郑州、株洲、广州
	京沪线	北京、天津、济南、徐州、上海
	京九线	北京、商丘、九江、南昌、深圳、九龙
	同蒲-太焦-焦柳线	大同、太原、焦作、枝城、柳州
	宝成-成昆线	宝鸡、成都、昆明
三横	陇海-兰新线-北疆线	连云港、徐州、郑州、西安、兰州、乌鲁木齐、阿拉山口
	京包-包兰线	北京、大同、包头、银川、兰州
	沪杭-浙赣-湘黔-贵昆线	上海、杭州、南昌、株洲、怀化、贵阳、昆明

公路运输是我国短途运输的主要方式。按行政等级分为国道、省道、县道、乡道等。目前,我国已形成以国道为干线骨架,辅之以其他等级公路为主干线,将全国重要城市、工业中心、交通枢纽、沿海港口等连接起来的四通八达的公路网。我国高速公路建设发展迅速。到2016年底,全国高速公路总里程突破13万千米。目前,除西藏自治区以外,全国各省级行政区都有高速公路。

与陆路运输相比,内河航运具有低成本、大运量、节能环保等众多优势。我国内河航运通航里程超过10万千米。长江、珠江、松花江、京杭运河等河流在我国内河航运中占重要地位。

长江是我国内河航运的主体,对沿江省、市经济发展具有重要作用,沿江85%的铁矿石均由长江航运实现,被誉为"黄金水道"。近年来,我国对长江进行了一系列的综合整治,航道条件逐步完善,航运安全性大大提高。重庆、武汉、南京、上海是长江沿岸的重要港口。2015年长江干线货运量突破21.8亿吨,比"十一五"末增长了45%。2016年长江干线的货运量增至23.1亿吨,已连续多年位居世界河运榜首。尤其是12.5米深水航道上延至南京,使得南京以下"河港变海港",大幅提升了长江中上游的"江海联运"能力。经过十多年工程建设和多年管理维护,目前,依托长江口12.5米深水航道,第三、第四代集装箱船可全天候通过,第五、第六代集装箱船和10万吨级满载散货船及20万吨级减载散货船可乘潮通过。2016年,受益于长江口深水航道,上海港邮轮旅客吞吐量289.38万人次,同比增长76.2%,成为全球第四大邮轮母港。

京杭大运河是世界上最长、开凿最早的人工河。全长1 700多千米,自北向南经过京、津两市和冀、鲁、苏、浙四省,贯通海河、黄河、淮河、长江、钱塘江等五大水系和一系列湖泊,是我国古代以运粮北上为主的南北交通大动脉。后来由于河道淤浅,以及并行的京沪铁路的建成通车,京杭运河的航运逐渐衰落。中华人民共和国成立后,我国对京杭运河进行了大规模的整治。现在,京杭运河是我国北煤南运的一条重要河道,货运量仅次于长江,居全国河运的第二位。

我国东部海岸线漫长,多优良港湾,为我国发展海洋运输提供了有利条件。海上运输可分为沿海航运和远洋航运。沿海航线又分以大连、上海为中心的北方航区和以广州、香港地区为中心的南方航区;远洋航线以上海、大连、天津、秦皇岛、青岛、广州、湛江等海港为主要进出口岸,可通达世界160多个国家和地区,远洋运输总载重吨位居世界第二位。

航空运输发展水平的高低是衡量一个国家交通运输现代化程度的重要标志。我国现已形成以北京为中心的航空运输网。北京、上海、广州和香港地区是我国主要的国际航空港。

管道运输具有运量大、不受气候和地面其他因素限制、可连续作业及成本低等优点。目前,管道运输已成为中国继铁路、公路、水路、航空运输之后的第五大运输行业。交通运输协会的专家曾算过一笔账:沿我国成品油主要流向建设一条长7 000

千米的管道,与修建同一长度的铁路相比,它所产生的社会综合经济效益,仅降低运输成本、节省动力消耗、减少运输中的损耗3项,每年就可以节约资金数十亿元;而且对于具有易燃特性的石油运输来说,管道运输更有着安全、密闭等特点。

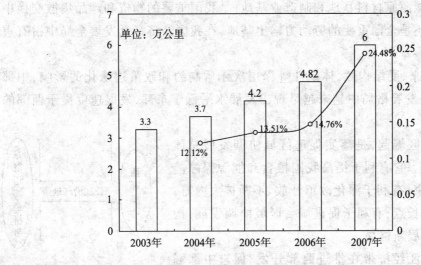

图 1.3-3　中国管道建设里程

自1959年中国第一条长输油气管道——新疆克拉玛依油田至独山子炼油厂原油外输管道投产以来,50年间中国长距离输油输气管道建设取得长足进展。目前,中国已建成投入运营长输油气管道6万多千米,可绕地球赤道1周半。

目前,我国油气管道建设进入了一个新的发展时期。随着西气东输、西部原油成品油管道等重点工程建成投产,一个西油东送、北油南运、西气东输、北气南下、海气登陆的油气供应格局正在形成。

(五) 统筹发展的区域经济

进入21世纪,区域经济的发展空间将更加广阔。促进生产力布局合理,需要从统筹规划、调整结构、扩大开放等多方面制定切实有效的措施。

1. 鼓励东部地区率先发展

东部地区面向大海,具有开放性和便利的海运,为发展开放型经济提供了优越的区位条件;气候湿润、雨热同期,有利于作物生长;地势低平,有利于开发、利用,是我国近代工业起步最早的地区,是国家改革开放的前沿。这些都使得东部地区走上经济快速发展的道路。长三角、珠三角和京津冀三大都市圈,以及山东半岛、辽中南、中原和关中四个城市群是我国人口密集、经济发达的地区。

今后还将重点培养竞争力强的大都市经济圈(如建设以苏锡常、南京和徐州为中心的江苏三大都市圈)、城市群,形成特色经济区和重要经济带。东部经济的快速发展,不仅提高了我国的综合国力,而且可以从人力、物力、财力上对中西部地区予以支持,带动中西部经济地带的发展。

2. 促进中部地区崛起

中部地区处于承东启西、连接南北的重要地理位置。这里是我国重要的粮食生产和输出基地、能源原材料基地和制造业基地,是我国重要的物资和产品集散交换中心和交通枢纽,还是全国重要的劳动力输出基地,在我国经济社会发展全局中占有重要地位。

改革开放以来,受结构性、体制性等深层次矛盾制约和政策边缘化的影响,中部地区在全国经济发展格局中越来越呈现出发展水平低于东部、发展速度慢于西部的"塌陷"态势。

促进中部地区崛起,是落实促进区域协调发展总体战略的重大任务。它有利于提高我国粮食和能源保障能力,缓解资源约束;有利于深化改革开放、不断扩大内需,培育新的经济增长点;有利于促进城乡区域协调发展,构建良性互动的发展新格局。

图1.3-4 长江沿江地带"H"型经济格局

重点发挥长江经济带在推进西部开发、促进中部崛起的承东启西的重要纽带作用。

3. 坚持实施推进西部大开发

西部地区由于自然条件、社会历史等多种原因,基础设施薄弱,教育、卫生等事业发展滞后,生态环境十分脆弱。但西部地区地广人稀、资源丰富、发展潜力大。

党中央、国务院制定"西部大开发"战略决策后,首先选择了长期以来制约西部发展的瓶颈——基础设施和生态环境建设为突破口,在政策、资金、设备、人才等各方面予以倾斜,在不到10年的时间内已经取得明显成效。从西部地区"十大工程",到青藏铁路的开工建设;从西气东输,到西电东送工程的稳步实施;从西部地区大规模的机场建设,到铁路、公路建设的全面启动;从大规模的城市基础设施建设,到大面积的退耕还林还草试点。西部大开发——这一跨世纪的伟大工程,正在广大西部地区扎扎实实地推进。目前,西部地区基础设施建设迈出实质性步伐,生态环境保护和建设得到了显著加强。

今后将重点坚持西部地区的"引进来"与"走出去"相结合,扩大互利合作和共同开发,增强自我发展能力。

4. 振兴东北等老工业基地

东北等老工业基地是中华人民共和国成立后发展最早的重工业基地,曾为我国工业化的起步做出过重大贡献。但是,东北等老工业基地也面临着一些困难和问题,如传统产业的比重比较大,尤其是国有企业的比重比较大;市场活力不足;就业和再就业的难度也比较大;有些资源已面临枯竭;出现了大面积的环境污染和生态破坏,并引发了许多经济、社会矛盾;一些资源性城市的转型带来的困难更大。

党的十六大提出,"支持东北地区等老工业基地加快调整和改造,支持资源开采型城市发展接续产业"。目前,实施振兴战略已经使东北三省经济发展明显加快,阜新、大庆、伊春和辽源等资源性城市可持续发展迈出坚实步伐。

四、多彩景观　人文山水

我国国土广袤、山川锦绣、景观多姿、文化灿烂。上下几千年的文明史、纵横几万里的经纬度,使得我国成为世界上旅游资源最丰富的国家之一。许多风景名胜,山水兼具,自然和人文交融,为我国旅游业发展提供了得天独厚的条件。

(一) 迅速发展的旅游业

旅游活动主要包括旅游者、旅游资源和旅游业三个基本要素,三者相互依存、相互制约、紧密结合。

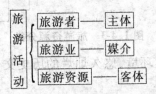

图 1.4-1　旅游活动的基本要素

旅游业在整个旅游活动中起到桥梁作用,将旅游者和旅游资源紧密联系起来。旅行社、饭店业和旅游交通是旅游业的"三大支柱"。

改革开放以来,我国社会安定团结、经济繁荣昌盛、人民收入持续提高、交通条件不断完善,这一切促使我国的旅游业迅速发展。无论是入境旅游、出境旅游还是国内旅游都保持较快增长。2007 年旅游总收入首次突破 1 万亿元,入境游客在全球位居第四,也是亚洲最大的出境旅游客源国。从国内旅游来说,中国目前是世界上最大的国内旅游市场。旅游业现已成为国民经济中重要的产业部门,中国实现了从"旅游资源大国"到"旅游大国"的历史性跨越。

2016 年中国国内旅游消费保持高速增长,市场新需求、产业新业态、政府新举措不断涌现。总体来看,我国国内旅游市场规模长期保持在 15% 左右的增长速度,旅游总收入总体保持 12% 左右的增长速度。2016 年,国内旅游人数为 44.4 亿人次,同比增长 11.0%,旅游收入从 2011 年的 1.93 万亿元增长到 2016 年的 3.9 万亿元。2016 年全年,中国公民出境旅游人数 1.22 亿人次,比上年同期增长 4.3%;出境旅游花费 1 098 亿美元,比上年同期增长 5.1%。我国将继续保持世界第一大出境旅游客源国和第四大入境旅游接待国地位。

(二) 绚丽多姿的旅游资源

旅游资源是指自然界和人类社会中所有能够对旅游者产生吸引力,可以为旅游业开发、利用,并可产生经济效益、社会效益和环境效益的各种事物和因素,其本质特征是对旅游者具有吸引力。根据旅游资源的本质属性,通常将旅游资源划分为自然旅游资源和人文旅游资源两种类型。

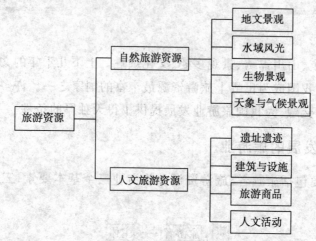

图 1.4-3　旅游资源分类

我国拥有绚丽多姿的自然环境、悠久灿烂的历史文化,是世界上旅游资源最为丰富的国家之一。

表 1.4-1　我国主要旅游资源

类型		旅游资源
自然旅游资源	地质地貌 山景	五岳(东岳泰山、北岳恒山、西岳华山、中岳嵩山、南岳衡山)、四大佛教名山(山西五台山、四川峨眉山、安徽九华山、浙江普陀山)、道教圣地(青城山、龙虎山、武当山、齐云山)、名山(黄山、庐山、武夷山)
	洞景	主要分布在喀斯特地貌发育地区,如七星岩、本溪水洞、瑶琳仙境等
	水文地理 河流	长江三峡、漓江的桂林山水
	湖景	西湖、太湖、洞庭湖、鄱阳湖(我国最大淡水湖)、千岛湖、镜泊湖、滇池、洱海、日月潭、长白山天池
	瀑景	黄河壶口瀑布、黄果树瀑布(我国最大瀑布)、庐山瀑布、九寨沟瀑布
	泉景	五大名泉(镇江金山"天下第一泉"、无锡惠山"天下第二泉"、苏州虎丘"天下第三泉"、杭州的虎跑泉、济南趵突泉)、五大连池、华清池
	海景	天涯海角、钱塘江大潮、海市蜃楼、海上观日等
	生物	香山红叶、梵净山、卧龙大熊猫自然保护区、西双版纳热带雨林
	天象与气候	"西山晴雪"(燕京八景之一)、雾凇、泰山日出、巴山夜雨

续表

类型		旅游资源
人文化旅游资源	人类文化遗址	北京周口店"北京猿人"遗址、西安半坡村遗址、云南"元谋人"遗址、陕西"蓝田人"遗址
	古代工程	长城、赵州桥、卢沟桥、都江堰、灵渠、京杭大运河
	古建筑	长城、平遥古城、丽江古城、岳阳楼
	宗教文化	扬州大明寺、苏州寒山寺、洛阳白马寺(佛教传入中国后修建的第一座寺院)、西安大雁塔、四大石窟(敦煌莫高窟、云冈石窟、龙门石窟、麦积山石窟)
	民族风情	傣族的泼水节、蒙古族的那达慕大会、大理白族的三月街、彝族的火把节
	古典园林	圆明园、颐和园、承德避暑山庄、拙政园、沧浪亭、留园
	革命纪念地	井冈山(第一个红色革命根据地)、延安、遵义、西柏坡

为打造在国际上有竞争力、在国内真正成为标杆的旅游精品(绝品)景区,国家旅游局2007年批准北京市故宫博物院等66家景区为国家5A级旅游景区。到2009年3月底,我国共批准67家国家5A级旅游景区。

表1.4-2 国家5A级旅游景区

省市区	国家5A级旅游景区
北京	故宫博物院、天坛公园、颐和园、八达岭长城
天津	天津古文化街旅游区(津门故里)、天津盘山风景名胜区
河北	秦皇岛市山海关景区、保定市安新白洋淀景区、承德避暑山庄及周围寺庙景区
山西	大同市云冈石窟景区、忻州市五台山风景名胜区
辽宁	沈阳市植物园、大连老虎滩海洋公园·海洋极地馆
吉林	长春市伪满皇宫博物院、长白山景区
黑龙江	哈尔滨市太阳岛公园
上海	上海东方明珠广播电视塔、上海野生动物园
江苏	南京市钟山风景名胜区——中山陵园风景区、中央电视台无锡影视基地三国水浒景区、无锡灵山景区、苏州市拙政园、苏州市周庄古镇景区
浙江	杭州市西湖风景名胜区、温州市雁荡山风景名胜区、舟山市普陀山风景名胜区
安徽	黄山市黄山风景区、池州市九华山风景区
福建	厦门市鼓浪屿风景名胜区、南平市武夷山风景名胜区
江西	庐山风景名胜区、吉安市井冈山风景旅游区
山东	烟台市蓬莱阁旅游区、济宁市曲阜明故城(三孔)旅游区、泰安市泰山景区
河南	登封市嵩山少林景区、洛阳市龙门石窟景区、焦作市云台山风景名胜区
湖南	衡阳市南岳衡山旅游区、张家界武陵源旅游区
湖北	武汉市黄鹤楼公园、宜昌市三峡大坝旅游区
广东	广州市长隆旅游度假区、深圳华侨城旅游度假区
广西	桂林市漓江景区、桂林市乐满地度假世界
海南	三亚市南山文化旅游区、三亚市南山大小洞天旅游区

续表

省市区	国家 5A 级旅游景区
重庆	重庆市大足石刻景区、重庆市巫山小三峡-小小三峡
四川	成都市青城山-都江堰旅游景区、乐山市峨眉山景区、阿坝藏族羌族自治州九寨沟旅游景区
贵州	安顺市黄果树大瀑布景区、安顺市龙宫景区
云南	昆明市石林风景区、丽江市玉龙雪山景区
陕西	西安市秦始皇兵马俑博物馆、西安市华清池景区、延安市黄帝陵景区
甘肃	嘉峪关市嘉峪关文物景区、平凉市崆峒山风景名胜区
宁夏	石嘴山市沙湖旅游景区、中卫市沙坡头旅游景区
新疆	新疆天山天池风景名胜区、吐鲁番市葡萄沟风景区、阿勒泰地区喀纳斯景区

（三）类型多样的旅游区划

旅游具有明显的区域性特征，为了便于组织旅游活动，也为了开发利用旅游资源、突出区域资源特点、合理布局和保护旅游资源，必须进行旅游区划。

根据不同的区划指标，旅游区划可以有多种分类方案。其中保继刚等学者将全国分为9个旅游带。

表 1.4-3　中国旅游区划方案

序号	旅游带	范　围	特　点
1	京华古今风貌旅游带	包括以北京为中心，以天津、河北为腹地的小华北	既有华夏历史文化遗产，又有中国现代的风貌，古代建筑与现代建筑融为一体。
2	白山黑水北国风光旅游带	包括东北三省全境	有白山黑水自然奇景，北有五大连池冷矿泉，南有汤岗子、五龙背热矿泉疗养地，还有长白山矿泉群待开发，大连、金县、兴城海滨为著名的避暑消夏地。
3	丝路寻踪民族风情旅游带	包括宁夏、新疆、内蒙古、甘肃	古文化遗存丰厚，特别是沙漠地区。本带还是中国北方民族蒙古族、回族、维吾尔族等居住的地区，丰富多彩的民族风情，辽阔的草原风光，美丽的天山还有壁画，无不让人神往。
4	华夏文明访古旅游带	包括黄河中下游地区陕西、河南、山西、山东	中华文明的发祥地，华夏古文明遗迹遍布。从仰韶文化、半坡遗址、商城殷墟到抗战时期的行都，中国6大古都有一半位于这里，三大石窟有两个位于这里。
5	西南奇山秀水民族风情旅游带	包括四川、云南、贵州、广西、重庆	这里奇山秀水云集，有峨眉山、青城山、玉龙雪山，有长江三峡，这里是全国少数民族最密集的聚居地。

续表

序号	旅游带	范围	特点
6	荆楚文化湖山旅游带	包括湖北、湖南、江西	位于中国中部,是各大旅游带中唯一既无陆上边界,又无海上边界的地区,自古就有九省通衢之称,有长江及鄱阳湖、洞庭湖,有武当山、井冈山、衡山等。
7	吴越文化江南水乡风光旅游带	包括上海、江苏、安徽、浙江	
8	岭南文化南亚热带风光旅游带	包括福建、广东、海南	
9	世界屋脊猎奇探险旅游带	包括西藏、青海	

(四) 形形色色的自然保护区

我国是世界自然资源和生物多样性最丰富的国家之一。国家为了保护珍贵的濒危动、植物及各种典型的生态系统,保护珍贵的地质剖面,为进行自然保护教育、科研和宣传活动提供场所,并在指定的区域内开展旅游和生产活动,划定了特殊区域——自然保护区。

我国的自然保护区可分为三大类。

第一类是生态系统类,保护的是典型地带的生态系统。例如广东鼎湖山自然保护区,为我国第一个国家自然保护区,保护对象为亚热带常绿阔叶林,被中外科学家誉为"北回归线沙漠带上的绿洲"。甘肃连古城自然保护区,保护对象为沙生植物群落,吉林查干湖自然保护区,保护对象为湖泊生态系统。

第二类是野生生物类,保护的是珍稀的野生动植物。例如,黑龙江扎龙自然保护区,保护以丹顶鹤为主的珍贵水禽;福建文昌鱼自然保护区,保护对象是文昌鱼;广西上岳自然保护区,保护对象是金花茶。

第三类是自然遗迹类,主要保护的是有科研、教育或旅游价值的化石和孢粉产地、火山口、岩溶地貌、地质剖面等。例如,山东的山旺自然保护区,保护对象是生物化石产地;湖南张家界森林公园,保护对象是砂岩峰林风景区;黑龙江五大连池自然保护区,保护对象是火山地质地貌。

到2008年底,全国已建立2 531个自然保护区,总面积15 188万公顷。其中,国家级自然保护区303个,面积9 365.6万公顷,分别占全国自然保护区总数和总面积的12%、61.7%。有28处自然保护区加入联合国教科文组织"人与生物圈"保护区网络,有36处列入国际重要湿地名录。

表1.4-4　中国的自然保护区

联合国教科文组织"人与生物圈"保护区（28项）	长白山自然保护区、卧龙自然保护区、鼎湖山自然保护区、梵净山自然保护区、武夷山自然保护区、锡林郭勒草原自然保护区、神农架自然保护区、博格达峰自然保护区、盐城自然保护区、西双版纳自然保护区、天目山自然保护区、茂兰自然保护区、九寨沟自然保护区、丰林自然保护区、南麂列岛自然保护区、山口自然保护区、白水江自然保护区、黄龙自然保护区、高黎贡山自然保护区、宝天曼自然保护区、赛罕乌拉自然保护区、达赉湖自然保护区、五大连池自然保护区、亚丁自然保护区、佛坪自然保护区、珠穆朗玛峰自然保护区、兴凯湖自然保护区、车八岭自然保护区
国际重要湿地（36处）	首批被列入的7块国际重要湿地（1992年7月） 　　黑龙江扎龙自然保护区、吉林向海自然保护区、海南东寨港自然保护区、青海鸟岛自然保护区、湖南东洞庭湖自然保护区、江西鄱阳湖自然保护区、香港米埔和后海湾国际重要湿地
	第二批被列入的14块国际重要湿地（2002年2月） 　　上海市崇明东滩自然保护区、辽宁大连斑海豹自然保护区、江苏大丰麋鹿自然保护区、内蒙古达赉湖自然保护区、广东湛江红树林国家级自然保护区、黑龙江洪河自然保护区、广东惠东港口海龟自然保护区、鄂尔多斯遗鸥自然保护区、黑龙江三江国家级自然保护区、广西山口国家级红树林自然保护区、湖南南洞庭湖湿地和水禽自然保护区、湖南汉寿西洞庭湖（目平湖）自然保护区、兴凯湖自然保护区、江苏盐城保护区
	第三批被列入的9块国际重要湿地（2005年2月） 　　辽宁双台河口湿地、云南大山包湿地、云南碧塔海湿地、云南纳帕海湿地、云南拉什海湿地、青海鄂陵湖湿地、青海扎凌湖湿地、西藏麦地卡湿地、西藏玛旁雍错湿地
	第四批被列入的6块国际重要湿地（2008年2月） 　　上海长江口中华鲟湿地自然保护区、广西北仑河口自然保护区、福建漳江口国家级红树林自然保护区、湖北洪湖湿地自然保护区、广东海丰公平大湖自然保护区、四川若尔盖自然保护区

泱泱中国，五千年的辉煌灿烂文明，孕育了绮丽的自然景观和丰富的历史文化遗产。为了保护这些珍贵的历史遗存，中国于1985年加入《保护世界文化和自然遗产公约》，1986年开始向联合国教科文组织申报世界遗产项目。至2008年7月，中国已有37处文化遗址和自然景观列入《世界遗产名录》，其中文化遗产25项，自然遗产7项，文化和自然双重遗产4项，文化景观1项。

表1.4-5　中国的世界遗产名单（37处）

文化遗产（25项）	长城、北京故宫、北京颐和园、北京天坛、敦煌莫高窟、秦始皇陵及兵马俑坑、周口店北京猿人遗址、承德避暑山庄及周围寺庙、孔府、孔庙、孔林、武当山古建筑群、西藏布达拉宫、丽江古城、平遥古城、苏州古典园林、明清皇家陵寝、澳门历史城区、龙门石窟、安阳殷墟、大足石刻、都江堰-青城山、皖南古村落-西递宏村、山西云冈石窟、高句丽王城、王陵及贵族墓葬、开平碉楼与村落、福建土楼
自然遗产（7项）	武陵源风景名胜区、九寨沟风景名胜区、黄龙风景名胜区、三江并流、大熊猫栖息地、中国南方喀斯特地貌、三清山风景名胜区

续表

文化和自然双重遗产(4项)	泰山风景名胜区、黄山风景名胜区、峨眉山-乐山大佛、武夷山
文化景观(1项)	庐山风景名胜区

（五）多视角的旅游景观观赏

旅游是人们以审美、娱乐和社会交往等为主要目的的活动,是一种综合性的审美活动。欣赏旅游景观需要有一定的方法和技巧。

首先,要了解旅游景观所在地的地理背景,如旅游景点的分布、旅游线路、主要景点、景观的美学价值或历史价值等,这需要旅游者在观赏景观前做好准备。

其次,在实际观景时,需要选择恰当的观景位置、把握适时的观赏时机,才能达到预期的观赏效果。

表 1.4-6 旅游景观的观赏方法

欣赏要求	项目		景观特点	举 例
选择观赏位置	距离	远观	雄伟的峰峦、需要观赏全貌和整体美的景观	泰山、武陵源
		近观	峡谷、幽洞、一线天等观赏局部美的景观	瑶琳仙境
	角度	仰视	瀑布景观	庐山瀑布、黄果树瀑布
		平视	城市中的湖泊	杭州西湖"平湖秋月"
		高处俯视	江、河、湖、海	鄱阳湖
		临廊、树低看	面积较小的湖沼池塘	济南的大明湖
	动态	乘船	山水组合的景观	桂林山水、长江三峡
把握观赏时机	季节		自然景观随季节变化的差异明显	西湖(春季)、香山红叶(秋季)、冰城哈尔滨(冬季)、海拔在千米以上的山地(夏季)
	天气		云海(雨过天晴)	黄山云海、泰山观日出
	特定时间		景观只在特定时间出现	钱塘江大潮(农历八月十五)、青海湖观候鸟(五月)、赛龙舟(农历五月初五)、峨眉山的佛光

另外,中国传统的山水风景欣赏,侧重于以情观景、情景交融、领悟自然与人文的和谐。这要求旅游者能够抓住景观特色,将观赏与想象、思考结合起来,神游于自然和人文美景之中,体会旅游资源的内在美。

五、发展热点　开拓创新

我国国土资源丰富,为国民经济发展奠定了坚实的基础,但国土资源也存在地域差异显著、人均资源占有量远低于世界平均水平、科技水平较低等问题。当前国土整治工作集中在资源开发和环境治理两大方面,先从重点地区和重点问题抓起,进而推动全国国土整治工作的开展。

(一) 能源问题

能源问题是我国经济社会发展的一个突出问题。解决我国能源问题的基本思路是既积极做好开源工作,又优先做好节约工作。为缓解能源紧缺,实现可持续发展,我国先后制定了"西气东输"和"西电东送"等重大能源开发决策。

1. 西气东输——东西部人民共同的"福气"

天然气在燃烧过程中几乎没有烟尘、二氧化硫等排放,二氧化碳排放量也大大小于石油与煤,是一种十分有发展前景的清洁优质能源。我国西部地区天然气资源丰富,塔里木、柴达木、陕甘宁和四川盆地蕴藏着 26 万亿立方米的天然气资源,约占全国陆上天然气资源的 87%。特别是新疆塔里木盆地,天然气资源量有 8 万多亿立方米,占全国天然气资源总量的 22%。塔里木盆地天然气的发现,使我国成为继俄罗斯、卡塔尔、沙特阿拉伯等国之后的天然气大国。

由于资金短缺,技术落后,需求量小,加上基础设施和交通运输条件的限制,我国西部地区的天然气资源得不到充分的发挥。而我国东部地区人口稠密,经济发达,能源需求量大,但能源紧缺,尤其是可用清洁能源少。为此,我国修建了西气东输这条横亘东西的能源大动脉。

西气东输工程是我国目前距离最长、管径最大、投资最多、输气量最大、施工条件最复杂的天然气管道。2002 年 7 月 4 日,管道全线开工。自新疆轮南起,穿戈壁沙漠、过黄土高原、越黄河、渡长江,横亘 10 省(区、市),绵延逾 3 800 千米,最终到达上海。2004 年 12 月 30 日,西气东输管道正式商业运营。到 2008 年 9 月底,西气东输已累计销售及分输天然气 420 亿立方米,减少有害物质排放 250 多万吨。

2008 年 2 月 22 日,西二线工程正式开工。计划于 2011 年底全线贯通。这条管道沿途翻越天山、秦岭和江南丘陵等山区,穿越新疆内陆湖、长江、黄河、珠江流域。这是我国第一条引进境外天然气的大型管道工程,将把来自中亚和境内新疆的天然气送到珠三角和长三角及中南地区。规划中的西气东输三期工程,路线基本确定为从新疆通过江西抵达福建,把俄罗斯和中国西北部的天然气输往能源需求量庞大的长江三角洲和珠江三角洲地区。

西气东输工程有利于促进我国能源结构和产业结构调整,带动东、西部地区经济共同发展。既有效缓解了东部地区清洁能源的供需矛盾,提高了环境质量,又为西部大开发、将西部地区的资源优势变为经济优势创造了条件,对推动和加快新疆及西部地区的经济发展具有重大的战略意义。

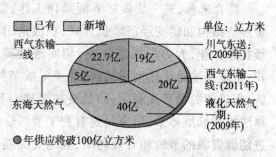

图 1.5-1　上海天然气使用现状及前景
（图片来源:www.chinaev.com）

2．西电东送——实现东西部共赢

我国主要能源资源多分布在中西部地区。其中,煤炭资源的69%集中在"三西"地区(即山西、陕西和内蒙古西部)和云南、贵州,水能资源的77%分布在西南和西北地区。西部地区可开发、利用的水能资源占全国的90%以上,而开发率只有8%,但是用电负荷却相对集中在东部沿海地区。能源资源和电力负荷的不均衡性,使实施西电东送工程成为我国电力发展的必然选择。"西电东送"要比直接输送能源安全、可靠、清洁、便宜得多。

西电东送工程从2001年开工建设,由南、中、北三大通道构成。

贵州是"西电东送"的重点,不仅蕴藏着1 640万千瓦的水能资源,而且拥有"江南煤海",煤炭远景储量达2 400亿吨,超过江南9省(区)之和,具有得天独厚的"水火互济"能源优势。

西电东送送出的不仅仅是电力,更带来巨大的经济效益和社会效益。它直接带动西部地区电力发展,形成了一批大型水电基地和火电基地,对全国电力结构调整和布局优化具有重要意义;它为西部省区把资源优势转化为经济优势提供新的历史机遇,充分体现了"东西部协调发展,共同富裕"的战略构想。

3．节能优先

我国高能耗、粗放型的经济增长方式,对经济社会持续发展提出了严峻挑战。例如,目前我国单位产值的石油消耗是日本的4.3倍,德国的2.7倍,法国的2.4倍。我国单位建筑面积采暖能源相当于气候条件相近发达国家的2—3倍。随着经济社会的发展,经济总量规模的增大,这种能源资源利用水平、利用方式,使我国人口众多、能源资源相对短缺的条件难以承受。

节能优先是我国达到未来能源供需平衡的重要前提。加强节能,提高能源利用效率,可以有效减缓能源需求过快增长,使我国能源需求总量控制在资源环境约束范围之内,使经济社会在高效低耗中实现发展。"十一五"规划提出了节能降耗和污染减排目标,并作为约束性指标。

综合来看,进一步做好节能降耗工作,就要坚持节能优先的方针:一是要大力调整经济结构和转变经济增长方式,积极采用先进适用技术改造传统产业,加快发展高新技术产业,大力发展服务业,切实改变高投入、高消耗、高污染、低效率的增长方式;二是要注重优化消费结构,逐步形成节约型的消费方式;三是要推动发展循环经济,促进资源循环式利用;四是要加强规划和政策引导,建立健全节约能源资源的法律法规和标准体系,研究制定有利于节约能源资源的财税、投资、价格和外贸政策,促进能源资源的节约和有效利用;五是要加强节约能源资源的宣传教育。

图1.5-2　节约一度电能干什么?
(图片来源:http://jpk.tju.edu.cn/hjbh/zt/SAVING.htm 环境保护与可持续发展)

4. 水电与核电建设

我国河流众多,径流丰沛、落差巨大,水能资源蕴藏量达6.8亿千瓦,居世界第一位。70%分布在西南四省、市和西藏自治区,其中以长江水系为最多,其次为雅鲁藏布江水系。黄河水系和珠江水系也有较大的水能蕴藏量。目前,已开发、利用的地区集中在长江、黄河和珠江的上游。

1912年4月,总装机容量480千瓦的云南市石龙坝水电站的建设掀开了我国水电开发史。我国大型水电站建设起步于20世纪60年代中期到70年代末,先后建设了刘家峡、丹江口、龚嘴、富春江、碧口、青铜峡、三门峡等7座大型水电站。刘家峡水电站是我国第一个装机百万千瓦以上的大型水电站。自20世纪80年代装机容量271.5万千瓦的葛洲坝水电站建成之后,我国掀起了建设大型水电站的高潮,相继建设了新安江、鲁布革、丰满、隔河岩、天生桥、五强溪等大型水电站。

1994年起开工建设的三峡工程是世界上规模最大的水电工程。它位于重庆市市区到湖北省宜昌市之间的长江干流上。大坝在宜昌市上游不远处的三斗坪,并和下游的葛洲坝水电站构成梯级电站。三峡工程有发电、航运、灌溉、养殖等10多种功能,是世界上防洪效益最大、总装机容量最大、改善航运条件最显著、大坝总方量最大、船闸等级最高、升船机规模最大、金属结构总量最重的水利枢纽。

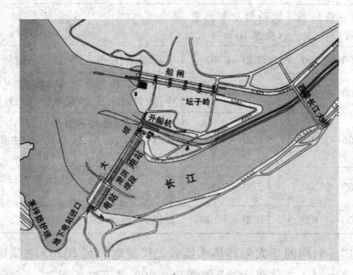

图 1.5-3　三峡水电站平面布置

我国抽水蓄能电站的建设也取得很大成绩。广州抽水蓄能电站总装机容量 240 万千瓦,是目前世界上最大的抽水蓄能电站。羊卓雍湖抽水蓄能电站是世界上海拔最高的抽水蓄能电站。

我国也是核能资源丰富的国家。浙江秦山核电站是我国第一座自主设计、自主建造的 30 万千瓦压水堆核电站。我国已建成的核电站还有广东深圳的大亚湾核电站、江苏连云港的田湾核电站、广东岭澳核电站。2008 年 2 月 18 日,我国大陆首个在海岛上建设的福建宁德核电站正式动工。我国提出了到 2020 年核电建成装机 4 000 万千瓦,同时在建 1 800 万千瓦的目标。我国将形成比较完整的自主化核电工业体系,努力培育与国际先进水平接轨的核电建设和运营管理模式。

5. 新能源建设

根据资源与技术特点,我国重点发展太阳能光热利用、风力发电和地热能的利用。

太阳能。太阳能是资源潜力最大的可再生能源,可利用的技术包括制热、发电、采光和制冷等。根据各地太阳辐射量的差异,可将全国分为五种地域类型。前三类地区是太阳能资源比较丰富的地区,面积约占全国总面积的三分之二以上。即便是资源较差的南方地区,由于纬度低,太阳辐射强度较高,仍有较大利用价值。从世界范围来看,太阳能利用较好的是欧美、日本等国。欧洲大部分地区及日本纬度位置比我国高,且气候受海洋影响较大,太阳能资源远不如我国。美国纬度与我国相当,太阳辐射也很丰富,特别是南部和西部沙漠地区,但像我国青藏高原这样得天独厚的太阳能资源,在世界上是少见的。资源上的优势为我国太阳能利用提供了良好的前提条件。

表 1.5-1　中国太阳能资源的分布

地区分类	全年日照时数（小时）	太阳辐射年总量（兆焦耳/m²）	地　　区
Ⅰ	3 200—3 300	6 700—8 400	宁夏北部、甘肃北部、新疆东南部和西藏西部
Ⅱ	3 000—3 200	5 900—6 700	河北北部、山西北部、内蒙古和宁夏南部、甘肃中部、青海东部、西藏东南部和新疆南部
Ⅲ	2 200—3 000	5 000—5 900	山东、河南、河北东南部、山西南部、新疆北部、吉林、辽宁、云南、陕西北部、甘肃东南部、广东和福建南部、北京
Ⅳ	1 400—2 200	4 200—5 000	江苏、安徽、湖北、湖南、江西、浙江、广西及广东北部、陕西南部、黑龙江
Ⅴ	1 000—1 400	3 400—4 200	四川、贵州

目前得到广泛利用的是太阳能热水器和光伏发电。到 2020 年，我国太阳能热水器总集热面积将达到 2.7 亿平方米，年替代 9 000 多万吨标准煤。光伏发电总装机容量达到 100 万千瓦。

风电。风电是目前技术比较成熟、发展最快的可再生能源发电技术，展现了很好的发展前景。

我国地处亚洲大陆东南部，季风盛行，有较丰富的风能资源。我国风能主要分布在两大风带：一是沿海风带，另一是北部风带，在新疆经甘肃至内蒙古高原一线。目前，中国风电机组累计装机超过 1 200 万千瓦，成为仅次于美国、法国、西班牙的风电装机超千万千瓦的风电大国。到 2020 年，力争使风力发电装机容量达到 1 亿千瓦，使我国的风电设计、制造和管理技术达到国际先进水平，为今后更大规模开发风电创造条件。

地热能。我国地处环太平洋地热带和地中海-喜马拉雅山地热带，地热资源比较丰富。我国地热资源全年天然放热资源量可折合成 35.6 亿吨标煤，开发、利用前景广阔。

我国利用地热资源的方式主要是高温地热发电和中低温地热直接利用。1970 年，中国科学院在广东省丰顺县汤坑镇邓屋村建起了发电量 60 千瓦的地热发电站，这是我国第一座地热试验发电站。位于西藏自治区当雄县境内羊八井的地热发电站是中国最大的地热能发电站。目前，除西藏、广东等地利用地热进行发电外，其他地区主要是地热资源的直接利用。2007 年，我国直接利用的地热资源量为 5 亿多立方米，主要利用方式为洗浴保健、种植养殖、供暖供热等。地热资源直接利用量较大的有山东、贵州、辽宁、河北、山西、天津等省市。

海洋能。是海水运动过程中产生的可再生能源，主要包括潮汐能、波浪能、温差能、海流能、盐差能等。

我国海洋能开发已有近 40 年的历史，迄今建成的潮汐电站 8 座，其中最大的是 1980 年 5 月建成的浙江省温岭市江厦潮汐试验电站，电站功率为 3 200 千瓦。此外，我国正在重点研究和开发波浪能和海水热能。

虽然氢能、天然气水合物、核聚变等能源研发尚未形成现实生产力，但科技进步日新月异，已经使人们感受到新型能源带来的希望。

（二）水资源问题

我国水资源总量位居世界第六，但水资源的地区分布极不均衡。北方地区人均水资源占有量只有全国的四分之一，世界的十六分之一，属水少地区；长江流域及其以南地区，水资源量是华北地区的3至4倍，达9 000多亿立方米。

为解决北方地区的水资源短缺问题，我国早在20世纪50年代就提出"南水北调"的宏伟设想，经过50多年的勘测、规划、论证，终于在2002年12月27日付诸实施。

南水北调工程分东、中、西三条调水线路。分别从长江上、中、下游调水，以适应西北、华北各地的发展需要。

东线工程，从长江下游江苏扬州江都抽引长江水，利用京杭大运河及与其平行的河道逐级提水北上，并连接调蓄作用的洪泽湖、骆马湖、南四湖、东平湖。出东平湖后分两路输水，一路向北经隧洞穿黄河，流经山东、河北至天津。输水主干线长1 156千米；一路向东经济南输水到烟台、威海，输水线路长701千米。

中线工程，从长江中游北岸支流汉江加坝扩容后的丹江口水库引水，跨越长江、淮河、黄河、海河四大流域，可基本自流到北京、天津。输水总干线全长1 267千米。

西线工程，在长江上游通天河、支流雅砻江和大渡河上游筑坝建库，开凿穿过长江与黄河的分水岭巴颜喀拉山的输水隧洞，调长江水入黄河上游，补充黄河水资源的不足，主要解决涉及青海、甘肃、宁夏、内蒙古、陕西、山西等黄河上中游地区和渭河关中平原的缺水问题。

图1.5-4　南水北调线路示意

为确保工程的生态效益，明确提出了"三先三后"原则——先节水后调水，先治污后通水，先环保后用水。工程建成后与长江、淮河、黄河、海河相互连接，将构成我国水资源"四横三纵、南北调配、东西互济"的总体格局。工程全部建成以后，每年调水量相当于一条黄河的水量，对于保障我国粮食安全，恢复和改善生态环境，促进西部大开发具有重大意义。

（三）港口群建设

港口吞吐量是国家经济形势的晴雨表，被公认为重要的经济先行指标之一。我国港口通过能力不足、码头结构不合理的矛盾突出，港口建设落后成为国家参与全球经济活动、经济快速发展的瓶颈。交通部在"十一五"时期建设分工合理、优势互补、相互协作、竞争有序的环渤海、长三角、东南沿海、珠三角和西南沿海5个港口群，形成煤炭、石油、铁矿石、集装箱等8个运输系统的布局。

1. 区域经济建设的重要支撑——环渤海港口群

环渤海地区港口群由辽宁、津冀和山东沿海港口群组成，服务于我国北方沿海和内陆地区的社会经济发展。沿线亿吨级大港有大连港、天津港、青岛港、秦皇岛港、日照港，占全国沿海亿吨大港的一半。在2009年1月我国大陆国际集装箱吞吐量前10名排行榜上，渤海湾港口群的青岛港、天津港、大连港和营口港四港榜上有名，其中，前三港属于全国沿海八大集装箱干线港。而在我国批准作为"试验田"的4个保税港区中，环渤海地区也占有两席——大连大窑湾保税港区和天津东疆保税港区。

2. 全国"经济列车"前进的重要引擎——长三角港口群

长江三角洲地区港口群依托上海国际航运中心，以上海、宁波、连云港为主，充分发挥舟山、温州、南京、镇江、南通、苏州等沿海和长江下游港口的作用，服务于长江三角洲及长江沿线地区的经济社会发展，是在五大港口群中发展最快、实力最强的一个，已成为推动全国"经济列车"前进的重要引擎。上海港、宁波-舟山港作为长三角港口群的代表，成为长三角经济发展乃至全国经济发展的核心和重要支撑。

3. 海西经济建设的突破口——东南沿海地区港口群

东南沿海地区港口群以厦门、福州港为主，包括泉州、莆田、漳州等港口组成，服务于福建省和江西等内陆省份部分地区的经济社会发展和对台"三通"的需要。港口的发展带动了临港工业的布局，满足了福建对外贸易的需求，保障了海峡两岸的经贸交流，在促进海峡西岸经济崛起中作用明显。

4. 现代物流业发展的带动器——珠三角港口群

珠江三角洲地区港口群由粤东和珠江三角洲地区港口组成。该地区港口群依托香港地区经济、贸易、金融、信息和国际航运中心的优势，在巩固香港地区国际航运中心地位的同时，以广州、深圳、珠海、汕头港为主，相应发展汕尾、惠州、虎门、茂名、阳江等港口，服务于华南、西南部分地区，加强广东省和内陆地区与港澳地区的交流。

以港口为中心的现代物流业,已成为珠三角港口群所在城市的重要支柱产业之一,对于该地区综合实力的提升、综合运输网的完善等,正发挥着越来越重要的作用。

5. 西部崛起的火车头——西南沿海港口群

在我国大陆沿海港口群中,西南沿海港口群特色鲜明,港口群由粤西、广西沿海和海南省的港口组成。该地区港口的布局以湛江、防城、海口港为主,相应发展北海、钦州、洋浦、八所、三亚等港口。虽然该港口群集装箱运输起步较晚,但近年来发展势头锐不可当。由于背靠腹地深广、资源富集、发展潜力巨大的广西、贵州、云南、四川、重庆、西藏六省、区、市,又面向不断升温的东盟经济圈,港口在助推我国西部崛起,为海南省扩大与岛外的物资交流提供运输保障,已成为中国与东盟开展经济贸易交流的"黄金通道"。

(四) 重大交通设施建设

1. 长江上的桥梁

据报道,长江上迄今已建有160多座大桥。除武汉、南京等老桥外,皆为近30年所建。其中代表性的桥梁主要有以下几座。

武汉长江大桥——我国第一座公铁两用桥:位于湖北省武汉市内,横跨于武昌蛇山和汉阳龟山之间,是我国在长江上修建的第一座铁路、公路两用桥。大桥全长1 670米,上层公路路面宽达18米,下层为双线铁路桥。1955年9月1日兴建,1957年10月大桥贯通,使人们数千年"天堑变通途"的梦想成为现实,也使长期分割的武汉三镇连为一体。

图 1.5-5 武汉长江大桥

图 1.5-6 南京长江大桥

南京长江大桥——世界上最长的公铁两用桥:位于江苏省南京市西北面长江上,是全部由中国自行设计和施工的特大双层双线公路、铁路两用钢木型梁桥,并作为世界最长的公铁两用桥被收入了吉尼斯世界纪录。铁路桥长6 772米,公路桥长4 589米,宽15米。1960年1月动工兴建,1968年12月正式建成通车。

江阴长江大桥——我国首座特大型钢箱梁悬索桥：位于江苏省靖江市与江阴市之间，是我国首座跨径超千米的特大型钢箱梁悬索桥梁。

润扬长江大桥——我国第一大跨径组合型桥梁：位于江苏省镇江、扬州两市西侧，连同接线全长35.66千米，六车道，总投资57.8亿元。2000年10月20日开工建设，2005年

图1.5-7　江阴长江大桥

4月30日建成通车。为目前我国第一大跨径的组合型桥梁，是国内工程规模最大、建设标准最高、投资最大、技术最复杂、技术含量最高的现代化特大型桥梁工程。

表1.5-2　世界十大悬索桥一览

序号	桥名	主跨（米）	国家	竣工时间（年）
1	明石海峡大桥	1 991	日本	1998
2	舟山西堠门大桥	1 650	中国	2009
3	大伯尔特桥	1 624	丹麦	1996
4	润扬长江公路大桥	1 490	中国	2005
5	亨伯尔桥	1 410	英国	1981
6	江阴长江公路大桥	1 385	中国	1999
7	香港青马大桥	1 377	中国	1997
8	维拉扎诺桥	1 298	美国	1964
9	金门大桥	1 280	美国	1937
10	武汉阳逻长江公路大桥	1 280	中国	2007

苏通长江大桥——世界第一大斜拉桥：位于江苏省东南部，连接南通、苏州两市，路线全长32.4千米，其中跨径为1 088米。创造了世界最大主跨、最深基础、最高塔桥和最长拉索的4项世界之最。大桥于2003年5月开工建设，2008年6月30日建成通车。是中国由"桥梁建设大国"向"桥梁建设强国"转变的标志性建筑。

图1.5-8　润扬长江大桥

图1.5-9　苏通长江大桥

表 1.5-3 世界十大斜拉桥一览

序号	桥名	主跨长(米)	国家	竣工时间(年)
1	苏通大桥	1 088	中国	2008
2	香港昂船洲大桥	1 018	中国	2009
3	多多罗大桥	890	日本	1999
4	诺曼底大桥	856	法国	1995
5	上海长江大桥	730	中国	2009
6	南京长江三桥	648	中国	2005
7	南京长江二桥	628	中国	2001
8	白沙洲长江大桥	618	中国	2000
9	青州闽江大桥	605	中国	2001
10	杨浦大桥	602	中国	1993

截至2016年底,长江从上海至宜宾江段共有89座长江大桥(含长江隧道),长江及其正源流金沙江、通天河、沱沱河上的大桥已达105座(含隧道),长江上海至宜宾江段还有规划中或设计中但尚未正式开工的越江通道14座。

2. 跨海大桥

在我国东部地区南北交通大动脉上,依次分布着渤海湾、长江口、杭州湾、珠江口和琼州海峡五大缺口,使得交通不得不多次绕路而行,运距大大增加,延缓了运输时间,提高了运输的成本,对经济和社会的发展形成了很大的制约。因此,东部地区的经济发展,建设跨海通道势在必行。

我国跨海大桥的建设历史不长。广东省南澳岛跨海大桥,跨海长度8.3千米,该桥始建于1994年,是我国动工最早的跨海大桥。1999年建成的浙江舟山朱家尖大桥,跨海长度2.4千米,把朱家尖岛与舟山本岛连接起来,是浙江省最早的跨海大桥。后来在浙江温州洞头、舟山、宁波等地相继新建了不少跨海大桥。其中以2005年建成的东海大桥和2008年通车的杭州湾大桥最为著名。

东海大桥起始于上海南汇区芦潮港,北与沪芦高速公路相连,南跨杭州湾北部海域,全长33.3千米,是我国第一座真正意义上的跨海大桥。它以"东海长虹"为创意理念,宛如我国东海上一道亮丽的彩虹。

杭州湾大桥北起嘉兴市海盐、止于宁波市慈溪,于2008年5月1日正式通车。全长36千米,是目前世界上已建和在建的最长的跨海大桥。大桥的建设有利于主动接轨上海,扩大开放,推动长江三角洲地区合作与交流,有利于完善长江三角洲区域公路网布局及国道主干线,缓解了沪、杭、甬高速公路流量的压力。

图 1.5-10　东海大桥

图 1.5-11　杭州湾大桥

港珠澳大桥是中国的一座跨海大桥，是连接香港、珠海、澳门的超大型跨海通道，设计全长 55 千米，建成后将成为世界最长的跨海大桥，是中国建设史上里程最长、投资最多、施工难度最大的跨海桥梁项目。其中，工程量最大、技术难度最高的是长约 29.6 千米的桥-岛-隧集群的主体工程。主体工程"海中桥隧"长 35.578 千米，其中海底

图 1.5-12　港珠澳大桥

隧道长约 6.75 千米。港珠澳大桥沉管隧道是全球最长的公路沉管隧道和全球唯一的深埋沉管隧道，生产和安装技术有一系列创新，为世界海底隧道工程技术提供了独特的样本和宝贵的经验。2017 年 11 月 14 日，港珠澳大桥主体工程荷载试验完成，全面进入验收期。预计 2018 年通车。

3．海底隧道

海底隧道既解决横跨海峡、海湾之间的交通，又不妨碍船舶的航运。2005 年，我国大陆第一条大断面海底隧道——厦门翔安隧道正式动工。翔安隧道起自厦门岛，止于厦门市翔安区，隧道最深在海平面下约 70 米，工程总投资约 32 亿元人民币。

2006 年 12 月，山东青岛胶州湾隧道工程正式开工。胶州湾隧道连接青岛市主城区与西海岸，线路全长约 7 120 米，其中两条主隧道各长约 6 170 米（海底段长约 3 950 米）。对于进一步拓宽城市发展空间，优化青岛市产业布局和产业结构，加快实施"以港兴市"战略，发挥重要的作用。

我国还规划在 20—30 年内拟建 5 条跨海隧道，分别是：大连到烟台的渤海湾跨海隧道，上海到宁波的杭州海湾工程，连接香港、澳门地区与广州、深圳和珠海的伶仃洋跨海工程，连接广东和海南两省的琼州海峡的跨海工程，连接福建和台湾地区的台湾海峡跨海工程。

4. 高速铁路

高速铁路是新学科、新技术、新材料和新工艺的集大成者。我国仅用 5 年时间就走完了发达国家 30 年的高铁研发之路，一举成为第四个系统掌握时速 300 公里高铁技术的国家，并形成了一套自主创新的中国高速铁路技术标准体系。

2008 年 6 月 24 日，国产 CRH3 型"和谐号"动车组列车在京津城际铁路试验运行中创造了时速 394.3 千米的中国轨道交通新纪录。2010 年 12 月 3 日，CRH380A-6041L 动车组列车在京沪高铁线上进行冲高速试验，列车从枣庄西站出发。11 时 28 分，列车在宿州东站附近达到 486.1 千米/小时的最高运行时速。这是中国第一条拥有完全自主知识产权、具备世界一流水平的城际高速铁路，它让人们看到了一个在现代化道路上快速奔跑的中国。

京沪高速铁路是我国第一条具有世界先进水平的高速铁路。正线全长约 1 318 千米，两端连接环渤海和长江三角洲两个经济区域，与既有京沪铁路的走向大体并行，全线为新建双线，设计时速 350 千米。工程于 2008 年 4 月 18 日在北京举行动工仪式，2011 年 6 月 30 日正式通车运营。2017 年 9 月 21 日，"复兴号"动车组有 7 对列车率先在京沪高铁实行 350 千米/小时速度运营，我国成为世界上高铁商业运营速度最高的国家。

"八纵八横"是中国高速铁路网络的短期规划图。2016 年 7 月，国家发展改革委、交通运输部、中国铁路总公司联合发布了《中长期铁路网规划》，勾画了新时期"八纵八横"高速铁路网的宏大蓝图。"八纵"通道包括沿海通道、京沪通道、京港(台)通道、京哈-京港澳通道、呼南通道、京昆通道、包(银)海通道、兰(西)广通道。"八横"通道包括绥满通道、京兰通道、青银通道、陆桥通道、沿江通道、沪昆通道、厦渝通道、广昆通道。根据新修订的国家《中长期铁路网规划》(2016—2030 年)，预计到 2020 年，全国高速铁路将由 2015 年底的 1.9 万千米增加到 3 万千米。

"八纵八横"高速铁路网，即以沿海、京沪等"八纵"通道和陆桥、沿江等"八横"通道为主干，城际铁路为补充的高速铁路网。"八纵八横"可实现相邻大中城市间 1—4 小时交通圈、城市群内 0.5—2 小时交通圈；完善普速铁路网，扩大中西部路网覆盖，优化东部网络布局，形成区际快捷大能力通道，加快建设脱贫攻坚和国土开发铁路。按照"零距离"换乘要求，同站规划建设以铁路客站为中心、衔接其他交通方式的综合交通体，形成配套便捷、站城融合的现代化交通枢纽。

世界地理

一、神秘星球 生命家园

地球只是茫茫宇宙中的一颗普通行星,然而地球又是一颗特殊的行星,它是目前人类发现的唯一存在生命的天体。这与地球所处的宇宙环境、地球本身的条件等多种因素密不可分。

(一) 普通又特殊的地球

1. 地球在宇宙中的位置

天体之间相互吸引、相互绕转,构成不同级别的天体系统。月球绕地球公转,组成地月系。地球和其他围绕太阳公转的星星、卫星、彗星、流星体、行星际物质共同组成了太阳系。太阳和其他恒星,以及各种各样的天体组成了银河系。银河系外还有许多同银河系类似的天体系统,称为河外星系,简称星系。银河系和数以亿计的星系合起来叫作总星系,它是人类目前认识的最高级别的天体系统,也是人类已知的宇宙范围。

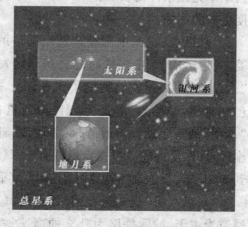

图 2.1-1 地球在宇宙中的位置

太阳是距离地球最近的恒星,也是太阳系的中心天体,它的质量占太阳系总质量的 99.86%。太阳表面温度高达 6 000 ℃,以电磁波的形式源源不断地向四周放射热量,为地球提供巨大能量,维持地球上生物的生存和发展,而且地球上许多自然现象也都与太阳有关。太阳与地球之间的平均距离约 1.5 亿千米(天文学上称之为 1 天文单位)。

数十年来,人们普遍认为太阳系有九大行星。2006 年 8 月 24 日国际天文学联合会大会通过决议,将因为轨道与海王星相交而地位备受争议的冥王星"开除"出太阳系行星行列,将其列入"矮行星"行列,太阳系行星数目也因此降为 8 颗。八大行星按距离太阳由近到远分别是水星、金星、地球、火星、木星、土星、天王星、海王星。木星体积最大。八大行星公转的轨道具有共面性、同向性和近圆性三个特点,即它们的公转轨道面几乎在同一平面上,朝同一方向绕太阳公转,轨道和圆相当接近。

图 2.1-2　太阳系模式图

2. 地球的形状和大小

古代由于科学技术不发达,人们对地球的形状只能凭借直觉和想象去猜测。直到 1522 年,航海家麦哲伦率领船队从西班牙出发,一直向西航行,经过大西洋、太平洋和印度洋,最后又回到西班牙,才得以证实地球确确实实是个球体。

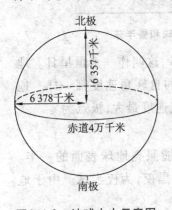

图 2.1-3　地球大小示意图

在现代科学条件下,人们已经精确测算出地球的半径、赤道周长、表面积等数据,从而对地球的大小和形状有了更为清楚的认识。地球不是一个很圆的球体,而是一个赤道处略为隆起,两极略为扁平的椭球体,赤道半径比极半径长 20 多千米。

3. 地球上有生命存在的原因

太阳系中,地球与其他行星绕日公转的轨道近似圆形,轨道面几乎在同一平面上,绕日公转的方向都是自西向东,大、小行星各行其道,互不干扰,地球处于一种比较安全的宇宙环境中。

自地球上生命诞生以来,太阳没有发生明显变化,地球所处的光照条件相对稳定,生命从低级向高级的演化没有中断。

地球与太阳的距离适中,使地球固体表面的平均温度约为 22℃,近地面平均温度约为 15℃。适宜的温度条件使地球表面的水多为液态形式,有利于生命过程的发生和发展。

地球的体积与质量适中,其引力可以使大量气体聚集在地球周围,形成包围地球的大气层。地球大气经过漫长的演化过程,形成了以氮和氧为主的大气。大气层的存在,避免了地球上的生物遭受过多紫外线的伤害,减少了小天体对地球表面的撞击。此外,大气层的存在还使地表昼夜温差不至过大,有利于生命活动。

地球自转和公转的周期适中,使地球表面温度的日变化和季节变化幅度都不大,适宜于生命的新陈代谢过程,有利于生物的生长发育。

(二)地球自转与昼夜交替

1. 地球自转

地球围绕其自转轴自西向东自转。地球的自转轴称为地轴。在自转过程中,地轴北端始终指向北极星附近。

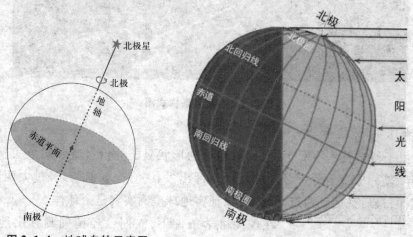

图 2.1-4　地球自转示意图　　图 2.1-5　夜半球和昼半球

地球自转一周360°,所需要的时间为23小时56分4秒,这叫作一个恒星日。地球自转的角速度为15°/小时。除了南北极点外,任何地点的自转角速度都一样。地球自转的线速度,则因各纬度的不同而有差异。赤道上的线速度最大,极点为零。

2. 昼夜交替

地球是个不发光、不透明的球体,在同一时间,太阳只能照亮地球表面的一半。面向太阳的半球形成白天,为昼半球;背着太阳的半球形成黑夜,为夜半球。由于地球自转,昼夜不断交替,昼夜交替的周期为24小时。

3. 产生时差

由于地球自西向东自转,同纬度地区的不同地点见到日出的时刻就会有早晚。相对位置偏东的地点比位置偏西的地点先看到日出,时刻较早。这种因经度不同而出现不同的时刻,统称为地方时。经度每隔15°,地方时相差一小时。

地球上以每15°范围作为一个时区,全球共划分为24个时区。各时区都是以中央经线的地方时为该时区的区时。相邻两个时区的区时相差1小时。每往东一个时区,区时早一个小时;每往西一个时区,区时晚一个小时。

有的国家领土跨度大,但是为了方便不同地域地区之间的交流和联系,统一采用一个时区的区时。例如我国东西跨约62°，分属5个时区，但统一采用北京所在的东八区的区时（即东经120°的地方时），称为北京时间。

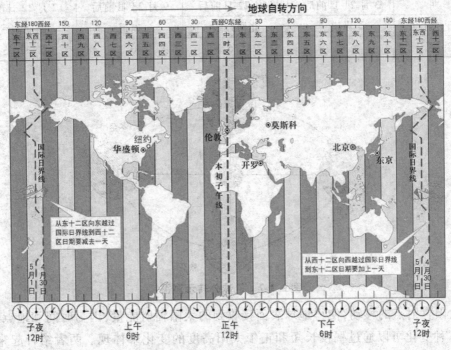

图 2.1-6　时区和国际日界线

（三）地球公转与四季变化

1. 地球公转

地球绕太阳的运动，叫作地球的公转。地球公转的方向也是自西向东。公转一周所需要的时间为365日6时9分10秒。其公转轨道面为接近正圆的椭圆，太阳位于椭圆的一个焦点上。随着地球公转，日地距离不断变化着。

表 2.1-1　地球在公转轨道不同位置时公转速度的变化

时　　间	日地距离	地球运动角速度	地球运动线速度
1月初	1.471亿KM	61′/D	30.3KM/S
7月初	1.521亿KM	57′/D	29.3KM/S
平均值	1.5亿KM	1°/D	30KM/S

2. 四季变化

地球公转时，地轴是倾斜的，并且地轴的空间指向保持不变。地球在公转轨道上位置的不同，地表接受太阳垂直照射的点（太阳直射点）就会改变，引起太阳直射点在南北回归线之间往返运动。

表 2.1-2　二分二至太阳直射点的位置

节气	春分	夏至	秋分	冬至
日期	3月21日前后	6月22日前后	9月23日前后	12月22日前后
太阳直射点	赤道	北回归线	赤道	南回归线
纬度	0°	23°26′N	0°	23°26′S

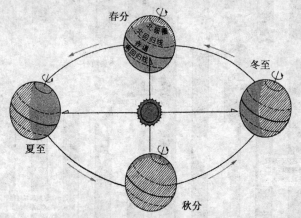

图 2.1-7　地球公转示意图

太阳直射点的移动,使得地球表面接收到的太阳辐射能量,因为时间和地点而变化。这种变化可以通过昼夜长短和正午太阳高度的变化来体现。两者结合起来,就可以定性地表达某地太阳辐射能的多少不同,造成地球表面的季节更替。根据昼夜长短和正午太阳高度的变化而划分的四季,夏季是一年内白昼最长、太阳高度最高的季节;冬季是一年内白昼最短、太阳高度最低的季节;春秋两季是冬夏的过渡季节。北温带的许多国家一般将3、4、5三个月划为春季,6、7、8三个月划为夏季,9、10、11三个月划为秋季,12、1、2三个月划为冬季。

3. 五带划分

不同纬度正午太阳高度不一样,因而不同纬度地表获得的太阳光热有多有少,这就造成地球上不同纬度间热量的差异。根据这种差异,人们将地球划分为五带。

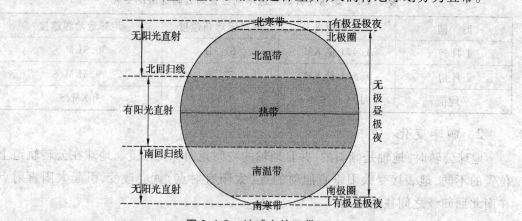

图 2.1-8　地球上的五带

(四)沧桑巨变的地球

1. 地球是个"水球"

人类第一个乘坐宇宙飞船进入太空的苏联宇航员加加林说,我们给地球起错了名字,它应叫"水球"。地球陆地面积约占地表面积的29%,而海洋面积约占地表总面积的71%。概括地说,地球表面三分是陆地,七分是海洋。地球上的海洋被陆地分割,形成彼此相连的海洋。按面积大小将地球上的海洋分为太平洋、大西洋、印度洋和北冰洋。陆地被海洋包围,并分割成几块面积较大的大陆和面积较小的岛屿。大陆和它周围的岛屿合起来称为大洲。全球陆地划分为七大洲,其中亚洲面积最大,大洋洲面积最小。

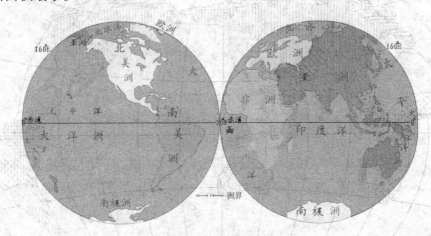

图 2.1-9 大洲和大洋的分布

2. 板块的运动

1910年,年轻的德国科学家魏格纳在病床上发现大西洋两岸大陆轮廓的凹凸很吻合。偶然的发现促使他开始了研究,提出了著名的大陆漂移学说。在此基础上,20世纪60年代发展形成了板块构造学说。

图 2.1-10 六大板块分布

板块构造学说认为,由岩石组成的地球表层并不是整体一块,而是由板块组成的。全球大致划分为六大板块,各大板块处于不断的运动之中,板块的内部比较稳定,板块交界处地壳运动比较活跃。世界上的火山活动和地震带主要集中在板块交界的地带。

(五) 复杂的生命之网

1. 多样的气候带

气候是指一个地方多年的天气平均状况,是相对稳定的,主要包括气温和降水状况。各地受太阳辐射、大气环流、地面状况、人类活动的影响不同,气候差异很大。

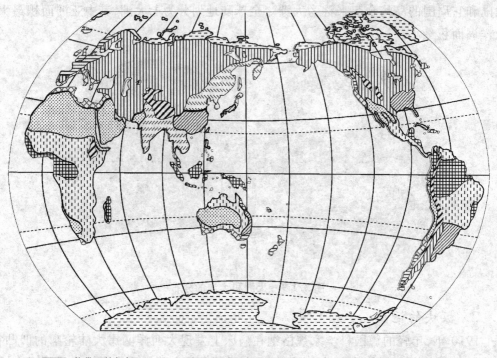

图 2.1-11 世界主要气候类型

表 2.1-3 世界主要气候类型特点及分布

气候类型	气候特点	主要分布范围
热带雨林气候	全年高温多雨。	南美洲、非洲和东南亚的赤道附近地区。
热带草原气候	全年高温,有湿季和干季。	非洲、南美洲热带雨林气候区南北两侧。
热带季风气候	全年高温,一年分旱雨两季。	亚洲南部的印度半岛和中南半岛。
热带沙漠气候	终年酷热少雨。	南北回归线附近大陆内部或大陆西岸。
亚热带季风(湿润)气候	夏季高温多雨,冬季温和少雨。	大陆东岸的亚热带地区。

续表

气候类型	气候特点	主要分布范围
地中海式气候	夏季炎热干燥,冬季温和多雨。	大陆西岸的亚热带地区,以地中海沿岸地区最为典型。
温带海洋性气候	冬季温和,夏季凉爽,全年降水较为均匀。	大陆西岸的温带地区。
温带季风气候	夏季温暖,冬季较冷,降水主要集中在夏季。	我国秦岭、淮河以北的东部地区,朝鲜和日本的北部。
温带大陆性气候	全年干燥少雨,温差大。	亚洲、欧洲、北美洲内陆地区。

2. 丰富的自然带

陆地上不同的地区,由于纬度位置和海陆位置的不同,分别具有一定的热量和水分组合,形成不同的气候及与之相对应的、有代表性的植被和土壤类型,这种区域往往具有一定的宽度且呈带状分布,被称为自然带。

图 2.1-12 世界陆地自然带

在自然带内部,各自然要素之间相互影响而综合地保持了整体上一致的特点。例如,热带雨林主要分布在赤道附近,全午高温多雨,植物密集,各种植物相互依存、高低错落。雨林中的动物多善于攀缘,如猩猩、蟒蛇、树蛙、长臂猿等。热带草原带,一年内干湿季分明,植被以高草为主,稀疏分布着一些乔木,乔木的树冠呈伞状,树皮厚,树叶坚硬,以减少水分的蒸发。热带稀疏草原的动物主要有大象和善于奔跑的羚羊、斑马、长颈鹿、狮子等。

陆地的地域分异有明显的规律性,主要表现为:(1) 由赤道到两极的地域分异(纬度地带性)。受太阳辐射的影响,地表景观和自然带沿着纬度变化的方向做有规律的更替。这种地域分异规律是以热量为基础的。(2) 从沿海向内陆的地域分异(经度地带性)。受海陆分布的影响,自然景观和自然带从沿海向大陆内部呈现出森林带、草原带、荒漠带的有规律变化。这种地域分异是以水分为基础的。(3)山地的垂直地域分异。在高山地区,随着海拔高度的变化,从山麓到山顶的水热状况差异很大,从而形成了垂直气候带。

3. 复杂的洋流

海洋中的海水沿相对稳定的方向做大规模的流动叫作洋流。洋流是多种因素综合作用的结果,大气运动是海洋水体运动的主要动力。根据水温状况,洋流分为暖流和寒流。

中纬度海区,形成了以副热带为中心的大洋环流;北半球中高纬度海区,形成以副极地为中心的大洋环流;南纬40°附近海域形成了环球性西风漂流。

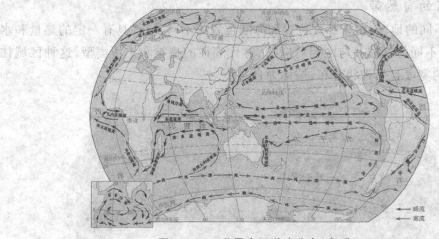

图 2.1-13　世界表层洋流分布(冬季)

洋流对地理环境有着深刻的影响。(1)促进高低纬度间的热量输送和交换,调节全球的热量平衡。暖流对沿岸地区气候起增温、增湿作用。如西欧温带海洋性气候的形成直接得益于暖湿的北大西洋暖流。正是受它的影响,北极圈内的俄罗斯西北部的摩尔曼斯克港,终年不冻。寒流对沿岸地区气候起降温、减湿的作用。如沿岸寒流对澳大利亚西海岸、秘鲁太平洋沿岸荒漠环境的形成,起了重要作用。(2)寒流和暖流交汇处往往形成世界著名的渔场。因为寒流、暖流交汇给鱼类带来丰富的饵料。如日本的北海道渔场和加拿大的纽芬兰渔场等。(3)洋流将一个海域的污染物带到其他海域,有利于污染物的扩散,降低污染程度,但也使别的海域受到污染。

4. 厄尔尼诺和拉尼娜

"厄尔尼诺"一词来源于西班牙语,原意为"圣婴"。19世纪初,在南美洲的厄瓜多尔、秘鲁等西班牙语系的国家渔民们发现,每隔几年表层海水温度明显升高。这种温暖的海水使得秘鲁沿岸原本性喜冷水的鱼类大量死亡,渔民遭受巨大损失。由于这种现象最严重时往往在圣诞节前后,于是遭受天灾而又无可奈何的渔民将其称为上帝之子——圣婴。当这种现象发生时,大范围的海水温度可比常年高出3℃—6℃。太平洋广大水域的水温升高,改变了传统的赤道洋流和东南信风,导致全球性的气候反常。它使原属冷水域的太平洋东部水域变成暖水域,结果引起海啸和暴风骤雨,造成一些地区干旱、另一些地区又降雨过多的异常气候现象。

拉尼娜是西班牙语"小女孩,圣女"的意思,是厄尔尼诺现象的反相,是指赤道附近东太平洋水温反常下降的一种现象,表现为东太平洋明显变冷,同时也伴随着全球性气候混乱,总是出现在厄尔尼诺现象之后。气象和海洋学家用来专门指发生在赤道太平洋东部和中部海水大范围持续异常变冷的现象(海水表层温度低于气候平均值0.5℃以上,且持续时间超过6个月以上)。拉尼娜也称反厄尔尼诺现象。一般拉尼娜现象会随着厄尔尼诺现象而来,出现厄尔尼诺现象的第二年,都会出现拉尼娜现象,有时拉尼娜现象会持续两三年。

厄尔尼诺和拉尼娜是全球气候异常的最强信号。1998年发生在中国的大洪水就与厄尔尼诺有关,而2008年初席卷我国南方大部分地区的罕见的持续大范围低温、雨雪和冰冻天气则与拉尼娜分不开。

二、全球经济　休戚与共

科技的进步、交通通信的发展为人员、商品在世界范围内的合理布局提供了技术上的保障,使得各国的依存程度大幅度上升,加强了人类经济活动的地域联系。全球经济成为一个互相依赖、密不可分的"地球村经济"。

(一) 类型多样的农业生产

农业生产与地理环境联系密切,影响农业区位的因素也很复杂,一般要考虑自然因素和社会经济因素两大类。

图 2.2-1　影响农业的区位因素

1. 世界农业生产特点

总的看来,目前世界农业生产呈上升趋势,生产水平稳步增长,农牧产品总量不断提高,农业生产指数不断上升。

(1) 农业生产水平不断提高。首先,世界谷物产量不断上升。2008年全球谷物产量达22.4亿吨,比2007年增长5.4%,创历史新高。2017年全球谷物产量预计或超26亿吨,再创新高。但是谷物产量增长主要来自发达国家,发展中国家谷物产量增长十分有限。1986年以来,中国谷物总产量一直居世界第一位,美国居第二位,印度居第三位。世界小麦总产量呈平稳的增长,目前世界排名前三位的国家是中国、印度和美国。世界水稻产量近10年增长幅度较大。法国在水稻产量基数较小的情况下,总产量有大幅度提高,年增长率达11.0%。水稻产量主要还是在亚洲国家,生产大国是中国、印度、印度尼西亚、孟加拉国、越南和泰国等国。

其次,农畜产品单产水平呈上升趋势。目前,谷物单产水平最高的是荷兰,小麦单产水平最高的是荷兰,水稻单产水平最高的是澳大利亚。

第三,农业劳动生产率水平高低不同。虽然世界平均每个劳动力年产谷物不断上升,但国家间差异很大。美国、法国等发达国家每个农业劳动力每年生产超过10万千克的农畜产品;德国、荷兰、意大利、日本也能生产1.3—6.7万千克的农畜产品,远远高出世界平均水平。而发展中国家则大大低于世界平均水平,如印度和泰国都低于世界平均水平,生产能力都不足2 000千克。中国作为世界上人口最多的发展中国家,每个农业劳动力每年只能生产1 000千克的农畜产品,不仅低于发达国家的水平,还低于发展中国家如巴西、印度、泰国的水平。

(2) 农牧产品进出口贸易增加。世界农产品贸易额的增加幅度远远超过生产增长幅度。世界商品粮小麦产区集中在美国、加拿大、法国、澳大利亚、阿根廷等,主要运往东欧(俄罗斯)、中国、日本等国。大米输出国主要有泰国、美国、越南、印度、中国等。

(3) 农业区域布局逐步形成。从谷物看,2006年亚洲、欧洲和北美洲三大洲合计占到世界总产量87.1%。世界小麦的种植主要集中在五个地带:一是自西欧平原、中欧平原、东欧平原南部到西伯利亚平原南部;二是西起地中海沿岸,向东经土耳其、伊朗到印度河-恒河平原;三是北起中国的东北平原,经华北平原、黄土高原到长江中下游平原;四是北美洲中部的大草原,自加拿大中南部至美国中部;五是包括南非,向东经澳大利亚、新西兰到南美洲阿根廷的潘帕斯草原的不连续的地带。

世界水稻主要集中在热带、亚热带季风气候区和热带雨林气候区,包括人口稠密的东亚、东南亚、南亚。

玉米分布较为普遍,大多集中在北美洲、亚洲、欧洲,其中北美洲产量最多。

(4) 农业可持续发展得到高度重视。进入20世纪80年代以来,世界各国都十分重视农业的可持续发展问题。在农业发展战略和科技战略上,各国都把农业环保技术列为重点发展领域,采用恰当的生产技术进行农业生产。如德国提出了综合农业、有机农业、生态农业等环境保护型的农业,其目的是保持农业生产态系统的良性循环。

2. 世界最大的农产品出口国——美国

(1) 跨两洲濒三洋。美国全称是"美利坚合众国",由本土48个州、阿拉斯加和夏威夷2个海外州及1个首都华盛顿所在的哥伦比亚特区组成。本土部分主要位于中纬度温带地区,东临大西洋,西临太平洋,南临墨西哥湾;阿拉斯加州位于高纬度地区,属于寒带和亚寒带地区,北临北冰洋;夏威夷位于大洋洲的热带。

(2) 专门化商品化的农业。美国本土大部分属于温带气候,南部有小部分为亚热带气候。平原面积占全国面积的一半以上,耕地广大,约占世界的10%。密西西比河和五大湖为农业提供了丰富的灌溉水源。美国农业人口仅占全国的3%,但科技发达,生产高度机械化,效率高、产量大,是世界上输出农产品最多的国家。但仍需要进口咖啡、可可、橡胶等热带农产品。

根据自然条件和市场的需求,美国农业实行了地区生产专门化,可分为棉花带、玉米带、小麦区、乳畜带、畜牧和灌溉农业区。这样有利于充分利用自然条件,大规模使用农业机械,采用先进的科学技术提高农业生产率。

(3) 资金厚技术新的工业。美国是世界上工业最发达的国家,工业产值居世界首位。电子、宇航、飞机制造等高科技研究都居世界领先地位。其工业主要分布在三大地区。

第一是东北部工业区。这是美国发展最早的工业区。五大湖西部有大量的铁矿,阿巴拉契亚山区有丰富的煤矿,五大湖和密西西比河为这里的工业提供了丰富的水源和便利的水运条件,大西洋沿岸有许多优良港口。这里是美国主要的钢铁、汽车、化学等工业的分布区。纽约是美国第一大城,最大的商业中心和港口;芝加哥是中部的工业和交通中心,是仅次于纽约和洛杉矶的全国第三大城;匹兹堡有美国"钢都"之称;底特律为"汽车城"。

美国东北部人口、城市集中。20世纪后期这里污染严重,地价上涨,使得大量的人口和工业向西部和南部的"阳光地带"迁移。

第二是南部地区。墨西哥湾西北有丰富的石油资源,使这里成为美国主要的石油产区和石油加工工业分布区。此外,这里还分布着飞机、宇航、电子等新兴工业。休斯敦是美国南部石油化工中心,有"世界石油之都"的美誉。

第三是西部地区。工业主要集中在太平洋沿岸。新兴工业中心"硅谷"位于旧金山附近;洛杉矶是西部人口最多的城市和港口,郊区的好莱坞是美国最大的电影工业中心;西雅图是波音飞机公司总部所在地。

美国虽然是个资源非常丰富的国家,但由于本国资源消耗量大,尤其是石油、铁矿石等对国际市场依赖较大。

3. 世界农业大国——巴西

巴西位于南美洲东南部,同除智利和厄瓜多尔以外的所有南美洲国家接壤,其国土面积居南美洲之首、世界第五。巴西人口为2.077亿(2016年),也居世界第五位。巴西的亚马孙平原是世界上最大的平原,亚马孙河是世界上最长的河流。巴西人口的种族构成十分复杂。白人占一半多,混血人种占40%,黑色人种占6%,还有1%不到的印第安人等。通用葡萄牙语。

(1)世界农业大国。巴西土地辽阔,雨水充足,适合于许多农作物的生长,是世界上适合于农林牧渔各业全面发展的少数国家之一。巴西农业机械化程度较高,农产品的生产和出口在世界上占有重要地位。热带经济作物如咖啡、甘蔗、柑橘的产量居世界第一位,大豆、可可、玉米、烟叶等产量均居世界前列。巴西有辽阔的牧场,畜牧业发展很快,是世界第三大肉类生产国和第七大出口国。

巴西以咖啡质优、味浓而驰名全球,是世界上最大的咖啡生产国和出口国,素有"咖啡王国"之称。咖啡原产于非洲的埃塞俄比亚,1727年传入巴西。

(2)拉美最大的工业国。巴西工业发展水平比较高,工业体系比较完整。丰富而优质的铁矿资源是巴西发展钢铁工业的有利条件。现在,巴西的钢铁工业已跃居世界前列,所产钢铁一半用于出口。巴西飞机制造业设备精良,技术力量雄厚,水平居巴西产业之首。巴西汽车工业的发展虽然只有30多年,却发展迅速,生产能力居世界第十位。以酒精为燃料的汽车独具特色。巴西经济和人口高度集中在东南沿海由全国三大城市圣保罗、里约热内卢和贝洛奥里藏特构成的"三角形"地带。

(3)集建筑大成的首都。因为巴西人口、城市过度集中在东南沿海地带,给环境带来巨大的压力。为合理布局国内经济,开发西北地区,1956年,巴西政府决定将首都从沿海的里约热内卢迁至中部高原上的巴西利亚。作为新型首都,巴西利亚规划严谨、新颖,城市平面轮廓为飞机状;终年绿草如茵、繁花似锦。1987年12月,联合国教科文组织宣布巴西利亚为"人类文化遗产"。

4. 骑在羊背上的国家——澳大利亚

(1)孤独的大陆。澳大利亚位于南太平洋和印度洋之间,是一个孤独的大陆,也是世界上唯一一个单独占有一块大陆的国家。这里人烟稀少,人口分布不均,大部分人口集中在沿海,广大内陆地区人口稀少。悉尼为全国最大的经济中心,墨尔本为第二大城,首都为堪培拉。

(2)世界活化石的博物馆。早在几千万年前,澳大利亚大陆就与其他大陆分离,一直孤立地存在于南半球海洋之中,形成孤立的生物地理环境。这里自然条件单一,生物演化速度较慢,很多古老的物种得以保存下来,使其动物具有古老性、特有性,如袋鼠、鸭嘴兽等,成为人们研究地球演化史的活化石。

(3)骑在羊背上的国家。澳大利亚是世界上绵羊数和出口羊毛最多的国家,是世界主要的羊毛生产国和出口国。农场规模很大,依靠先进的生产技术和管理,农牧业生产的机械化程度很高。主要的农牧产品大部分供出口,除了羊毛外,还是世界上重要的牛肉和小麦出口国。

(4) 坐在矿车里的国家。澳大利亚矿产丰富。铁的储量居世界前列,铁的品位高、埋藏浅;铝土矿储量也居世界前列。澳大利亚开采的矿石有一半以上用于出口,是世界矿产品的主要出口国之一,特别是煤、铁的出口量占世界重要地位。

在丰富矿产资源的基础上,澳大利亚的采矿、钢铁、机械、化学工业在第二次世界大战后都得到迅速发展。20世纪70年代以来,澳大利亚的服务业发展迅速。目前,服务业已大大超过农牧业和工矿业,成为澳大利亚的经济支柱。

(二)差异悬殊的工业经济

工业是国民经济的重要支柱产业。每一种工业的发展都需要具备多种区位条件,但不同的工业部门,对各种区位条件的要求是不一样的。因此,各种工业都应当选择最适合的地区去发展。

表 2.2-1 主要工业类型及特点

类型名称	典型工业部门	优势发展地区
原料指向型	制糖业、水产品加工业、水果加工业	所需工业原料丰富地区
市场指向型	瓶装饮料业、家具制造业、印刷工业	接近产品消费市场
动力指向型	有色金属冶炼工业、化学工业	能源供应充足地区
劳动力指向型	普通服装制造、电子装配、包带、制伞、制鞋业	大量廉价劳动力地区
技术指向型	集成电路、航天、航空、精密仪表	高教和科技发达地区

1. 世界工业生产特点

(1) 工业生产向大型化、系列化和综合化发展。大型化、系列化是第二次世界大战后工业分布规模的主导方向。根据地域发展条件,以一两个工业部门为主导,多发展成综合性联合生产基地,是工业地域部门结构的特点。

(2) 工业地域不同层次的集中和相对分散。战后工业地域集中有所加强,形成世界性大工业地带,如北美工业地带、西欧工业地带、东欧工业地带、日本"太平洋沿岸"工业地带等。发展中国家的集中程度更高,呈点状分布,如各国首都多发展成为最大的工业城。第二次世界大战后,特别是20世纪60年代以来世界工业地域也自西向东、向北、向南扩散着,在一国内同样存在着相对分散的趋势。如美国向西部、南部发展,日本向南北两端和日本海侧开发,俄罗斯工业地域东移等。在许多大工业城市周围出现了工业卫星城镇。

(3) 工业布局在原有煤铁复合型和第二次世界大战后发展起来的临海型基础上,又出现了临空型、临路型的新布局类型。以机场和四通八达的高速公路中心点为中心,依托中心城市,在其周围或外围地区,发挥人才、交通信息等软环境的优势,发展起各种类型的高科技产业,以美国"硅谷"和日本"硅岛"为典型代表。

(4)工业发展不平衡状态依然存在。发达国家的工业日益向知识技术密集型发展,把劳动密集型工业转移到发展中国家。工业生产集中在发达国家和几个发展中国家。如美国、俄罗斯、日本、欧盟合占世界工业生产的四分之三以上。近年来,亚洲太平洋地区工业发展迅猛,已经成为世界新的工业基地。

(5)跨国企业迅速发展。跨国企业主要是指以本国为基地,通过对外直接投资,在世界各地设立分支机构或子公司,从事国际化生产和经营活动的垄断企业。第二次世界大战后,跨国公司得到迅速发展。美国跨国公司的数目、规模、国外生产和销售额均居世界之首。

2. 加工贸易型国家——日本

(1)多火山地震的岛国。日本是濒临太平洋的岛国,主要有北海道、本州、四国、九州四大岛和附近的众多岛屿组成。面积狭小,但人口稠密。

日本境内多山,山地面积约占国土面积的四分之三,沿海有狭窄的平原,东京湾附近的关东平原是日本最大的平原。由于日本地处太平洋板块和亚欧板块的交界处,多火山地震。富士山是一座著名的活火山,也是日本的最高峰。

(2)发达的加工贸易经济。日本自然资源比较匮乏,大多需要进口。但日本利用丰富的劳动力资源、较高的科技水平及优良的港湾等有利条件,大力发展海上航运,进口原料,出口工业产品,拓展国际市场,形成了以加工贸易为主的经济。日本对外贸易的对象主要为美国,其次为亚洲和欧洲。

日本的石油主要来源于中东、东南亚;煤炭来源于中国、澳大利亚;铁矿石来源于巴西、印度、澳大利亚;棉花来自中国、美国。

日本工业主要分布在太平洋沿岸和濑户内海沿岸的狭长地带。主要有五大工业区:京滨工业区、名古屋工业区、阪神工业区、濑户内工业区、北九州工业区。

(3)高科技农业和海洋渔业。虽然日本农业不占重要地位,但日本农业却很发达。由于耕地少、地块小,农业生产方式多采用小型农业机械,水利发达,发展生物技术,单位面积产量高。北海道附近有寒流、暖流交汇,形成世界著名渔场。日本人均捕捞量常占世界第一位。

3. 欧洲经济的火车头——德国

(1)欧洲交通的十字路口。德国位于欧洲中部,北濒北海和波罗的海,南靠阿尔卑斯山脉,陆疆与9个国家交界,隔北海与英国相望,是东西欧来往的必经通道,又是南北欧交流的陆上捷径,独具欧洲陆上交通的十字路口的地理位置,素有"欧洲的心脏"之称。

(2)欧洲经济的火车头。德国是欧洲经济实力最强的国家,是世界上仅次于美国、中国和日本的第四经济强国,也是仅次于美国、中国的世界第三大贸易国。

工业是德国的经济支柱。德国工业的发展是建立在本国丰富的煤铁资源、便利的水陆交通和发达的科技基础之上的。德国西部的鲁尔区是德国最重要的工业区,是以采煤业为基础发展起来的传统工业区。莱茵河畔的杜伊斯堡是欧洲最大的河港,也是鲁尔区的对外联系的门户。20世纪50年代以来,由于煤炭能源地位的下降、钢铁出口国的增多、新技术革命改变传统的工业方式等原因,鲁尔区逐渐衰退。德国采取了诸多措施,调整产业结构和工业布局,改善交通,美化环境,加强科技发展,使这里又恢复了生机。

电子、电气工业是德国快速兴起的工业部门,规模仅次于日本,居世界第二位。西门子是德国电气工业和电子工业的代表。慕尼黑、斯图加特和首都柏林是重要的电子、电气工业中心,其中慕尼黑是欧洲最大的微电子工业中心,有德国"硅谷"之称。

德国农业现代化水平高,结构以畜牧业为主。地势南高北低,北部波德平原地势低平,土壤贫瘠,夏季温和,冬季阴冷,日照时间少,不太适合发展种植业,以畜牧业为主;南部的高原山地,日照长,土壤肥沃,生产葡萄、烟草、啤酒花和水果。

4. 重工业发达的国家——俄罗斯

(1) 幅员最大的国家。俄罗斯地跨亚欧两洲,陆上与14个国家接壤,面向三个大洋,是世界上国土最辽阔的国家。其中欧洲部分面积占全国的四分之一,却集中了全国四分之三的人口,是俄罗斯的政治、经济、文化中心。

俄罗斯地形多样。以叶尼塞河为界,以西多平原,以东多高原山地。由于纬度高,虽然国土面积广大,但冬季漫长,气温偏低,不适合谷物的生长。耕地集中在气候相对温和的东欧平原和温度相对较高的南部地区。

(2) 自然资源丰富,重工业发达。俄罗斯自然资源种类齐全,储量丰富,是世界上少数几个资源能够自给的国家之一,为俄罗斯的工业发展奠定了基础。俄罗斯的煤、铁、石油、天然气、钾盐、铜、铅、锌等矿产资源的储量均居世界前列。水能的蕴藏量仅次于中国,居世界第二位。森林资源主要集中在西伯利亚地区。

在本国丰富的自然资源基础上,俄罗斯重点发展了重工业。主要为钢铁、机械和化工等。特别是核工业和航天工业在世界上占有重要地位。

俄罗斯工业主要集中在欧洲部分,以圣彼得堡和莫斯科为中心。第二次世界大战后,工业向东发展,在乌拉尔山区和新西伯利亚建立了工业基地。

(3) 发达的交通。俄罗斯交通部门比较齐全,铁路、公路、航空、海洋、内河和管道运输均很发达。但运输线在欧洲和亚洲部分分布不均。俄罗斯欧洲部分的铁路网非常稠密,以莫斯科为中心呈放射状;亚洲部分的铁路网比较稀疏,但有两条西伯利亚大铁路沟通其欧洲部分与西伯利亚及远东地区。

(三) 极不平衡的人口发展

1. 人口增长极不平衡

世界人口数量不断增长。18世纪工业革命标志着社会生产力有了大的飞跃,人口增长进入快速发展时期。2016年,世界人口总数已达74亿。预计到2030年,全球人口将超过80亿。联合国将每年的7月11日定为世界人口日。

各国人口增长类型差异也很大。按出生率、死亡率和增长率三者组合特点,可将当代世界人口增长分为四种类型。

表 2.2-2　世界人口增长类型

类型	特　　点	主要地区或国家
原始型	高出生率、高死亡率、低增长率。	亚非一些国家,数量很少。
年轻型	高出生率、低死亡率、高增长率。	多数发展中国家。
成熟型	低出生率、低死亡率、低增长率。	大部分为发达国家。
衰老型	死亡率等于或大于出生率,人口出现零增长或负增长。	欧洲的德国、英国、丹麦、挪威、瑞典、捷克等。

当今世界存在着严重的人口问题。发展中国家大多面临人口增长过快的问题。人口增长过快,加大对经济、就业、资源、环境等方面的压力,导致积累减少,经济发展速度降低。发达国家面临的问题主要是人口增长缓慢和人口老龄化。人口老龄化会带来劳动力不足、社会负担过重等一系列社会问题。

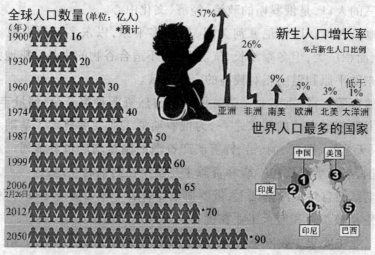

图 2.2-2　全球人口增长预测示意图
(图片来源:人民网)

2. 人口分布极不平衡

世界人口分布极不平衡,表现出明显的中低纬指向、近海岸指向和平原指向。亚洲是世界人口最多的大洲。世界有三大人口密集地带。亚洲东部、东南部和南部沿海是世界人口最密集地带,人口密度每平方千米平均在200人以上,有的地方达500—1 000人。欧洲人口主要集中在欧洲的西部、中部和南部,是世界第二个人口密集地带,人口密度每平方千米在50—200人,尤以利物浦-汉堡-巴塞尔-巴黎这一四边形的地区内,人口密度在1 000人以上。北美洲的人口主要集中在大西洋沿岸和五大湖地区,形成世界第三个人口密集地。此外,非洲的人口主要集中在北部地中海沿岸、尼罗河下游、几内亚湾沿岸和南部的沿海地区。

世界人口稀少地区主要分布在北美和亚洲的高山地区和寒冷地带的南极洲、撒哈拉和澳大利亚及中亚的沙漠地带、亚马孙河和刚果河等湿热的雨林地区。

3．城市化水平极不平衡

城市化一般是指农业人口转化为非农业人口、农村地区转化为城市地区、农业活动转化为非农业活动的过程。衡量城市化水平的最重要的指标是城市人口占总人口的比重。1750年以前,世界城市人口比重只有1%—2%。1900年城市人口比重达到了13%,而到了2006年则达到50%。

城市化在发达国家和发展中国家的进程有明显差异。在发展中国家,城市化水平也存在较大差异,拉丁美洲的许多国家城市化水平已经接近发达国家,而亚洲和非洲则普遍较低。

表 2.2-3　世界城市化发展差异

类型	起步	城市化水平	城市人口增长速度	城市的发展
发达国家	早	高	慢	出现郊区城市化、逆城市化现象。
发展中国家	晚	低	快	大城市的规模膨胀,城市数量剧增。

世界有六个大的城市群。

（1）美国"波士华"城市群。该城市群是世界上首个被认可,也是目前实力最强的城市群。包括波士顿、纽约、费城、巴尔的摩、华盛顿共40个城市（10万人以上城市）,面积13.8万平方千米,人口达6 500万以上,城市化水平达90%以上。该城市群是美国经济的核心地带,也是美国最大的生产基地和商贸中心。

（2）北美五大湖城市群。包括芝加哥、底特律、匹兹堡,一直延伸到加拿大多伦多和蒙特利尔。面积约24.5万平方千米,人口约5 000万。该城市群与美国东北部大西洋沿岸城市群共同构成北美制造业带。

（3）日本东京城市群。包括东京、名古屋和大阪等日本太平洋沿岸城市,面积3.5万平方千米,人口达7 000万以上。日本是亚洲地区城市群发展程度最高的国家。

（4）欧洲西北部城市群。包括巴黎、阿姆斯特丹、鹿特丹、布鲁塞尔、科隆,10万人口以上的城市有40座,总面积14.5万平方千米,总人口4 600万人。这是一个超级城市带。巴黎是法国的经济中心和最大的工商业城市,也是西欧重要的交通中心之一。荷兰的鹿特丹和比利时的安特卫普构成亚欧大陆桥的西端桥头堡。鹿特丹处在世界上最繁忙的两大运输线——大西洋海上运输线和莱茵水系运输线的交接口,素有"欧洲门户"之称。

（5）英国伦敦城市群。以伦敦-利物浦为轴线,包括大伦敦地区、伯明翰、谢菲尔德、利物浦、曼彻斯特等大城市及众多小城镇,面积为4.5万平方千米,人口3 650

万人。

（6）中国长三角城市群。包括上海、苏州、无锡、常州、扬州、南京、南通、镇江、泰州、杭州、嘉兴、宁波、绍兴、舟山、湖州等，面积10万多平方千米，约7 000多万人口。

（四）日益严重的粮食与能源问题

1. 世界粮食问题

世界粮食生产地区不均。发达国家人口占世界四分之一，生产粮食占世界二分之一。发展中国家人口占世界四分之三，生产粮食占世界二分之一，因此人均产粮少、消费少。由于发展中国家人口增长过快，许多国家缺粮问题日益严重。2016年，世界仍有8.15亿饥饿人口，占全球人口的11%，比2015年多出3 800万。

当前粮食安全问题还表现在以下几个方面：(1) 发展中国家膳食结构差。世界上许多发展中国家膳食总热能淀粉食物所占的比例在70%以上，微量元素和蛋白质量不足，膳食营养质量差。(2) 重点缺粮地区形势严峻。联合国粮食及农业组织2008年报告说全球共有37个国家正面临粮食危机，粮价居高不下已导致埃及、喀麦隆、印度尼西亚、菲律宾和海地等国家发生骚乱事件。联合国粮农组织2008年为78个国家和地区的7 300万人提供援助。(3) 世界粮食可供量减少。其中，5个主要谷物出口国（美国、欧盟、阿根廷、加拿大和澳大利亚）的谷物库存量占世界消费量的比例不断下降。(4) 人均可耕地在减少。人口增长过快，城市化程度的迅速提高，水土流失造成了全球大约40%的土地退化。保持当代及后代福利所依赖的自然资源基础，将是全世界，特别是发展中国家面临的重大挑战。(5) 发达国家实施的农业补贴导致了不少发展中国家对廉价进口粮食的依赖，从而在根本上危害了这些发展中国家的农业生产和粮食安全。

2. 世界能源问题

能源是人类社会经济发展的重要物质基础。人类利用能源的历史经历了几个阶段：18世纪以前，木材在世界一次性能源消费结构中长期居首位；到19世纪下半叶，煤炭取代木材成为主要能源；1965年，石油首次取代煤炭在世界能源消费结构中居首位，由此开始了"石油时代"。石油、煤炭等目前使用的主要能源都属于不可再生的矿物燃料。然而，地球上矿物燃料的储量是有限的，科学家们估计，地球上的煤还可维持两三百年，石油就只有五六十年的用量了。而石油、天然气、煤的形成需要数亿年的生物与地质作用。

(1) 世界能源的分布和生产。世界能源分布和生产极不平衡。世界已探明原油储量的近70%集中在中东地区，其余依次为美洲、非洲、俄罗斯和亚太地区，分别占14%、7%、4.8%和4.27%。从国家的石油储量来看，沙特阿拉伯一国即独占四分之一。

表 2.2-4　最新世界石油储量排名(2009年2月艾凯数据研究中心)

排名	国家	储量	排名	国家	储量
1	沙特阿拉伯	362亿吨	6	阿联酋	126亿吨
2	加拿大	184亿吨	7	委内瑞拉	109亿吨
3	伊朗	181亿吨	8	俄罗斯	82亿吨
4	伊拉克	157亿吨	9	利比亚	54亿吨
5	科威特	138亿吨	10	中国	50亿吨

表 2.2-5　2007年世界主要国家原油产量(单位:万吨)

国家和地区	2007年产量	2006年实际产量	同比增减(%)
俄罗斯	48 600	47 490	2.3
沙特阿拉伯	42 125	45 490	-7.4
美国	25 675	25 715	-0.2
伊朗	19 585	19 455	0.7
中国	18 735	18 415	1.7
墨西哥	15 675	16 280	-3.7
加拿大	13 225	12 575	5.2
阿联酋	12 330	13 125	-6.1
委内瑞拉	11 950	12 810	-6.7
挪威	11 250	12 455	-9.7

煤炭高度集中在亚洲、北美洲和欧洲的中纬度地带,合占世界煤炭资源的90%左右。2006年全球煤炭探明储量,美国以2 466亿吨稳坐头把席位,俄罗斯为1 570亿吨,储量排第2位,中国和印度分别以1 145亿吨和924亿吨排第3位和第4位。

表 2.2-6　世界煤炭探明储量排行榜(2006年环球能源网)

排名	国家	探明储量百万吨	所占份额%	储采比(R/P)
1	美国	246 643	27.1	234
2	俄罗斯	157 010	17.3	>500
3	中国	114 500	12.6	48
4	印度	92 445	10.2	207
5	澳大利亚	78 500	8.6	210
6	南非	48 750	5.4	190
7	乌克兰	34 153	3.8	424
8	哈萨克斯坦	31 279	3.4	325
9	波兰	14 000	1.5	90
10	巴西	10 113	1.1	>500

俄罗斯除了具有丰富的油气资源外,煤炭资源也相当丰富,开采前景非常大。中国也是煤炭储量大国,煤炭在中国一次能源消费比例曾经高达75%以上,高于全球

平均水平的1倍以上。由于重化工业加速发展及资源产品涨价等因素，2007年上半年中国已经成为煤炭的净进口国。虽然煤炭储量绝对数位列全球前茅，但每年开采量和消费量巨大，中国煤炭资源的储采比低于50年，小于全球的平均水平。

世界上水力资源最丰富的国家依次是：巴西、俄罗斯、加拿大、美国、印度尼西亚、中国，但各国开发程度不一。刚果河是世界水力资源最丰富的河流，但目前尚未进行充分开发。非洲、亚洲开发率较低，而欧美已经开发了50%—70%。

核电自20世纪70年代以来发展迅速。美国、法国、日本、俄罗斯和德国较发达。

（2）世界能源的消费及特点。世界能源消费主要集中在发达国家和快速发展中的国家。由于世界能源资源产地与消费地相脱节，特别是随着世界经济的发展、人口的剧增和人民生活水平的不断提高，世界能源需求量持续增大，由此导致对能源资源的争夺日趋激烈。

表 2.2-7 2006年世界一次能源消费量主要国家分布

国　家	2006年消费量	
	单位：百万吨油当量	占总量比例(%)
美国	2 326.4	21.4%
中国	1 697.8	15.6%
俄罗斯	704.9	6.5%
日本	520.3	4.8%
印度	423.2	3.9%
德国	328.5	3.0%
加拿大	322.3	3.0%
法国	262.6	2.4%
英国	226.6	2.1%
韩国	225.8	2.1%
巴西	206.5	1.9%
意大利	182.2	1.7%

现阶段世界能源消费呈现以下特点：①世界一次能源消费量不断增加。②世界能源消费呈现不同的增长模式，发达国家向低能耗、高产出的产业结构发展，能源消费增长速率明显低于发展中国家。经济、科技与社会比较发达的北美洲和欧洲两大地区的增长速度非常缓慢。③世界能源消费结构趋向优质化，但地区差异仍然很大。自19世纪70年代的产业革命以来，化石燃料的消费量急剧增长，此后，石油、煤炭所占比例缓慢下降，天然气的比例上升。同时，核能、风能、水力、地热等其他形式的新能源逐渐被开发和利用，形成了目前以化石燃料为主和可再生能源、新能源并存的能源结构格局。由于中东地区油气资源最为丰富、开采成本极低，故中东能源消费的

97%左右为石油和天然气,该比例居世界之首。在亚太地区,中国、印度等国家煤炭资源丰富,煤炭在能源消费结构中所占比例相对较高,其中中国能源结构中煤炭所占比例最高,故在亚太地区的能源结构中,石油和天然气的比例偏低(约为47%),明显低于世界平均水平。除亚太地区以外,其他地区石油、天然气所占比例均高于60%。

④ 世界能源资源仍比较丰富,但能源贸易及运输压力增大。

世界能源供应和消费趋势:欧洲和北美洲两个发达地区能源消费占世界总量的比例将继续呈下降的趋势,而亚洲、中东、中南美洲等地区将保持增长态势。伴随着世界能源储量分布集中度的日益增大,对能源资源的争夺将日趋激烈,争夺的方式也更加复杂,由能源争夺而引发冲突或战争的可能性依然存在。

由于世界能源资源分布及需求分布的不均衡性,世界各个国家和地区已经越来越难以依靠本国的资源来满足其国内的需求,越来越需要依靠世界其他国家或地区的资源供应。而且,开发利用和不加限制地消耗大量的煤和石油等燃料,还带来严重的负面影响,环境污染加重,环保压力加大,如诱发温室效应、酸雨,引起疾病、农业减产等严重问题,极大地污染了人类赖以生存的环境。因此,世界能源面临着新的转折,向石油等以外的能源物质转换已势在必行。未来世界能源供应和消费将向多元化、清洁化、高效化、全球化和市场化方向发展。

(五) 硝烟未散的全球纷争

1. 长期的热点地区——中东

第二次世界大战以来,世界上几乎没有一个地区像中东地区一样,一直是全世界关注的重点。历史上,这片地区便存在诸多矛盾,至今这里仍然有频繁的冲突和战争。

(1) 三洲五海之地。中东位于亚洲西南部和非洲北部,地处联系亚非欧三大洲、沟通大西洋和印度洋的枢纽地位,又地处阿拉伯海、红海、地中海、黑海和里海之间,所以被称为"三洲五海"之地。中东地区自古就是东西方的交通要道,地理位置十分重要。

苏伊士运河是亚非两洲的分界线,北通地中海,南接红海,沟通大西洋和印度洋,使大西洋到印度洋的航程比绕道非洲南端的好望角缩短了近万千米,成为沟通欧亚非三洲的交通咽喉要道,具有重要的战略价值和经济价值。马克思称它为"东方伟大的航道"。

土耳其海峡(又称黑海海峡)是连接黑海与地中海的唯一通道,是罗马尼亚、保加利亚、乌克兰、格鲁吉亚等国唯一的出海口。土耳其海峡包括博斯普鲁斯海峡、达达尼尔海峡和马尔马拉海峡。冷战时期,美、苏均将黑海海峡确立为全球最重要的海上咽喉之一。冷战后,北约仍视黑海海峡为欧亚大陆的战略要点之一。土耳其海峡全年大部分时间风平浪静,海流缓慢,滩礁亦少,航运条件优越,故海上航运十分繁忙，古往今来皆为兵家必争之地，战略地位十分重要。

霍尔木兹海峡介于伊朗与阿拉伯半岛之间，是海湾与印度洋之间的必经之地，素有"海湾咽喉"之称，海湾沿岸产油国的石油绝大部分通过这一海峡输往西欧、澳大利亚、日本和美国等地，合计承担着西方石油消费国60%的供应量，西方国家把霍尔木兹海峡视为"生命线"。

（2）世界"油库"。中东是世界上石油储量最大（占世界的65.4%）、生产量（占世界的30.5%）和输出量（占世界的44.7%）最多的地区。中东的石油主要分布在波斯湾及其沿岸。主要石油生产国有沙特阿拉伯、伊朗、伊拉克、科威特、阿拉伯联合酋长国等。所产石油90%以上运往西欧、北美和日本等发达国家。近年来，我国从中东地区进口石油的数量也较大。中东的主要石油生产国如沙特阿拉伯、科威特等国家因大量出口石油成为世界上的富裕国家。

（3）匮乏的水资源。中东地区气候干旱，河流稀少，沙漠面积广大。水资源极为匮乏。因此，河流、湖泊水资源的分配和争夺成为中东地区的又一个焦点。以色列和巴勒斯坦的冲突也可以说是为争夺领土和水资源而战。20世纪80年代，两伊战争的起因就是争夺河流权益。

（4）宗教文化矛盾凸显。中东地区大多属于白色人种。除伊朗、土耳其、以色列等国外，居民主要是阿拉伯人，这些国家统称为"阿拉伯国家"。历史上东西文化在此频繁交流，多个民族在此汇聚。

中东是犹太教、基督教和伊斯兰教等三大宗教的发源地。不同宗教之间存有尖锐矛盾，各宗教内部尤其是伊斯兰教内部各教派之间也矛盾重重。伊斯兰教与犹太教之间的矛盾是长期以来阿以争端的重要组成部分；伊斯兰教什叶派与逊尼派之间的矛盾是导致发生两伊战争的重要因素之一。伊斯兰教、基督教和犹太教都将耶路撒冷看作圣城。文化、宗教的差异加剧了中东地区的不安定。

图2.2-3　犹太人在哭墙下诵经祈祷　　　　图2.2-4　伊斯兰教徒在麦加朝圣

2. 南亚风云——印巴冲突

印巴冲突最主要的是克什米尔问题和印度河河水问题。

（1）克什米尔问题——印巴冲突的由来和焦点。印度与巴基斯坦本是"古印度母亲"的两个孩子,在漫长岁月中尽管常常"阋于墙",却也能外御其侮。1947年,英国公布"蒙巴顿方案",根据居民的宗教信仰,把印度分为印度和巴基斯坦两个自治领。巴基斯坦和印度分治时,北部的克什米尔地区归属未明确规定,成为印巴两国长期的争端。印巴两国已经爆发了三次战争,其中两次都是源于克什米尔争端。半个多世纪以来,印巴关系时紧时缓,在克什米尔地区的武装冲突不断发生。两国为取得军事优势,展开了激烈的核军备竞赛,印度是亚洲除中国以外拥有航空母舰的国家,巴基斯坦空军力量不薄。

(2)水资源争夺——印巴冲突的潜在催化剂。印度是南亚面积最大的国家,人口数量仅次于中国。印度也是亚洲耕地面积最大的世界农业大国。稻米、小麦、棉花、黄麻、茶叶等农产品产量居世界前列。但由于西南季风的不稳定,水旱灾害频繁。印度政府在20世纪实施了"绿色革命",推广先进的耕作方式和培育良种,粮食已基本自给。独立后的印度努力发展本国工业。现在,印度不仅在钢铁、机械制造、化工和棉麻纺织业等领域有一定规模,在原子能、航天、计算机软件等高科技领域也取得巨大成就。印度软件产业地位十分突出,班加罗尔已成为全球第五大信息科技中心和世界十大"硅谷"之一。

巴基斯坦是南亚面积第二大国家,主要分布于印度河流域。印度属于热带季风气候,西南季风带来丰沛的降水。巴基斯坦则受副热带高压的控制,干燥少雨,大部分地区为热带草原和沙漠,水资源十分缺乏。1999年,印度投资10亿美元在印巴共享的印度河支流上修建了用于水力发电的大坝,并于2005年4月完工。而这些支流对巴基斯坦农业灌溉起到至关重要的作用。因此,巴基斯坦坚决反对修建该大坝和水电站。2009年3月,巴基斯坦政府强烈指责印度"偷水"。印度对印度河水资源的截留,也是造成印巴冲突的缘由之一。

3."非洲之角"波澜迭起——索马里海盗

在非洲东北部有一块由大陆向印度洋伸出的三角形的巨大陆地,就是索马里半岛。这个半岛形状酷似犀牛角,又称为"非洲之角"。"非洲之角"地处非洲和亚洲的交界点,扼守印度洋和地中海的交通要冲,战略地位十分重要。

非洲是一个富饶而贫穷的大陆。尼罗河流域是世界古代文明的摇篮之一。古埃及和其他许多国家在建筑、雕刻和绘画等艺术方面取得了巨大成就。非洲已探明的矿物资源种类多,储量大。石油、天然气蕴藏丰富;黄金、金刚石久负盛名。南非的黄金、铂、锰等储量居世界第一位;几内亚的铝土储量居世界第一位;刚果民主共和国的金刚石储量和产量居世界第一位。

然而非洲又是世界上经济发展水平最低的地区。采矿业和轻工业是非洲工业的主要部门。各国经济曾长期遭受殖民主义控制,非洲特别是撒哈拉以南的"黑非洲"成为少数发达国家的原料产地和商品倾销市场。许多国家过分依赖某一种或几种初级产品,形成"单一经济",在国际贸易中处于不利地位。非洲人口自然增长率居世界第一位。长期以来人口问题、粮食问题、环境问题一直困扰着非洲。

索马里水域内海盗袭击商船事件在2008年开始明显上升。在很短的时间,索马里海盗就发展成为全球重要航运线路上的严重威胁。国际海事局已将索马里附近海域称为世界上最危险的海域之一。索马里海盗骚扰何时休?非洲大陆的灾难,无论是天灾或人祸,索马里全部都有,其中包括战争、旱灾、饥荒和流行病等。由于长期内战影响,索马里是全世界最贫穷的国家之一。索马里内部军阀派别林立,使原本贫穷落后的人民生活更是雪上加霜。现在每日300多万人靠联合国粮食计划署调拨的紧急口粮过活,150万人流离失所。

亚洲的马六甲海峡位于马来半岛和苏门答腊岛之间,是印度洋与太平洋之间的重要水道,是西亚石油到东亚的重要通道,也是世界上水上运输最繁忙的水道之一,日本称马六甲海峡是其"生命线"。马六甲海峡处于赤道无风带,被称为风平浪静的航行海峡。但风平浪静的海峡并不"平静",这里亦是海盗们经常出没的地方,曾经被称为"海盗集散地"。

三、发展差异　合作共赢

目前,世界上有220多个国家和地区,分布在除南极洲之外的各大洲。从陆地面积看,最大的是俄罗斯;梵蒂冈位于意大利罗马城内,面积只有0.44平方千米,相当于我国天安门广场的面积,人口仅1 500多人,是世界上最小的国家。

(一)发达国家与发展中国家

世界各国根据其经济发展水平和贫富状况,通常分为发达国家和发展中国家。目前,世界上有20多个发达国家,150多个发展中国家。中国是最大的发展中国家。

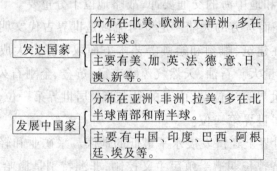

图2.3-1　发达国家与发展中国家分布特点

发达国家与发展中国家的经济存在相当大的差距。发达国家人口仅占世界人口的16%,却拥有世界工业总产值的80%。据国外一些经济学家估计,如果发展中国家经济增长率每年保持5%,发达国家增长率保持2.5%,发展中国家要赶上发达国家,还需要150年。

表 2.3-1　2007 年部分国家 GDP 及人均 GDP

发达国家	GDP/亿美元	人均 GDP/美元	发展中国家	GDP/亿美元	人均 GDP/美元
美国	132 216.85	43 995	中国	26 971.64	2 052
日本	49 113.62	38 533	印度	7 961.4	727
英国	23 413.71	38 636	韩国	7 684.58	15 731
德国	28 582.34	34 679	巴西	6 207.41	3 300
法国	21 537.46	35 377	印度尼西亚	2 643.57	1 077

在国际贸易领域,形成"发展中国家(初级产品)—发达国家(工业制成品)"的国际交换格局。发展中国家主要出口石油、农矿原料及其初级产品,进口工业制成品、粮食及高级消费品;发达国家主要出口机床、汽车、精密仪器、化工及电子工业产品,并在世界市场上凭借其垄断地位,低价进口原料,高价出售成品。这种不平等的国际交换关系,使发展中国家国际收支的逆差越来越大。

发展中国家与发达国家的关系,国际上又称为"南北关系"。发展中国家大部分地处南半球及北半球的南部,故称"南方国家";发达国家大部分位于北半球,故称"北方国家"。为了解决"南北之差"的问题,发展中国家与发达国家就改革不合理的国际经济秩序和进行双方合作进行谈判,称之为"南北对话"。"南南合作"系指发展中国家之间的经济合作,这是在平等互利基础上为谋求共同发展的一种新型的国际关系。

(二) 世界经济全球化

1. 经济全球化的表现

经济全球化是指世界经济活动超越国界,通过对外贸易、资本流动、技术转移、提供服务、相互依存、相互联系而形成的全球范围的有机经济整体。任何一个国家的经济都难以脱离世界经济的发展而孤立发展,自行运转。一个生产企业的产品生产过程不再局限在一个地方,而是通过世界上不同国家和地区联合完成。经济全球化是当代世界经济的重要特征之一,也是世界经济发展的重要趋势。

经济全球化主要表现为:(1)生产活动全球化;(2)世界多边贸易体制形成;(3)各国金融日益融合;(4)投资活动遍及全球;(5)跨国公司作用进一步加强;(6)经贸、文化、人才出现世界性。

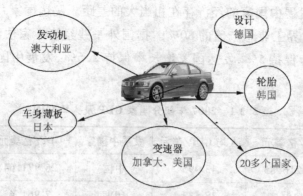

图 2.3-2　汽车生产的全球化

2. 推动经济全球化的主要因素

经济全球化首先得益于科技进步。科学技术促进世界统一的生产体系和技术体系的使用,使产品能够大量生产和销售。科技的发展改进货物运输和信息交流的工具,大大缩短了世界的距离,加强了经济活动的全球联系。

跨国公司是推动经济全球化的另一个重要因素。跨国公司获得空前迅猛发展,成为推动世界经济全球化和国际分工新格局的主要动力。他们采取全球化策略,在资本过剩的国家筹集资本,在原材料和劳动力低廉的国家加工产品,在物资短缺的国家销售产品。

3. 经济全球化的地理意义

(1) 对发达国家的影响。发达国家具有制造业和金融业发达、科技基础雄厚、基础设施完善、法制健全等优势,所以主导世界贸易和国际金融市场,是全球化的最大受益者。

(2) 对发展中国家的影响。经济全球化虽然为发展中国家赶超发达国家提供了机遇,但它们只具有资源和劳动力优势,需要从发达国家引进资金和技术。由于资金匮乏、债务负担沉重等问题,在经济全球化的进程中,大部分发展中国家处于更为不利的地位。

(3) 南北差距可能扩大。首先从发展中国家来看。发展中国家需要从发达国家引进资金和技术,从而对发达国家形成依赖,容易被发达国家控制;由于规模小、水平低、基础差,发展中国家的许多产品在国际市场上缺乏竞争力;发展中国家债务沉重,有些国家政局动荡,社会不稳定,给经济发展带来了很多困难。

其次从发达国家来看。在国际贸易中,发达国家输出的是先进的工业制品,发展中国家则多是农矿产品,在产品交换中始终处于不等价状态;发达国家为了维护自己既得的利益,有可能在贸易和环境方面提出苛刻条件,给发展中国家进入世界市场设置高门槛。这些都有可能使南北差距进一步扩大。

(4) 发展中国家内部也存在巨大差异。① 有效的产业政策和高水平的教育投入,使东亚和东南亚成为吸引对外直接投资较多的地区,从而带动了这些国家和地区的经济发展。② 持续的国内改革为拉美国家和地区提高竞争力奠定了基础。③ 撒哈拉以南非洲工业基础薄弱,竞争力低,吸引对外直接投资条件差,国家财政严重依赖外援。④一些国家由于政局动荡,经济发展波动比较明显;北非和西亚制造业技术水平低、技术工人短缺,一些国家内部及国家之间政治冲突不断,吸引对外直接投资的能力低。

(三)区域性合作组织

尽管国际社会存在着各种各样的矛盾和冲突,但争取和平与发展是世界人民的共同愿望。解决全球性问题及国际贸易争端时,一个国家的力量显得非常薄弱,更需要加强国际合作。目前,全球区域合作组织已达100多个。

1. 欧洲联盟

总有一天,到那时……所有的欧洲国家,无须丢掉你们各自的特点和闪光的个性,都将紧紧地融合在一个高一级的整体里;到那时,你们将构筑欧洲的友爱关系……

——维克多·雨果

欧洲联盟(简称欧盟,European Union,EU)是由欧洲共同体(European communities)发展而来的,是一个集政治实体和经济实体于一身、在世界上具有重要影响的区域一体化组织。1991年12月,欧洲共同体马斯特里赫特首脑会议通过《欧洲联盟条约》,通称《马斯特里赫特条约》(简称《马约》)。1993年11月1日,《马约》正式生效,欧盟正式诞生。总部设在比利时首都布鲁塞尔。到2007年1月,欧盟经历了6次扩大,成为涵盖27个国家(法国、德国、意大利、荷兰、比利时、卢森堡、英国、丹麦、爱尔兰、希腊、葡萄牙、西班牙、奥地利、瑞典、芬兰、马耳他、塞浦路斯、波兰、匈牙利、捷克、斯洛伐克、斯洛文尼亚、爱沙尼亚、拉脱维亚、立陶宛、罗马尼亚、保加利亚)、总人口超过4.8亿、国民生产总值高达12万亿美元的当今世界上经济实力最强、一体化程度最高的国家联合体。2002年1月1日零时,欧元正式流通。

图 2.3-3 欧盟的盟旗

图 2.3-4 欧元标志

2016年6月23日,英国开始"脱欧"公投投票。最终的计票结果显示,支持脱欧选民票数占总投票数的52%,支持留欧选民票数占总数的48%。2017年3月16日,英国女王伊丽莎白二世批准"脱欧"法案,授权英国首相特雷莎·梅正式启动脱欧程序。两年后,即2019年3月29日,英国将正式退出欧盟。

2. 北美自由贸易区

北美自由贸易区(North American Free Trade Agreement, NAFTA)是美国在1993年同加拿大、墨西哥宣布成立的,并于1994年正式启动。宗旨是取消贸易壁垒;创造公平的条件,增加投资机会;保护知识产权;建立执行协定和解决贸易争端的有效机制,促进三边和多边合作。北美自由贸易区是世界上第一个由发达国家和发展中国家联合组成的贸易集团,成员国之间经济上既有较大互补性和相互依存性,又有明显的不对称性。北美自由贸易区的建立,对北美、拉美,以至对冷战结束后新的世界经济格局的形成,都产生重大影响。

3. 亚太经济合作组织

亚太经济合作组织(简称"亚太经合组织",Asia-Pacific Economic Cooperation, APEC)成立之初是一个区域性经济论坛和磋商机构,经过十几年的发展,已逐渐演变为亚太地区重要的经济合作论坛,也是亚太地区最高级别的政府间经济合作机制。它在推动区域贸易投资自由化,加强成员间经济技术合作等方面发挥了不可替代的作用。

1989年11月,澳大利亚、美国、日本、韩国、新西兰、加拿大及当时的东盟六国在澳大利亚首都堪培拉举行亚太经合组织首届部长级会议,标志着这一组织正式成立。1991年11月,亚太经合组织第三届部长级会议在韩国首都首尔(时称汉城)举行,会议通过《汉城宣言》,正式确立了这一组织的宗旨和目标,即为本地区人民的共同利益保持经济的增长与发展;促进成员间经济的相互依存;加强开放的多边贸易体制;减少区域贸易和投资壁垒。

图2.3-5　APEC主要成员

1991年11月,中国以主权国家身份,中国台北和香港(1997年7月1日起改为"中国香港")以地区经济体名义正式加入亚太经合组织。2001年10月,亚太经合组织会议在中国上海举办。这是亚太经合组织会议首次在中国举行。2014年,亚太经合组织会议时隔13年再次在中国召开。截至2014年9月,亚太经合组织共有21个正式成员和3个观察员。2017年11月11日,亚太经合组织第二十五次领导人非正式会议在越南岘港举行。

4. 东南亚国家联盟

东南亚国家联盟(简称东盟,Association of Southeast Asian Nations,ASEAN)的前身是由马来西亚、菲律宾和泰国三国于1961年7月31日在曼谷成立的东南亚联盟。1967年8月,印度尼西亚、泰国、新加坡、菲律宾四国外长和马来西亚副总理在曼谷举行会议,发表了《东南亚国家联盟成立宣言》,即《曼谷宣言》,正式宣告东盟成立。20世纪80年代后,文莱(1984年)、越南(1995年)、老挝(1997年)、缅甸(1997年)和柬埔寨(1999年)五国先后加入该组织,使东盟由最初成立时的5个成员国扩大到10个成员国,以及观察员国巴布亚新几内亚。目前,东盟拥有人口5亿多,是一个具有相当影响力的区域性组织。为了早日实现东盟内部的经济一体化,东盟自由贸易区于2002年1月1日正式启动。自由贸易区的目标是促进东盟成为一个具有竞争力的基地,以吸引外资;消除成员国之间关税与非关税障碍,促进本地区贸易自由化;扩大成员国之间互惠贸易的范围,促进区域内贸易;建立内部市场。2015年12月31日,东盟轮值主席国马来西亚外长阿尼法发表声明,东盟共同体于当日正式成立。

5. 非洲统一组织

非洲统一组织(简称"非统组织",Organization of African Unity,OAU)总部设在埃塞俄比亚首都亚的斯亚贝巴。1963年5月22日至26日,31个非洲独立国家元首、政府首脑或他们的代表在亚的斯亚贝巴举行会议,25日通过了《非洲统一组织宪章》,决定成立非洲统一组织。会议还决定将每年的5月25日定为"非洲解放日"。在2001年的首脑会议中,将"非洲统一组织"改为"非盟"。成员国有53个(2001年)。

非统组织的宗旨是:促进非洲国家的统一与团结;协调和加强非洲国家在各个方面的合作;努力改善非洲各国人民的生活;保卫和巩固非洲各国的独立及主权、领土完整;从非洲根除一切形式的殖民主义;促进国际合作。

6. 石油输出国组织

石油输出国组织(又称欧佩克,Organization of the Petroleum Exporting Countries,OPEC)是亚洲、非洲、拉丁美洲一些产油国家为抵制国际石油垄断资本的控制、保卫石油资源、维护民族利益而组成的国际专业性组织。1960年9月,由伊朗、伊拉克、科威特、沙特阿拉伯和委内瑞拉的代表在巴格达开会,决定联合起来共同对付西方石油公司,维护石油收入,五国宣告成立石油输出国组织,简称"欧佩克"。欧佩克总部设在维也纳。成员国由最初5个增加到现在的13个,即伊朗、伊拉克、科威特、沙特阿拉伯、委内瑞拉、卡塔尔、利比亚、阿尔及利亚、阿拉伯联合酋长国、尼日利亚、厄瓜多尔(1973年加入,1992年退出,2007年再加入)、安哥拉和加蓬(1975年加入,1995年退出,2016年7月1日重新加入)。印度尼西亚1962年加入,2008年退出,

2015年12月重新加入,2016年11月30日再次退出。现在,欧佩克的宗旨是在通过消除有害的、不必要的价格波动,确保国际市场上石油价格的稳定,保证各成员国在任何情况下都能获得稳定的石油收入,并为石油消费国提供足够、经济、长期的石油供应。

7. G20

二十国集团(Group of 20, G20)是一个国际经济合作论坛。G20成员包括19个单一成员国和作为同一个实体的经济集团,即欧盟。它们代表着全球85%的GNP、80%的贸易和三分之二的人口。成员包括:原八国集团成员国美国、日本、德国、法国、英国、意大利、加拿大、俄罗斯,以及中国、阿根廷、澳大利亚、巴西、印度、印度尼西亚、墨西哥、沙特阿拉伯、南非、韩国、土耳其和作为一个实体的欧盟。二十国集团是国际货币基金组织和世界银行框架内非正式对话的一种新机制,旨在推动国际金融体制改革以及发达国家和新兴市场国家之间就实质性问题进行讨论和研究,以寻求合作并促进世界经济的稳定和持续增长。2016年9月4—5日,二十国集团(G20)领导人第十一次峰会在中国杭州举行,这是中国首次举办首脑峰会。

8. 金砖国家

"金砖国家"(BRICS),是指巴西(Brazil)、俄罗斯(Russia)、印度(India)、中国(China)和南非(South Africa),因这五个国家的英文名称首字母组合而成的"BRICS"一词的发音与英文中的"bricks"(砖块)非常相似,故被称为"金砖国家"。

2001年,美国高盛公司首席经济师吉姆·奥尼尔(Jim O'Neill)首次提出"金砖四国"(BRICKs)这一概念,特指新兴市场国家。2008年—2009年,相关国家举行系列会谈和建立峰会机制,拓展为国际政治实体。2010年南非(South Africa)加入后,其英文单词变为"BRICS",并改称为"金砖国家"。金砖国家的标志是用五国国旗的代表颜色做条状围成的圆形,象征着"金砖国家"的合作、团结。2015年1月1日,俄罗斯开始担任金砖国家机制轮值主席国。俄总统普京表示,要利用主席国身份进一步

图 2.3-6 金砖国家标志

提高金砖国家在世界范围的影响力。2016年2月15日,印度正式接任金砖国家轮值主席国,任期持续到12月31日。2017年1月1日,中国正式接任金砖国家轮值主席国。中国国家主席习近平对2017年9月在福建厦门举办的金砖国家领导人第九次会晤提出四点期待:深化务实合作,促进共同发展;加强全球治理,共同应对挑战;开展人文交流,夯实民意基础;推进机制建设,构建更广泛伙伴关系。

"金砖国家"走到一起是国际关系发展的客观要求。"金砖国家"的发展导致世界经济增长点多元化,"金砖国家"在改革和完善全球经济治理方面有相同的关切和主张,加强协调、携手合作是大势所趋,也成为21世纪以来国际关系的新特点。

人与环境

一、环境问题 触目惊心

产业革命以后环境问题日趋突出，人与自然的矛盾日益尖锐。污染范围不断扩大，甚至"全球化"，危害更加严重；生态环境破坏，造成各种资源稀缺甚至枯竭，区域性生态平衡失调。

（一）发展隐患——环境问题

人类向环境索取资源的速度超过资源再生的速度，或者向环境排放废弃物的速度和数量超过其自净能力时，就产生环境问题。环境问题有两大类：一类是自然演变和自然灾害引起的原生环境问题，如地震、洪涝、干旱、台风、崩塌、滑坡、泥石流等；一类是人类活动引起的次生环境问题。次生环境问题一般又分为环境污染和生态破坏两大类。环境污染由人类过量排放废弃物和有害物质造成，包括水污染、大气污染、固体废弃物污染、噪声污染、光污染、放射性污染等。生态破坏是人类不合理开发、利用自然资源和兴建工程项目而引起的，包括水土流失、土地荒漠化、臭氧层空洞、全球变暖、生物多样性减少等。

发达国家工业化所走过的"先污染，后治理"道路的教训是惨痛的。这种经济增长既没有考虑资源的长远价值，也没有充分考虑污染给社会造成的实际代价，其结果是造成资源的快速耗竭和生态系统不可逆转的破坏，在全球范围内相继造成了严重的环境问题。从世界八大著名公害事件中，可以对环境污染的危害略见一斑。

表 3.1-1 世界八大公害事件

事件	时间、地点	原因	后果
马斯河谷烟雾事件	1930年比利时	在逆温和大雾作用下，马斯河谷工业区内工厂排放的大量烟雾弥漫在河谷上空无法扩散。	上千人发生胸疼、咳嗽、流泪、咽痛、呼吸困难等，一周内60多人死亡。是20世纪最早记录的大气污染事件。
洛杉矶光化学烟雾事件	1943年美国	汽车排放大量的尾气，在紫外线照射下产生剧毒的光化学烟雾。	大量居民出现眼睛红肿、流泪、喉痛等症状。是世界上最早的光化学烟雾事件。

续表

事　件	时间、地点	原　因	后　果
多诺拉烟雾事件	1948年10月美国宾夕法尼亚州	被逆温层笼罩,持续雾天,硫酸厂、钢铁厂、炼锌厂排放的烟雾蓄积深谷中扩散不开。	5 900多人因空气污染而患病,17人死亡,患者人数占全城的43%。症状主要是胸闷、呕吐、腹泻、眼痛、喉痛、流鼻涕、干咳、头痛等。
伦敦烟雾事件	1952年英国	逆温层,大量燃煤排放的烟尘、一氧化碳、二氧化硫在浓雾下积聚不散,形成剧毒烟雾。	头两个星期死亡4 000人,以后的两个月内又有8 000多人死亡,轰动整个世界。被公认是20世纪重大环境灾害事件之一。该事件推动了英国环境保护立法的进程。
四日市哮喘病事件	1961年日本东海岸伊势湾	石油化工和工业燃烧重油排放的废气严重污染大气。	患者中慢性支气管炎占25%,哮喘病患者占30%,肺气肿等占15%。
水俣病事件	1953—1956年日本熊本县水俣市	化工厂排放含汞废水,甲基汞在鱼、虾、贝类等水生生物富集,被人食用。	大量居民出现口齿不清、面部发呆、手脚发抖、神经失常、全身弯曲的现象,悲惨死去。
富山痛痛病事件	1955—1972年日本富山县神通川	河岸的锌、铅冶炼厂等排放的含镉废水污染了水体,使稻米含镉。	1972年患病者达258人,死亡128人。到1977年12月又死亡79例。
爱知米糠油事件	1968年日本北九州市爱知县	食用油厂使用多氯联苯作脱臭工艺中的热载体生产米糠油时,混进米糠油。	受害者超过10 000人,16人死亡。

环境问题是伴随人口问题、资源问题和发展问题而出现的,四者之间是相互联系、相互制约的。

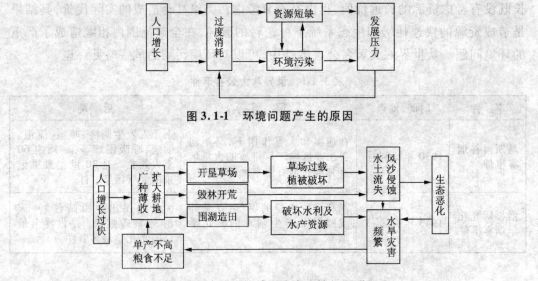

图3.1-1　环境问题产生的原因

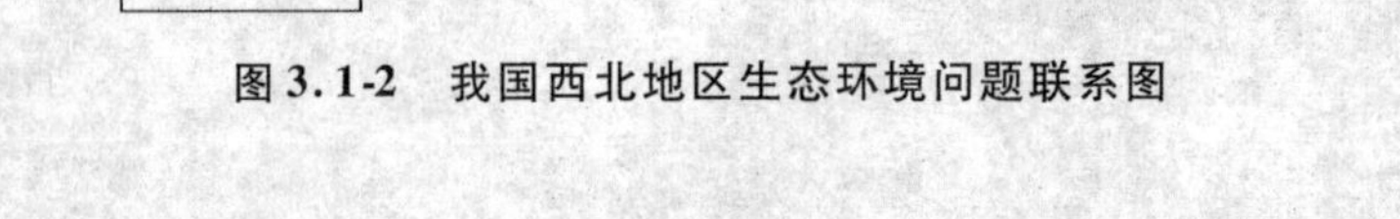

图3.1-2　我国西北地区生态环境问题联系图

（二）地球"发烧"——全球变暖

100多年来,全球平均气温经历了冷—暖—冷—暖两次波动,总的表现为上升趋势。进入20世纪80年代后,全球气温明显上升。1981—1990年,全球平均气温比100年前上升了0.48℃。进入21世纪以来,各地的高温纪录经常被打破:2003年8月11日,瑞士格罗诺镇录得摄氏41.5℃,打破了139年来的纪录。2004年7月,广州的罕见高温打破了53年来的纪录。2005年7月,美国有200个城市都创下历史性高温纪录。2006年8月16日,重庆最高气温高达43℃。

全球变暖的原因很多,最主要有以下两点。

(1) 人类活动排放大量温室气体。温室效应气体主要有水蒸气、CO_2、CH_4、N_2O、O_3、CFC等,其中,CO_2、CH_4和N_2O这三种主要温室气体所起的作用,在所有温室气体中所占比例高达88%。由于这些温室气体对来自太阳辐射的可见光具有高度的透过性,而对地球反射出来的长波辐射具有高度的吸收性,也就是常说的"温室效应",导致全球气候变暖。人类活动导致CO_2浓度上升,主要来自矿物燃料燃烧等人工排放。美国国家海洋及大气管理局公布的2005年大气监测数据显示,2005年大气中CO_2浓度创造了新的最高纪录,达到了381ppm(ppm表示每百万个空气分子中CO_2分子的数量)。据专家研究,过去40万年间,CO_2在大气中的浓度约为180—280ppm,但从工业革命后,CO_2浓度不断上升。

(2) 森林草原等植被的大面积消失,地表水域面积的减少,使地球逐渐失去CO_2储备库,进一步提高了大气中CO_2的浓度。

全球气候变暖的后果极其严重。根据气候模型预测,到2100年为止,全球气温估计将上升大约1.4℃—5.8℃,由此导致以下一系列问题。

(1) 气候变暖,冰川消融,海平面将升高,引起海岸滩涂湿地、红树林和珊瑚礁等生态群丧失,海岸侵蚀,咸水倒灌,沿海土地盐渍化等,造成海岸、河口、海湾自然生态环境失衡。

(2) 气候变暖,水分蒸发增加,引发区域甚至全球的降水过程再分配,导致暴雨、干旱、厄尔尼诺、拉尼娜、沙尘暴、台风等极端天气发生的频率和强度与日俱增,水灾、旱灾、森林草原火灾等变得越来越频繁。

(3) 气候变暖可能会使南极半岛和北冰洋的冰雪融化,北极熊和海象的生存环境将日趋恶劣。大洋中的小岛将遭受灭顶之灾,一大批岛国如马尔代夫、瑙鲁等将彻底消失,大一些的岛国,如日本面积将压缩至只有原来小半的山地,印尼会失去大约2 000座小岛。中国这样的大国虽然缓冲较大,但也不容乐观。长三角、珠三角、京津塘等目前经济发达的地区将可能沉没在汪洋大海之中。

(4) 气候变暖还导致生态系统和农业向极地迁移,使目前富庶的中纬地区成为不毛之地,全球生物多样性降低,世界政治经济格局将面临"洗牌"。

(5) 气候变暖还将导致病虫害增多,各种传染病借助昆虫传播的概率增大,并且有向高纬传播的趋势,更多的人口面临疾病的威胁。

为阻止全球变暖趋势,1992 年联合国专门制定了《联合国气候变化框架公约》,该公约于同年在巴西城市里约热内卢签署生效。依据该公约,发达国家同意在 2000 年之前将他们释放到大气层的二氧化碳及其他"温室气体"的排放量降至 1990 年时的水平。1997 年 12 月,《联合国气候变化框架公约》第 3 次缔约方大会在日本京都召开。149 个国家和地区的代表通过了旨在限制发达国家温室气体排放量以抑制全球变暖的《京都议定书》。《京都议定书》规定,到 2010 年,主要发达国家二氧化碳等 6 种温室气体的排放量,要比 1990 年减少 5.2%。

图 3.1-3 《京都议定书》有关信息

(图片来源:http://news.xinhuanet.com/ziliao/2002-09/03/content-548525.htm)

2007 年 3 月,欧盟各成员国领导人一致同意,单方面承诺到 2020 年将欧盟温室气体排放量在 1990 年的基础上至少减少 20%。2008 年 7 月 8 日,八国集团领导人在八国集团首脑会议上就温室气体长期减排目标达成一致,寻求与《联合国气候变化框架公约》其他缔约国共同实现到 2050 年将全球温室气体排放量减少至少一半的长期目标。

2009 年 12 月 7 日—18 日第 15 次缔约方会议暨《京都议定书》第 5 次缔约方会议在丹麦首都哥本哈根召开,这一会议也被称为哥本哈根联合国气候变化大会。12

月7日起，192个国家的环境部长和其他官员们在哥本哈根召开联合国气候会议，商讨《京都议定书》一期承诺到期后的后续方案，就未来应对气候变化的全球行动签署新的协议。这是继《京都议定书》后又一具有划时代意义的全球气候协议书，毫无疑问地对地球今后的气候变化走向产生决定性的影响。

第21届联合国气候变化大会全称是"《联合国气候变化框架公约》第21次缔约方大会暨《京都议定书》第11次缔约方大会"，大会于2015年11月30日至12月11日在法国巴黎北郊的布尔歇展览中心举行。有184个国家提交了应对气候变化的"国家自主贡献"文件，涵盖全球碳排放量的97.9%，超过150个国家元首和政府首脑参加了本次气候大会的开幕式。2015年12月12日，《联合国气候变化框架公约》近200个缔约方一致同意通过《巴黎协定》，协定将为2020年后全球应对气候变化行动做出安排。

《巴黎协定》指出，各方将加强对气候变化威胁的全球应对，把全球平均气温较工业化前水平升高控制在2摄氏度之内，并为把升温控制在1.5摄氏度之内而努力。全球将尽快实现温室气体排放达峰，21世纪下半叶实现温室气体净零排放。

根据协定，各方将以"自主贡献"的方式参与全球应对气候变化行动。发达国家将继续带头减排，并加强对发展中国家的资金、技术和能力建设支持，帮助后者减缓和适应气候变化。

从2023年开始，每5年将对全球行动总体进展进行一次盘点，以帮助各国提高力度、加强国际合作，实现全球应对气候变化的长期目标。

（三）腐蚀人地——酸雨污染

被大气中存在的酸性气体污染，pH小于5.65的降水叫酸雨。绝大多数的煤含杂质硫，在燃烧中将排放二氧化硫；各种机动车排放的尾气含有各种氮氧化物，它们在高空中为雨雪冲刷、溶解，雨逐渐变酸，形成了酸雨。酸雨因酸性气体不同而分为硫酸型酸雨和硝酸型酸雨。燃煤较多的地区偏硫酸型，而石油使用较多的地区酸雨则多为硝酸型。

当前，酸雨主要分布在工业较为集中的北美、欧洲和中国南方。美国的酸雨分布是自西向东逐渐加重，原因是东部经济发达，工业区密集。欧洲的酸雨主要发生在北欧诸国。中国的酸雨区包括西南酸雨区、华中酸雨区及华东沿海酸雨区。中国能源消费以煤炭为主，酸雨主要是硫酸型，但随着机动车数量的增加，部分地区的酸雨变为硫酸硝酸复合型。

酸雨直接危害各种植物，使大片森林死亡，农作物枯萎；使土壤贫瘠化；使湖泊、河流酸化，并溶解土壤和水体底泥中的重金属进入水中，毒害鱼类。酸雨还加速建筑物和文物古迹的腐蚀和风化过程。酸雨对人眼、咽喉和皮肤的刺激，会引起结膜炎、咽喉炎、皮炎等病症。酸雨经过食物链进入人体，影响人类健康。

图 3.1-4　酸雨形成机制
（图片来源：http://ce.sysu.edu.cn/hope/Environment/Show-Article.asp? Article ID=2099）

世界上酸雨最严重的欧洲和北美许多国家在遭受多年酸雨危害之后，终于认识到大气无国界，防治酸雨是一个国际性的问题，必须共同采取对策。目前，世界上减少酸性气体排放量的主要措施有：（1）优先使用低硫燃料，如含硫较低的低硫煤和天然气等。（2）原煤脱硫技术，可以除去燃煤中大约40%—60%的无机硫。（3）改进燃煤技术，减少燃煤过程中二氧化硫和氮氧化物的排放量。（4）对煤燃烧后形成的烟气在排放到大气中之前进行烟气脱硫。（5）开发新能源，如太阳能、风能、核能、可燃冰等。

（四）地球开"天窗"——臭氧层破坏

在地球大气层表面15—25千米的高空，形成包围在地球外围空间的臭氧层。臭氧层能吸收太阳光中波长300μm以下的紫外线，只有长波紫外线UV-A和少量中波紫外线UV-B能够到达地面，长波紫外线对生物细胞的伤害要比中波紫外线轻微得多。所以，臭氧层就成为地球的一道天然屏障，使地球上的生命免遭强烈的紫外线伤害。

然而,现在地球上的臭氧层正在遭到破坏。1984年,英国科学家首次发现南极上空出现臭氧空洞。1985年,美国的"雨云-7号"气象卫星测到了这个臭氧洞。以后经过数年的连续观测,进一步得到证实。近年来,南极上空的臭氧洞有恶化的趋势,而且在北极上空也出现了臭氧减少现象。

对于大气臭氧层破坏的原因有多种见解,但大多数学者认为,人类过多地使用氯氟烃类化学物质(CFCs)是破坏臭氧层的主要原因。氯氟烃是一种人造化学物质,1930年由美国杜邦公司投入生产,第二次世界大战以后,尤其是进入20世纪60年代以来开始大量使用,主要用作气溶胶、制冷剂、发泡剂、化工溶剂等。另外,哈龙类物质(用于灭火器)、氮氧化物也会造成臭氧层的损耗。

臭氧层被大量损耗后,吸收紫外辐射的能力大大减弱,给人类健康和生态环境带来多方面危害,目前受到人们普遍关注的主要有对人体健康、陆生植物、水生生态系统、材料及对流层大气组成和空气质量等方面的影响。

(1)对人体健康的影响:阳光紫外线UV-B的增加对人类健康产生严重的危害。潜在的危险包括引发和加剧眼部疾病、皮肤癌和传染性疾病。已有研究表明,长期暴露于强紫外线的辐射下,会导致细胞内的DNA改变,人体免疫系统的机能减退,人体抵抗疾病的能力下降,使大量疾病的发病率和严重程度都会增加,尤其是麻疹、水痘、疱疹等病毒性疾病,疟疾等通过皮肤传染的寄生虫病,肺结核和麻风病等细菌感染及真菌感染疾病等。

(2)对陆生植物的影响:在已经研究过的植物品种中,超过50%的植物有来自

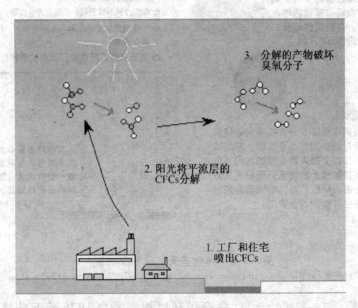

图3.1-5 臭氧层破坏的原因

(图片来源:http://www.epd.gov.hk/epd/tc_chi/environmentinhk/air/ozone-layer_protection/wn6_info_olp_ue_c.html)

UV-B 的负影响,比如豆类、瓜类等作物的质量会下降;UV-B 带来的间接影响有植物形态的改变,植物各部位生物质的分配,各发育阶段的时间及二级新陈代谢等的破坏等。

(3) 对水生生态系统的影响:世界上 30% 以上的动物蛋白质来自海洋。海洋浮游植物的吸收是去除大气中二氧化碳的一个重要途径,它们对未来大气中二氧化碳浓度的变化趋势起着决定性作用。据一项科学研究结果,如果平流层臭氧减少 25%,浮游生物的初级生产力将下降 10%,这将导致水面附近的生物减少 35%。研究发现,阳光中的 UV-B 辐射对鱼、虾、蟹、两栖动物和其他动物的早期发育阶段都有危害作用。最严重的影响是繁殖力下降和幼体发育不全。

(4) 对材料的影响:阳光紫外线辐射的增加会加速建筑、喷涂、包装及电线电缆等材料,尤其是高分子材料的降解和老化变质。特别是在高温和阳光充足的热带地区,这种破坏作用更为严重。由于这一破坏造成的损失估计全球每年达数十亿美元。

图 3.1-6　拯救蓝天　保护臭氧层
(图片来源:http://news.xinhuanet.com/ziliao/2003-07/01/content-947725-1.htm)

保护臭氧层,刻不容缓。为此,联合国环境规划署自 1976 年起陆续召开各种国际会议,通过了一系列保护臭氧层的决议。1985 年制定了《保护臭氧层维也纳公约》,确定了国际合作保护臭氧层的原则;1987 年制定了《关于消耗臭氧层物质的蒙特利尔议定书》,规定发达国家在1996年1月1日前停止生产和使用CFCs制冷剂,其他所有国家都要在2010年1月1日前停止生产和使用CFCs制冷剂,现有设备和新设备都要改用无CFC制冷剂。中国政府于1989年和1991年分别签订了《保护臭氧层维也纳公约》和《关于消耗臭氧层物质的蒙特利尔议定书》,成为缔约国。1993年1月,国务院批准出台了《中国逐步淘汰消耗臭氧层物质国家方案》(简称《国家方案》)。按照有关条款,中国已从1999年7月1日起冻结了CFCs制冷剂的生产和消费,在此基础上逐步消减,并将在2010年1月1日前完全淘汰CFCs制冷剂。《蒙特利尔议定书》缔约方大会每年召开一次。1999年11月,第11次《蒙特利尔议定书》缔约方大会在我国首都北京召开,共有212个国家和地区的近千人参加。

(五) 寂静的春天——生物多样性减少

生物多样性是指一定范围内多种多样活的有机体(动物、植物、微生物)有规律地结合所构成稳定的生态综合体。目前,大家公认的生物多样性有三个主要层次,即物种多样性、基因多样性(或称遗传多样性)和生态系统多样性。

对于人类来说,生物多样性具有直接使用价值、间接使用价值和潜在使用价值。(1)直接使用价值:生物为人类提供食物、纤维、建筑和家具材料及其他工业原料。生物多样性还有美学价值,可以陶冶人们的情操,美化人们的生活。(2)间接使用价值:是指生物多样性具有重要的生态功能。无论哪一种生态系统,野生生物都是其中不可缺少的组成成分。野生生物一旦减少了,生态系统的稳定性就要遭到破坏,人类的生存环境也就要受到影响。(3)潜在使用价值:就药用来说,发展中国家人口的80%依赖植物或动物提供的传统药物,以保证基本的健康,西方医药中使用的药物有40%含有最初在野生植物中发现的物质。野生生物种类繁多,人类已经做过比较充分研究的只是极少数,大量野生生物的使用价值目前还不清楚。但是可以肯定,这些野生生物具有巨大的潜在使用价值。

然而,生物多样性正在受到威胁。目前,世界上的生物物种正在以每天几十种的速度消失。造成生物多样性锐减的原因有以下几点。

(1)人口迅猛增加:必须扩大耕地面积,满足吃饭需求;同时为了发展经济,扩大城镇面积,对自然生态系统及生存其中的生物物种产生了最直接的威胁。

(2)掠夺式的过度开发:许多生物资源对人类具有直接的经济价值,而当商业市场对某种野生生物资源有较大需求时,通常会导致过度开发。其中偷猎、滥挖、走私野生动物行为对生物的多样性威胁最严重。我国许多药用植物,如人参、天麻、砂仁、七叶一枝花、黄草、罗汉果等,野生的植株都已经很有限了,如果仍不加限制必然导致灭绝。

图 3.1-7　中国生物多样性情况

（图片来源：http：//news.xinhuanet.com/ziliao/2003-07/01/content-947945-1.htm）

（3）生境的破碎化：生物多样性减少最重要的原因是生态系统在自然或人为干扰下偏离自然状态，生境破碎，生物失去家园。有专家对造成生态系统退化和生物多样性减少的人类活动进行过排序：过度开发（含直接破坏和环境污染等）占35%，毁林占30%，农业活动占28%，过度收获薪材占6%，生物工业占1%。其中前三项人类活动占93%，而这些破坏最直观的结果是造成了物种生境破碎化，栖息地环境岛屿化。

（4）外来物种入侵：由于任何地区生态平衡和生物多样性是经过几十亿年演化的结果，生物的入侵会扰乱生态平衡，这种平衡一旦被打乱，就会失去控制而造成危害。人们最初引进物种时，仅是进入了原产地生态系统的一个组分，食物网中的一些天敌或者它所控制的物种是没有办法引进的。一旦控制不好泛滥成灾就不可避免，而成灾的一个直接后果是对于当地的生态多样性造成危害，甚至是灭顶之灾。例如水葫芦、食人鲳等。

物种一旦消失，就永不再生。消失的物种不仅会使人类失去一种自然资源，还会通过食物链引起其他物种的消失。如今，人类都在呼吁保护生物多样性，并为之付诸行动。1992年6月1日，由联合国环境规划署发起的政府间谈判委员会第七次会议在肯尼亚首都内罗毕通过了《生物多样性公约》，这是一项保护地球生物资源的国际性公约,于 1993 年 12 月 29 日正式生效。联合国《生物多样性公约》缔约国大会是全球履行该公约的最高决策机构,常设秘书处在加拿大的蒙特利尔。中国于 1992 年 6 月 11 日签署该公约。

二、自然灾害　损失惨重

一切对自然生态环境、人类社会的物质和精神文明建设,尤其是人们的生命财产等造成危害的事件,称为灾害。通常把以自然变异为主因的灾害称之为自然灾害。自然灾害是人与自然矛盾的一种表现形式,通常是突发的、剧烈的,破坏力极大,是人类过去、现在和将来所面对的最严峻的挑战之一。

(一) 强力气旋——台风

1. 台风的形成与结构

台风是生成于热带或副热带洋面上的强烈的气旋,是一种严重的灾害性天气系统。台风形成的地点包括:西北太平洋(26%)、西南太平洋(9%)、东北太平洋(16%)和南印度洋(17%)、北大西洋(9%)、北印度洋(5%)地区。东南太平洋没有台风生成,南大西洋很少有台风生成。在北太平洋西部、国际日期变更线以西,包括中国南海范围内发生的热带气旋称为台风,在大西洋或北太平洋东部的热带气旋则称飓风。发生在印度洋东南部侵袭大洋洲的台风,当地人称"畏来畏来"。这名称给人印象是"畏惧它的到来",也有人译为"威力威力"。台风形成于夏秋两季,尤其是晚夏至初秋。

台风的形成必须具备一些特有的条件:一是要有广阔的高温、高湿大气。台风只能形成于海温高于 26℃—27℃ 的暖洋面上,而海洋 8 月温度最高,所以秋季生成的台风数量要远远高于夏季。二是要有合适的流场。低层大气向中心辐合、高层向外扩散的初始扰动,而且高层辐散必须超过低层辐合,才能维持足够的上升气流,低层扰动才能不断加强。三是气流垂直切变要小,才能使初始扰动中水汽凝结所释放的潜热能集中保存在台风眼区的空气柱中,形成并加强台风暖中心结构。四是有适宜的纬度,产生地转偏向力的地方使辐合气流演变为水平漩涡,加强气旋性环流。地转偏向力在赤道附近接近于零,向南北两极增大,台风基本发生在大约离赤道 5 个纬度以上的洋面上。

台风内各种气象要素和天气现象的水平分布可以分为外圈(外围区)、中圈(云墙区)和内圈(台风眼)三个区域;铅直方向可以分为低空流入层、高空流出层和中间上升气流层三个层次。

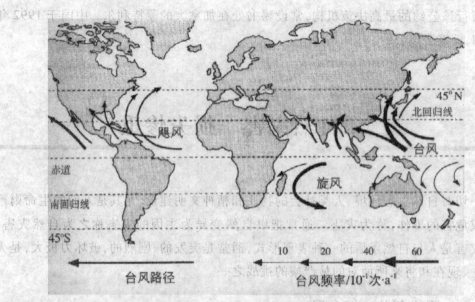

图 3.2-1　全球台风路径分布图

台风中最大风速发生在中圈的内侧,最大暴雨发生在中圈,所以中圈是最容易形成灾害的狂风暴雨区。而内圈即台风眼往往风小天晴。台风眼半径约为 10—70 千米,平均约 25 千米。中圈的潜热释放增温和台风眼的下沉增温,使台风成为一个暖心的低压系统。

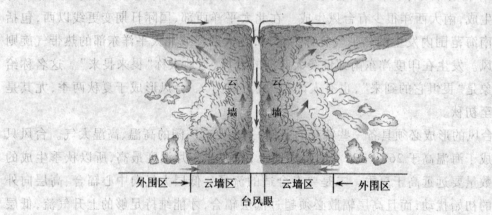

图 3.2-2　台风的结构

2. 台风的命名与路径

台风形成后,就需要进行分级和命名。国际上以底层其中心附近的最大风速和风力来确定强度并进行分类。

表 3.2-1　台风的分级

类　型	底层中心附近最大平均风速和风力
超强台风（SuperTY）	大于 51.0 米/秒，即 16 级或以上
强台风（STY）	41.5—50.9 米/秒，即 14—15 级
台风（TY）	32.7—41.4 米/秒，即 12—13 级
强热带风暴（STS）	24.5—32.6 米/秒，即 10—11 级
热带风暴（TS）	17.2—24.4 米/秒，即 8—9 级
热带低压（TD）	10.8—17.1 米/秒，即 6—7 级

我国从 1959 年起开始对每年发生或进入赤道以北、180 度经线以西的太平洋和南海海域，近中心最大风力大于或等于 8 级的热带气旋按出现的先后顺序进行编号。编号由四位数码组成，前两位表示年份，后两位是当年风暴级以上热带气旋的序号，如 20 世纪影响江苏最严重的是 1997 年的第 11 号强台风，其编号为 9711。1997 年在香港举行的世界气象组织（简称 WMO）台风委员会第 30 次会议决定，西北太平洋和南海的热带气旋采用具有亚洲风格的名字命名，并决定从 2000 年 1 月 1 日起开始使用新的命名方法。新的命名方法是事先制定一个命名表，然后按顺序年复一年地循环重复使用。命名表共有 140 个名字，分别由 WMO 所属的亚太地区的柬埔寨、中国、朝鲜、中国香港、日本、老挝、中国澳门、马来西亚、密克罗尼西亚、菲律宾、韩国、泰国、美国及越南等 14 个成员国和地区提供。编号中前两位为年份，后两位为热带风暴在该年生成的顺序。一般情况下，事先制定的命名表按顺序年复一年地循环重复使用，但当某个台风造成了特别重大的灾害或人员伤亡，台风委员会成员可申请将其使用的名称从命名表中删去，也就是将这个名称永远命名给这次热带气旋。当某个台风的名称被删除时，须再进行增补。目前被除名的台风有：0601"珍珠"（Chanchu），0604"碧利斯"（Bilis），0908"莫拉克"（Morakot），1011"凡亚比"（Fanapi），1121"天鹰"（Washi），1224"宝霞"（Bopha），1621"莎莉嘉（Sarika），1626"洛坦"（Nack-ten），等等。

绝大多数台风自东向西移动。由于副高的形状、位置、强度变化及其他因素的影响，台风移动路径并非规律一致而变得多种多样。以北太平洋西部地区台风为例，其移动路径大体有三条。

① 西移路径：自菲律宾以东一直向西移动，经过南海最后在中国海南岛或越南北部地区登陆。

② 西北路径：向西北方向移动，穿过中国台湾海峡，在中国广东、福建、浙江沿海登陆，并逐渐减弱为热带低压。这类台风对中国的影响最大。

③ 转向路径：先向西北方向移动，当接近中国东部沿海地区时，不登陆而转向东北，向日本附近转去，路径呈抛物线形状，最终大多变性为温带气旋。

此外，还有个别台风因当时特殊的环流形势，而左右摆动或打转，甚至逆行或是在中高纬（如我国山东、辽宁、河北，日本关东等地）正面登陆。如发生在 2001 年的台风"百合",其移动路径就是一种特殊路径,生成以后,就像一条蛇缓慢地在中国台湾的北部海面原地转了一圈半后,在台湾宜兰附近登陆,肆虐了 44 个小时又窜到中国台湾海峡,最后在潮阳、惠来再次登陆,给当地带来了严重的灾害和极大的损失。其怪异路径给人们留下了深刻的印象。

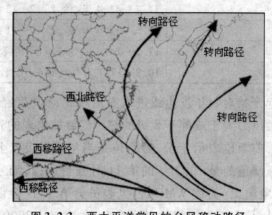

图 3.2-3　西太平洋常见的台风移动路径
(图片来源:http://www.fs121.com/channele/topic/typhoon/typhoon06.html)

3. 台风的危害与预警

台风是一种破坏力很强的灾害性天气系统,其危害性主要有三个方面。

① 狂风。台风中心附近最大风力一般为 8 级以上,能以摧枯拉朽之势破坏所经之处的植物、建筑物等。

② 暴雨。台风是最强的暴雨天气系统之一,在台风经过的地区,一般能产生 150—300 毫米降雨,少数台风能产生 1 000 毫米以上的特大暴雨。1975 年第 3 号台风在淮河上游产生的特大暴雨,创造了中国大陆地区暴雨的极值,泌阳县林庄 6 小时降雨量达 830 毫米,形成了著名的河南"75·8"大洪水。

③ 风暴潮。1959 年 9 月 26 日,日本伊势湾的名古屋地区,遭受了日本历史上最严重的风暴潮灾害。最大风暴增水曾达 3.45 米,最高潮位达 5.81 米,造成了 5 180 人死亡,伤亡合计 7 万余人,受灾人口达 150 万。1970 年 11 月 13 日,在孟加拉湾沿岸发生了一次震惊世界的热带气旋风暴潮灾害,夺去了恒河三角洲 30 万人的生命,100 多万人无家可归。

台风给登陆地区带来暴风雨等灾害,但也有一定的好处。据统计,包括我国在内的东南亚各国和美国,台风降雨量占这些地区总降雨量的四分之一以上,在我国尤其对缓解江南地区的伏旱起到一定作用;此外台风把热带地区的热量带到高纬度地区,对于调剂地球热量、维持热平衡也是功不可没的。

加强台风的监测和预报,是减轻台风灾害的重要措施。对台风的监测主要是利用气象卫星。当台风到达近海时,还可用雷达监测台风动向,及时发布台风预报、台风警报或紧急警报。

台风预警信号分四级,分别以蓝色、黄色、橙色、红色表示。

表 3.2-2　台风预警信号

等级	标准	防御指南
台风蓝色预警信号	24小时内可能或已经受热带气旋影响,沿海或陆地平均风力达6级以上,或阵风8级以上并可能持续。	1. 政府及相关部门按职责做好防台风准备工作。 2. 停止露天集体活动和高空等户外危险作业。 3. 相关水域水上作业和过往船舶采取积极的应对措施,如回港避风或者绕道航行等。 4. 加固门窗、围板、棚架、广告牌等易被风吹动的搭建物,切断危险的室外电源。
台风黄色预警信号	24小时内可能或已经受热带气旋影响,沿海或陆地平均风力达8级以上,或阵风10级以上并可能持续。	1. 政府及相关部门按职责做好防台风应急准备工作。 2. 停止室内外大型集会和高空等户外危险作业。 3. 相关水域水上作业和过往船舶采取积极的应对措施,加固港口设施,防止船舶走锚、搁浅和碰撞。 4. 加固或者拆除易被风吹动的搭建物,人员切勿随意外出,确保老人、小孩留在家中最安全的地方,危房人员及时转移。
台风橙色预警信号	12小时内可能或者已经受热带气旋影响,沿海或者陆地平均风力达10级以上,或者阵风12级以上并可能持续。	1. 政府及相关部门按职责做好防台风抢险应急工作。 2. 停止室内外大型集会、停课、停业(除特殊行业外)。 3. 相关水域水上作业和过往船舶应当回港避风,加固港口设施,防止船舶走锚、搁浅和碰撞。 4. 加固或者拆除易被风吹动的搭建物,人员应当尽可能待在防风安全的地方,当台风中心经过时风力会减小或者静止一段时间,切记强风将会突然吹袭,应当继续留在安全处避风,危房人员及时转移。 5. 相关地区应当注意防范强降水可能引发的山洪、地质灾害。
台风红色预警信号	6小时内可能或者已经受热带气旋影响,沿海或者陆地平均风力达12级以上,或者阵风达14级以上并可能持续。	1. 政府及相关部门按职责做好防台风应急和抢险工作。 2. 停止集会、停课、停业(除特殊行业外)。 3. 回港避风的船舶要视情况采取积极措施,妥善安排人员留守或者转移到安全地带。 4. 加固或者拆除易被风吹动的搭建物,人员应当待在防风安全的地方,当台风中心经过时风力会减小或者静止一段时间,切记强风将会突然吹袭,应当继续留在安全处避风,危房人员及时转移。 5. 相关地区应当注意防范强降水可能引发的山洪、地质灾害。

(二) 地动山摇——地震与火山

1. 地震

地震是地球内部介质,主要是地壳,局部发生急剧破裂产生的震波在一定范围内引起地面振动的现象。地震波发源的地方叫震源;震源在地面上的垂直投影,地面上离震源最近的一点称为震中,它是接受振动最早的部位;震中到震源的深度叫震源深度,通常将震源深度小于70千米的称浅源地震,深度在70—300千米的叫中源地震,大于300千米的叫深源地震;某地与震中的距离叫震中距。

地震所引起的地面振动是一种复杂的运动,是由纵波和横波共同作用的结果。

在震中区,纵波使地面上下颠动,横波使地面水平晃动。由于纵波传播速度较快,横波传播速度较慢,因此地震发生时,一般先上下晃动,然后再左右晃动。当某地发生一次较大地震时,在一段时间内,往往会发生一系列的地震,其中最大的一个地震叫主震,主震之前发生的地震叫前震,主震之后发生的地震叫余震。

震级是表征地震强弱的量度,以地震仪测定的每次地震活动释放的能量多少来确定。我国目前使用的震级标准是国际上通用的里氏分级表,共分9个等级。每一次地震只有一个震级。

表3.2-3 地震的类型

类型	小地震	有感地震	中强震	强震	巨大地震
震级	小于2.5级	2.5—4.5级	4.5—6级	大于6级	大于等于8级

地震烈度是衡量地震破坏程度的指标。影响烈度的因素有震级、震源深度、距震源的远近、地面状况和地层构造等。一般情况下,震级越大、震源越浅,烈度也越大。一般来讲,一次地震发生后,震中区的破坏最重,烈度最高,这个烈度称为震中烈度;从震中向四周地震烈度逐渐减小。中国目前采用1980年编订的地震烈度表,在中国地震烈度表上,对人的感觉、一般房屋震害程度和其他现象进行了描述,可以作为确定烈度的基本依据。

表3.2-4 中国地震烈度表

1度	无感:仅仪器能记录到。
2度	微有感:个别敏感的人在完全静止中有感。
3度	少有感:室内少数人在静止中有感,悬挂物轻微摆动。
4度	多有感:室内大多数人、室外少数人有感,悬挂物摆动,不稳器皿作响。
5度	惊醒:室外大多数人有感,家畜不宁,门窗作响,墙壁表面出现裂纹。
6度	惊慌:人站立不稳,家畜外逃,器皿翻落,简陋棚舍损坏,陡坎滑坡。
7度	房屋损坏:房屋轻微损坏,牌坊、烟囱损坏,地表出现裂缝及喷沙冒水。
8度	建筑物破坏:房屋多有损坏,少数破坏路基塌方,地下管道破裂。
9度	建筑物普遍破坏:房屋大多数破坏,少数倾倒,牌坊、烟囱等崩塌,铁轨弯曲。
10度	建筑物普遍摧毁:房屋倾倒,道路毁坏,山石大量崩塌,水面大浪扑岸。
11度	毁灭:房屋大量倒塌,路基堤岸大段崩毁,地表产生很大变化。
12度	山川易景:一切建筑物普遍毁坏,地形剧烈变化,动植物遭毁灭。

地震按成因分为6种。

(1) 构造地震。由于地下深处岩石破裂、错动,把长期积累起来的能量急剧释放出来。这类地震发生次数最多,破坏力也最大,约占全世界地震的90%以上。

(2) 火山地震。由于火山作用,如岩浆活动、气体爆炸等引起的地震,占全世界地震的7%左右。

（3）塌陷地震。由于地下岩洞或矿井顶部塌陷而引起的地震。这类地震规模较小，次数也少，往往发生在溶洞密布的石灰岩地区或大规模地下开采的矿区。

（4）诱发地震。由于水库蓄水、油田注水等活动而引发的地震。

（5）人工地震。地下核爆炸、炸药爆破等人为引起的地面振动。

地震的分布呈一定的带状，称地震带。全球有三大地震带：环太平洋地震带、地中海—喜马拉雅地震带和大洋中脊地震带。在环太平洋地震带和地中海—喜马拉雅地震带内发生约占全球85%的浅源地震、全部的中源地震和深源地震。其他地震带只有浅源地震，一般来说地震频度和强度均较弱。

图3.2-4　全球火山和地震带分布

（图片来源：http://hi.baidu.com/richardkang73/album/item/52e823ec25ed961f269791c6.html）

大地震破坏力极大，后果极其严重。主要表现为地面出现断层和地裂缝，能使局部地形改观，或隆起，或沉降；城乡房屋倒塌，道路破裂，铁轨扭曲，桥梁折断；由于地下管道破裂和电缆被切断，可造成停水、停电和通信受阻；煤气、有毒气体和放射性物质泄漏，可导致火灾和毒物、放射性污染等次生灾害。1906年4月18日美国旧金山地震，供水系统被破坏，大火持续三天三夜，市区化为灰烬；1923年9月1日日本关东地震，水管被破坏，大火持续三天两夜，横滨被烧光，东京烧掉三分之二；1964年日本新潟地震，行驶在浦佐至长冈间的新干线列车"朱鹮325"号出轨。

在山区，地震还能引起崩塌、滑坡和泥石流，掩埋村镇。崩塌的山石堵塞江河，在

图3.2-5　海啸在大陆架形成巨大波浪

（图片来源：http://zh.wikipedia.org/zh-cn/%E6%B5%B7%E5%95%B8）

上游形成堰塞湖。一般的堰塞体是不稳定的。一旦堰塞坝体决口,湖水倾泻而下,形成洪灾,其破坏程度不亚于地震本身。如1933年8月25日,四川省茂县叠溪镇发生7.5级地震,大规模的山崩和滑坡造成岷江及其支流十几处被堵塞,形成堰塞湖。地震后45天,在4.5级余震的触发下,一些小海子的溃决洪水涌入岷江干流上的大海子,加上岷江上游阴雨连绵,江水骤涨,洪水倾湖而出,造成下游死伤无数,仅都江堰市,遇难者就数以千计。

海底或者沿海地震还能引发海啸。海啸来袭之前,海潮先是突然退到离沙滩很远的地方,一段时间之后海水暴涨,波高骤增,可达20至30米,这种巨浪以摧枯拉朽之势,越过海岸线,迅猛地袭击港口所有设施、岸边的城市和村庄。2004年12月26日在印度尼西亚苏门答腊岛西北近海发生的地震引发海啸,海啸袭击斯里兰卡、印度、泰国、印度尼西亚、马来西亚、孟加拉国、马尔代夫、缅甸和非洲东岸等国家,造成30余万人丧生。

2. 火山

火山是地下深处的高温岩浆及其有关气体、碎屑从地壳中喷出而形成的、具有特殊形态的地貌。

火山的类型划分多种多样。根据火山的外形,可分为锥状火山、盾状火山和火山穹丘。

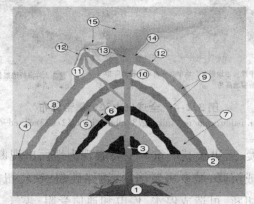

① 主岩浆库 ② 基岩 ③ 主熔岩通道 ④ 地面 ⑤ 侵入性火成岩脉 ⑥ 熔岩岔道 ⑦ 火山灰堆积层
⑧ 侧翼 ⑨ 熔岩堆积层 ⑩ 火山喉 ⑪ 寄生火山锥 ⑫ 熔岩流 ⑬ 喷发口 ⑭ 主火山口 ⑮ 火山灰云

图3.2-6　锥状火山剖面图
(图片来源:http://zh.wikipedia.org/zh-cn/%E7%81%AB%E5%B1%B1)

根据火山活动的情况,可分为3种。(1)活火山,是指现代尚在活动或周期性发生喷发活动的火山。这类火山正处于活动的旺盛时期。(2)死火山,是指史前曾发生过喷发,但有史以来一直未活动过的火山。此类火山已丧失了活动能力。有的火山仍保持着完整的火山形态,有的则已遭受风化侵蚀,只剩下残缺不全的火山遗迹。例如,我国山西大同火山群在方圆约123平方千米的范围内,分布着99个孤立的火山锥,其中狼窝山火山锥高将近1 900米。(3)休眠火山,是指有史以来曾经喷发过,但长期以来处于相对静止状态的火山。此类火山都保存有完好的火山锥形态,仍具有火山活动能力,或尚不能断定其已丧失火山活动能力。例如,我国白头山天池,曾于 1327 年和 1658 年两度喷发。目前虽没有喷发活动,但从山坡上一些深不可测的喷气孔中不断喷出高温气体,可见该火山目前正处于休眠状态。需要说明的是,这三类火山之间没有严格的界限,休眠火山可以复苏,死火山也可以"复活"。

根据火山喷发状况,可分为两种。(1)裂隙式喷发。岩浆沿着地壳上巨大的裂缝溢出地表,称为裂隙式喷发。这类喷发没有强烈的爆炸现象,喷出物多为碱性熔浆,冷凝后往往形成覆盖面积广的熔岩台地。现代裂隙式喷发主要分布在大洋底的洋中脊处,在大陆上只有冰岛可见到此类火山喷发,故又称为冰岛型火山。(2)中心式喷发。地下岩浆通过管状火山通道喷出地表,称为中心式喷发。这是现代火山活动的主要形式,又可细分为 3 种。

① 宁静式:火山喷发时,只有大量炽热的熔岩从火山口宁静溢出,顺着山坡缓缓流动。溢出的以基性岩浆为主,熔浆温度较高,黏度小,易流动,含气体较少,无爆炸现象,夏威夷诸火山为其代表,又称为夏威夷型。

② 爆烈式:火山爆发时,产生猛烈的爆炸,同时喷出大量的气体和火山碎屑物质,喷出的熔浆以中酸性岩浆为主。1568 年 6 月 25 日,西印度群岛的培雷火山爆发就属此类,也称培雷型。

③ 中间式:属于宁静式和爆烈式之间的过渡型。以中碱性熔岩喷发为主。若有爆炸,爆炸力也不大。可以连续几个月,甚至几年,长期平稳地喷发,并伴有间歇性的爆发。以地中海上的斯特龙博利火山为代表。该火山大约每隔 2—3 分钟喷发一次,夜间在 669 千米以外仍可见火山喷发的光焰,成为地中海上的"灯塔",故又称斯特龙博利式。

图 3.2-7 宁静式喷发——夏威夷基拉韦厄火山　　图 3.2-8 爆裂式喷发——菲律宾马荣火山

世界各地的火山大多分布在板块交界处。当板块互相推挤,密度较大的一边会下降到另一边下方,称作隐没,发生隐没的带状地区称隐没带或聚合性板块交界。地底的高温会将隐没的板块熔融,形成岩浆。岩浆借由浮力缓缓上升,最后聚集成为岩浆库,就是火山底部储存岩浆的场所。而当岩浆中的气体压力累积到一定程度时,火山就爆发了。世界火山带的分布与地震带大体一致,主要包括:环太平洋火山带(又称火环)、地中海—喜马拉雅火山带、大洋中脊火山带及东非大裂谷火山带。环太平洋火山带火山数目约占全世界的75%,且活动相当频繁。

火山爆发常常会给人类带来灭顶之灾。首先影响全球气候。火山爆发时喷出的大量火山灰和火山气体,导致昏暗的白昼和狂风暴雨,甚至泥浆雨,有时会困扰当地居民长达数月之久。火山灰和火山气体被喷到高空中,会随风散布很远,这些火山物质会遮住阳光,导致气温下降。其次破坏环境。火山爆发喷出的大量火山灰和暴雨结合形成火山泥流,能冲毁道路、桥梁,淹没附近的乡村和城市,使无数人无家可归。火山爆发还会形成地震和海啸,使更多的地区受灾。公元79年意大利维苏威火山爆发,大量的火山灰覆盖了邻近的庞贝城,导致庞贝城在历史上绝迹,到17世纪才被世人发现。

当然,火山对我们并非完全有害无益。首先,火山附近拥有丰富的地热资源。冰岛由于地处火山活动频繁地带,当地人很好地利用了这一资源,虽然目前开发的仅占7%,就已给当地带来了很多效益。其中,雷克雅未克周围的3座地热电站为15万冰岛人提供热水和电力,而整个冰岛85%的居民都通过地热取暖。其次,火山灰富含养分,能使土地更肥沃,因此,一些火山所在地往往是人烟稠密的地区。例如,日本富士山地区的桑树长得特别好,有利于养蚕业;意大利维苏威火山地区则盛产葡萄。再次,火山本身以及由其衍生的温泉,往往成为旅游资源。最后,火山活动还可以形成多种矿产,如硫黄矿、铁矿、铜矿、钻石矿等。

(三)高山深谷的咆哮——崩塌、滑坡、泥石流

1. 崩塌

崩塌(又称崩落、垮塌或塌方)是较陡斜坡上的岩、土体在重力作用下突然沿坡向下急剧倾倒、崩落,堆积在坡脚形成岩屑堆或倒石堆的地质现象。形成崩塌的内在条件有3种。

(1)岩土类型。岩性疏松、结构破碎的岩石容易发生崩塌。

(2)地质构造。坡体中的裂隙越发育、越易产生崩塌;与坡体延伸方向近乎平行的陡倾角构造面,最有利于崩塌的形成。

(3)地形地貌。坡度大于45度的高陡边坡、孤立山嘴或凹形陡坡均为崩塌形成的有利地形。

此外,一些其他因素,如冻胀、昼夜温度变化剧烈等也会诱发崩塌。

触发崩塌的外界因素很多,主要有4种。

(1)地震。地震引起坡体晃动,破坏坡体平衡,从而诱发坡体崩塌,一般烈度大于7度以上的地震都会诱发大量崩塌。

(2)融雪、降雨。暴雨和长时间的连续降雨,使地表水渗入坡体,软化岩土及其中软弱面,产生孔隙水压力等,从而诱发崩塌。

(3) 地表冲刷、浸泡。河流等地表水体不断地冲刷边脚，也能诱发崩塌。

(4) 不合理的人类活动。如开挖坡脚、地下采空、水库蓄水、泄水等改变坡体原始平衡状态的人类活动，都会诱发崩塌活动。

崩塌下落的大量石块、碎屑物或土体堆积在陡崖的坡脚或较开阔的山麓地带，形成倒石堆。倒石堆结构松散、杂乱、多孔隙、大小混杂无层理。倒石堆的形态和规模视崩塌陡崖的高度、陡度、坡麓基坡坡度的大小与倒石堆的发育程度而不同。基坡陡，在崩塌陡崖下多堆积成锥形倒石堆；基坡缓，多呈较开阔的扇形倒石堆。在深切峡谷区或大断层下，由于崩塌普遍分布，很多倒石堆彼此相接，沿陡崖坡麓形成带状倒石堆。

图 3.2-9　贵州铜仁坝黄镇木弄村老王沟山体崩塌

2．滑坡

滑坡是指斜坡上的土体或者岩体，在重力作用下，沿着一定的软弱面或者软弱带，整体地顺坡向下滑动的自然现象。产生滑坡的主要原因有以下 5 个方面。

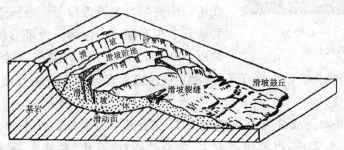

图 3.2-10　滑坡示意图

（图片来源：潘凤英，沙润，李久生．普通地貌学．测绘出版社．1989）

（1）岩土类型。一般说，各类岩、土都有可能构成滑坡体，其中结构松散、抗剪强度和抗风化能力较低，在水的作用下其性质能发生变化的岩、土，如松散覆盖层、黄土、红黏土、页岩、泥岩、煤系地层、凝灰岩、片岩、板岩、千枚岩等易发生滑坡。

（2）地质构造。各种节理、裂隙、层面、断层发育的斜坡，特别是岩层结构面倾向与坡相一致且岩层倾角小于斜坡坡角时，最易发生滑坡。

（3）地形地貌条件。只有处于一定的地貌部位，具备一定坡度的斜坡，才可能发生滑坡。一般江、河、湖（水库）、海、沟的斜坡，前缘开阔的山坡，铁路、公路和工程建筑物的边坡等都是易发生滑坡的地貌部位。坡度大于 10 度，小于 45 度，下陡中缓上陡、上部成环状的坡形是产生滑坡的有利地形。

(4) 水文地质条件。地下水活动在滑坡形成中起着主要作用。它可以软化岩、土,降低岩、土体的强度,产生动水压力和孔隙水压力,潜蚀岩、土,增大岩、土容重,对透水岩层产生浮托力等。尤其是对滑面(带)的软化作用和降低强度的作用最突出。

(5) 主要触发因素。地震、降雨和融雪、地表水的浸泡、河流等地表水体对斜坡坡脚的不断冲刷;不合理的人类工程活动,如开挖坡脚、坡体上部堆载、爆破、水库蓄(泄)水、矿山开采等都可诱发滑坡,还有如海啸、风暴潮、冻融等作用也可诱发滑坡。

3. 泥石流

图 3.2-11　一处较为典型的泥石流

泥石流是山区沟谷中由暴雨、冰雪融水等水源激发的,含有大量泥、砂、土、石块与水结合的特殊洪流。泥石流往往突然暴发,浑浊的流体沿着陡峻的山沟前推后拥,奔腾咆哮而下,在很短时间内将大量泥沙、石块冲出沟外,在宽阔的堆积区横冲直撞、漫流堆积,所经之处,片甲不留。1981 年 7 月 9 日凌晨 1 时 30 分,四川大渡河利子依达沟暴发特大泥石流,泥石流体冲毁了成昆铁路利子依达大桥。1 时 46 分,由格里坪开往成都的 422 次直快列车满载着 1 000 余名旅客,以 40 余千米的时速在桥位南侧奶奶包隧道口与泥石流遭遇,列车车头和前几节车厢翻入大渡河。经事后统计,此次灾难造成 200 余人死亡,146 人受伤,成昆铁路瘫痪 372 小时,直接经济损失 2 000 余万元,是世界铁路史上迄今为止由泥石流灾害导致的最严重的列车事故。

泥石流按其物质成分可分为 3 类。① 泥石流:由大量黏性土和粒径不等的砂粒、石块组成;② 泥流:以黏性土为主,含少量砂粒、石块,黏度大,呈稠泥状;③ 水石流:由水和大小不等的砂粒、石块组成。

泥石流的形成必须同时具备以下 3 个条件:陡峻的便于集水、集物的地沟谷;丰富的松散物质;短时间内有大量的水源。我国泥石流的分布,明显受地形、地质和降水条件的控制,特别是在地形条件上表现得更为明显。

三、人地和谐　持续发展

资源和生态环境问题日益突出,向人类提出了严峻挑战。在目前情况下,任何一个国家要增强本国的综合国力,都无法回避人口、资源、环境和发展的协调与整合。

(一) 发展观的嬗变

"发展"是一个历史范畴。第二次世界大战以后,发展观的嬗变大致经历了三个阶段。

1. "工业文明观"阶段(20世纪50年代初至70年代初)

第二次世界大战结束后,与世界许多国家和地区战后重建、恢复和经济发展的要求相适应,出现了单纯追求经济增长的发展观(学界称之为传统发展观或旧的发展观)。这种发展观把经济增长等同于经济发展,提出了"发展＝工业化＝经济增长"的发展公式,GDP作为评判发展的首要甚至是唯一标准。因此,这一时期的发展观又称"工业文明观"或"工业实现观"。

2. "综合发展观"阶段(20世纪70年代初至80年代后期)

20世纪60年代中后期,在经受了"有增长无发展"的痛苦之后,传统发展观开始受到质疑。1969—1973年,美国率先发动"社会指标运动",提出建立包括社会、经济、文化、环境、生活等各项指标在内的新的社会发展指标体系,第一次冲击了以单一的GDP为中心的传统发展观,导致一种新的"综合发展观"的出现。明确提出发展要"以人为中心"是综合发展观最为显著的特征,要求把发展看作以民族、历史、环境、资源等自身内在条件为基础的,包括经济增长、政治民主、科技水平提高、文化价值观念变迁、社会转型、生态平衡等多方面因素的综合过程,是以人为中心的、充分考虑人的多方面发展需求的发展观。

3. "可持续发展观"阶段(20世纪80年代后期以来)

可持续发展思想在20世纪60年代就已产生,作为一种概念,第一次出现于1980年世界自然保护联盟制定的《世界自然保护大纲》中,但作为一种发展观,它的明确提出是在1987年联合国环境与发展委员会发表的《我们共同的未来》报告(又称布伦特兰报告)中。1992年6月,联合国在巴西里约热内卢召开环境与发展大会,通过了《21世纪议程》等一系列决议和文件,第一次把可持续发展由理论和概念推向行动,使可持续发展成为各国发展的长远模式。

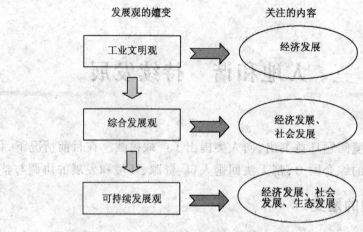

图 3.3-1 三种发展观的比较

(二) 可持续发展的内涵

由于可持续发展涉及自然、生态、社会、经济、科技、政治诸多方面,所以研究者从不同角度,对可持续发展所做的定义也就不同。目前,世界公认的可持续发展定义为:"既满足当代人的需求,又不对后代人满足其需求的能力构成危害的发展(development which satisfies the current needs of society without compromising the needs of future generations)。"

可持续发展具有丰富的内涵,概括起来主要有以下 4 点

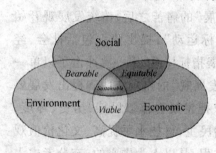

图 3.3-2 可持续发展的三要素

1. 以"发展"为核心

可持续发展的最终目标是不断满足人类的全面需要,而只有发展,才能满足人们的需要,也只有发展,才有能力来保护自然。因此,可持续发展以"发展"为核心,但与单纯追求经济增长的传统发展观不同,可持续发展强调经济发展、社会发展和生态发展的统一。

2. 以"协调"为目标

协调是可持续发展产生的初衷,也是其追求的目标。协调包括两方面的含义,即人与自然的协调和人与人的协调。

3. 以"公平"为关键

可持续发展的关键问题是资源分配问题。资源分配在时间和空间上都应体现公平。时间上的公平是世代之间的纵向公平,即代际公平,是指当代人不要为自己的发展与需求而损害人类世世代代满足需求的条件;空间上的公平是指本代人之间的横向公平,即代内公平,就是让世界各国(地)都有均等的发展机会。

4. 以"限制"为手段

相对于人类无穷尽的需求而言,不可再生资源的数量、可再生资源的更新能力及自然环境的容量都是有限的。人类活动一旦突破生态阈值,就会危害环境、破坏人类生存的物质基础,发展本身也就衰退了。因此,限制是可持续发展重要的调控手段。

(三)人地和谐的途径

观念创新、技术创新和制度创新是实现可持续发展的三大重要支柱。绿色GDP和环境经济核算,将自然资源耗减价值与环境污染损失价值作为一个重要指标,从根本上转变了经济主体的效益观和各级政府的政绩观。清洁生产和循环经济则是世界各国推进可持续发展所采用的一项基本策略。具体来说,实现人地和谐的可持续发展的主要手段有:政策手段、经济手段、管理手段、技术手段、法律手段和道德手段。

图 3.3-3　人地和谐的实现途径

课外阅读参考资料

[1] 朱绍侯,张海鹏,齐涛.中国古代史(上、下).福建人民出版社,2004.
[2] 李侃,李时岳,李德征,杨策,龚书铎.中国近代史(第四版).中华书局,1994.
[3] 王桧林.中国现代史.北京师范大学出版社,2004.
[4] 何沁.中华人民共和国史(第二版).高等教育出版社,1999.
[5] 吴于廑,齐世荣.世界史(6卷本).高等教育出版社,2001.
[6] 李纯武,寿纪瑜.简明世界通史(上、下册).人民出版社,1981.
[7] 李植枬.20世纪世界史(上、下卷).湖北教育出版社,1998.
[8] 刘南威等.自然地理学.科学出版社,2007.
[9] 赵济,陈传康.中国地理.高等教育出版社,1999.
[10] 王恩涌.中国政治地理.科学出版社,2004.
[11] 金海龙,石高俊,谭传凤.中国旅游地理.高等教育出版社,2002.
[12] 吴宜进.旅游地理学.科学出版社,2005.
[13] 杨载田.中国旅游地理.科学出版社,2005.
[14] 吴传钧.中国经济地理.科学出版社,2007.
[15] 李润田.中国资源地理.科学出版社,2007.
[16] (美)房龙.地理的故事.北京出版社,2008.
[17] 黄峻菠.一生要去的世界100个地方.时事出版社,2005.
[18] 徐斌,于薇.世界名城.长春出版社,2007.
[19] 国家地理系列编委会.环球国家地理(黄金典藏版).吉林出版集团有限责任公司,2007.
[20] 普林斯基.夹缝中的全球化——贫困和不平等中的生存与发展.知识产权出版社,2008.
[21] 纪江红.世界国家地理.北京出版社,2007.
[22] 黎娜.世界地理未解之谜.光明日报出版社,2005.
[23] 赵媛,郝丽莎,王立山.可持续发展案例教程.科学出版社,2006.
[24] 钱易,康教炎.环境保护与可持续发展.高等教育出版社,2000.
[25] 陈颙,史培军.自然灾害.北京师范大学出版社,2007.
[26] 王静爱等.中国自然灾害时空格局.科学出版社,2006.
[27] 世界地理频道(http://www.21page.net/world_geography/index.html).

后 记

受江苏省高教学会的委托,我们编写了"大学生人文社科知识读本"系列读物的"历史·地理"分册。主要内容包括中学阶段已学过的历史、地理课程中的知识,大学阶段学习的人文社会科学课程所涉及的历史、地理知识与国情知识,以及当代大学生应该关注的全球热点问题。

历史、地理学科颇为特殊,可以用覆盖古今中外来形容,要想以区区一二十万字的篇幅概观,存在着极大的难度。出于主要为理工科大学生提供知识读本的考虑,我们在编写体例方面采取了专题的形式,虽力求涉及尽可能多的知识点,但仍很难体现知识的整体性和系统性。这是应该首先说明的。另外,地理部分所用的地图,除另有注明的外,均源自人民教育出版社出版的义务教育课程标准实验教科书《地理》(七年级)(八年级)及普通高中课程标准实验教科书《地理》(必修)。

本书系由多位作者共同完成,分工情况如下:

中国历史部分:董强(古代)、黄鸿山(近现代);

世界历史部分:金卫星;

中国地理部分:潘丽玲、姚瑶;

世界地理部分:陈彩霞、宋静;

人与环境部分:嵇昊威、赵媛。

全书历史部分由王卫平负责修改与统稿,地理部分由赵媛负责修改与统稿。由于历史与地理本属不同学科,且书出众手,尽管我们在统稿过程中已予关注,但在写作体例、谋篇布局、行文风格方面仍存在差别。这也是应该予以说明的。

本书的编写自始至终得到江苏省高教学会的关心,谨致谢忱!

王卫平 赵媛